किन्नर

सेक्स और सामाजिक स्वीकार्यता

किन्नर

सेक्स और सामाजिक स्वीकार्यता

प्रियंका नारायण

सतरंगी वाणी
श्रृंखला

वाणी प्रकाशन

वाणी प्रकाशन
4695, 21-ए, दरियागंज, नयी दिल्ली 110 002
फ़ोन : +91 11 23273167 फ़ैक्स : +91 11 23275710

शाखाएँ
अशोक राजपथ, पटना 800 004, बिहार
कॉफ़ी हाउस कैम्पस, महात्मा गांधी मार्ग, इलाहाबाद 211 001, उत्तर प्रदेश
महात्मा गांधी अन्तरराष्ट्रीय हिन्दी विश्वविद्यालय, वर्धा 442 001, महाराष्ट्र
सुल्तानिया रोड, मोतिया पार्क, भोपाल 462 001, मध्य प्रदेश

www.vaniprakashan.com
marketing@vaniprakashan.in
sales@vaniprakashan.in

Kinnar : Sex Aur Samajik Saweekaryta
by Priyanka Narayan

ISBN : 978-81-19014-36-1
Social Science/LGBTQ+Indology
(Multidisciplinary)

पेपरबैक प्रथम संस्करण 2023

मूल्य : ₹ 295

आर. टेक ऑफ़सेट प्रिंटर्स, दिल्ली-110032 में मुद्रित

वाणी प्रकाशन का लोगो मक़बूल फ़िदा हुसेन की कूची से

काशी हिन्दू विश्वविद्यालय

और

हिजड़ा समुदाय को

समर्पित

अनुक्रम

साक्षात्कार खण्ड

अभी बहुत कुछ समझना बाक़ी है...

बचपन में एक शब्द सुना था हिजड़ा। न जाने क्यों एक अजीब–सा रहस्यमयी जीव लगता था हिजड़ा। रेलवे कॉलोनी में किसी–न–किसी घर में बेटा पैदा होता था तो हिजड़ों की ढोलक थाप और नृत्य के घुँघरू की आवाज़ हवा में गूँजती थी।

कुछ संवाद हर जगह सुनाई देते थे...अरे कोई भिखारी थोड़े है भाभी। ...आख़िर लड़का हुआ है कम–से–कम इक्यावन तो लूँगी ही। ...और अपने लिए साड़ी भी। ...यह इक्यावन बढ़ते–बढ़ते पाँच सौ एक हुआ और न जाने आज कितना हो चुका होगा...पिछले बीस वर्षों से कोई भारतीय हिजड़ा नहीं देखा है। ब्रिटेन में हिजड़े दिखाई नहीं देते। होंगे तो ज़रूर मगर वे आम आदमी की तरह रहते हैं। नाच–गाना उनका व्यवसाय नहीं है। उन्हें नौकरियाँ वैसे ही मिलती हैं जैसे किसी मर्द या औरत को।

पंजाब में हिजड़ों को खुसरा कहा जाता है। कुछ समय से हिजड़ों को किन्नर कहकर बुलाया जाने लगा है। माना जाता है कि किन्नर एक आदरपूर्ण सम्बोधन है। वैसे हिमाचल के किन्नौर की एक जाति है किन्नर, जिसे हिजड़ों के लिए इस नाम के उपयोग से एतराज़ है। उन्हें अपना अपमान लगता है कि उनकी जाति का नाम बिगाड़ा जा रहा है।

भारत में किन्नरों के बारे में पहला वर्णन शायद महाभारत में है। अज्ञातवास में अर्जुन ने किन्नर रूप धारण किया था। अर्जुन और नागकन्या उलूपी की एक सन्तान उत्पन्न हुई जिसका नाम इरावन था।

वही इरावन किन्नरों के भगवान हैं। वे उन्हीं की पूजा करते हैं। अधिकांश किन्नर एक रात के लिए अपने भगवान इरावन से विवाह भी करते हैं और फिर उनकी विधवा के रूप में जीवन बिताते हैं।

तमिलनाडु के कूवगाम में हर साल तमिल नववर्ष की पहली पूर्णिमा से हिजड़ों के विवाह का उत्सव शुरू होता है जो 18 दिनों तक चलता है। 17वें दिन हिजड़ों की शादी होती है। सोलह श्रृंगार किये हुए हिजड़ों को पुरोहित मंगलसूत्र पहनाते हैं और इनका विवाह हो जाता है। विवाह के अगले दिन इरावन देवता की मूर्ति को शहर में घुमाया जाता है और इसके बाद मंगलसूत्र तोड़ दिया जाता है। इसके साथ ही किन्नर अपना श्रृंगार उतारकर एक विधवा की तरह विलाप करने लगते हैं।

महाभारत में ही एक दूसरा वर्णन पढ़ने को मिलता है जब भीष्म शिखण्डी पर हथियार उठाने से इनकार कर देते हैं। उनका सिद्धान्त है कि वे किन्नर पर हथियार नहीं उठाते। एक बात तो ज़ाहिर है जब से इन्सान इस धरती पर आया है तो नर और मादा के साथ किन्नर भी चला आया। हर मज़हब में मर्द का दबदबा था। इन्सानी जीवन को मर्द की दृष्टि से देखा और समझा जाता था। ज़ाहिर है कि किन्नरों का हाल तो औरतों से भी अधिक बदतर ही रहा होगा।

औपनिवेशिक शासन (ब्रिटिश रूल) के दौरान हिजड़ा समुदाय को 'आपराधिक–जनजाति अधिनियम (सीटीए)' के तहत 'आपराधिक–जनजाति' घोषित किया गया।

कालान्तर में हालाँकि इस क़ानून को निरस्त (1952) कर दिया गया लेकिन इसके बावजूद समाज की सामूहिक चेतना में हिजड़ा समुदाय अछूत और यहाँ तक कि अमानवीय बना रहा। हिजड़ा समुदाय हमेशा से समाज के हाशिये पर घोर ग़रीबी में जीवन व्यतीत करता रहा, जिसे जीवन के बुनियादी अधिकारों से वंचित रखा गया जैसे–भोजन और आवास, जिससे जीवन को बेहतर और गरिमामय बनाया जा सकता है, हिंसा के विकट रूपों का वे निरन्तर सामना करते रहे। उनसे नफ़रत का आलम यह है कि उनके साथ बलात्कार,

उत्पीड़न, शारीरिक शोषण और छेड़खानी जैसे अपराध निरन्तर होते रहते हैं।

हिन्दी साहित्य में भी किन्नरों पर समय–समय पर उपन्यास एवं कहानियाँ लिखी जाती रही हैं। नीरजा माधव का 'यमदीप' पहला उपन्यास था जो इस विषय पर मेरी नज़रों के सामने से गुज़रा। प्रदीप सौरभ के उपन्यास 'तीसरी ताली' को तो कथा यू.के. के अन्तरराष्ट्रीय इन्दु शर्मा कथा सम्मान से ब्रिटेन की संसद में सम्मानित किया गया था। महेन्द्र भीष्म ने 'किन्नर कथा' एवं 'मैं पायल...' नाम के दो उपन्यास इस विषय पर लिखे हैं।

इन तीनों लेखकों ने बहुत संवेदनशील एवं गम्भीर ढंग से किन्नरों के जीवन को समझा और अपने उपन्यासों में किन्नरों के जीवन संघर्ष, बस्तियों, वेश्यावृत्ति आदि के बारे में ख़ासी जानकारी भी दी।

किन्नरों पर कोई भी लेख लक्ष्मीनारायण त्रिपाठी के ज़िक्र के बिना अधूरा रहेगा। उन्होंने सही मायनों में अपने समाज के सम्मान के लिए कई स्तर पर काम किया। फ़र्राटेदार अंग्रेज़ी बोलने वाली लक्ष्मी ने सुप्रीम कोर्ट में सरकार के विरुद्ध केस जीतकर किन्नरों के बराबरी के अधिकारों के लिए रास्ता साफ़ किया।

लक्ष्मी की जीवन कथा 'मैं हिजड़ा...मैं लक्ष्मी' का अंग्रेज़ी अनुवाद भी अब बाज़ार में आ चुका है। यू–ट्यूब पर लक्ष्मी के वीडियो ख़ासे वायरल हैं। लक्ष्मी ने किसी राजा राममोहन राय जैसे समाजसुधारक की प्रतीक्षा न करते हुए स्वयं अपने समाज की बेहतरी के लिए प्रयत्न किये। लक्ष्मी पहली किन्नर हैं जो संयुक्त राष्ट्र में एशिया प्रशान्त क्षेत्र का प्रतिनिधित्व करती हैं और अपने समुदाय और भारत का प्रतिनिधित्व टोरंटो में विश्व एड्स सम्मेलन जैसे अनेक मंचों पर कर चुकी हैं। वह इस समुदाय के समर्थन और विकास के लिए अस्तित्व नाम का संगठन चलाती हैं।

उत्तर प्रदेश के गोरखपुर में जन्मी लक्ष्मी ट्रांसजेंडर एक्टिविस्ट, अभिनेत्री, नृत्य शिक्षक और लेखक के रूप में जानी जाती हैं। 'मैं हिजड़ा... मैं लक्ष्मी' किताब लक्ष्मी के जीवन के अनुभवों का संग्रह है।

लक्ष्मी का कहना है कि, "मैं लैंगिकता से परे हूँ। मुझे किसी लैंगिकता में नहीं बँधना।"

जीवन के अनुभवों को शेयर करते हुए लक्ष्मी ने बताया, "बचपन में न जाने क्या–क्या सुनना पड़ा। राह चलते लोग छेड़ते पर अब वही लोग लक्ष्मी जी कहकर बुलाते हैं। मुझे मामूली से लक्ष्मी जी बनने में बहुत कुछ खोना पड़ा। मैं तो बच्चा पैदा हुई थी मुझे हिजड़ा तो समाज ने बताया। मुझे नहीं पता था कि मैं क्या हूँ पर अब मैं हिजड़ा के रूप में ख़ुश हूँ।"

यह दर्द शायद हर हिजड़े का है कि वह पैदा तो बच्चे के रूप में ही हुआ था मगर समाज ने उसे बहिष्कृत कर हिजड़ा, खुसरा, किन्नर न जाने क्या–क्या बना दिया।

भारत में किन्नरों का भी एक 'गोल्डन एरा' यानी कि स्वर्णकाल था। दरअसल किन्नरों को मुग़ल साम्राज्य में सबसे पहले अहमियत दी गयी थी। किन्नरों को महिलाओं के हरम की रक्षा की ज़िम्मेदारी दी जाती थी। मुग़ल साम्राज्य का मानना था कि किन्नर हमारे समाज का एक अहम हिस्सा हैं और इसलिए उन्हें इतनी बड़ी ज़िम्मेदारी सौंपी गयी। यह भी समझा जाता था कि महिलाओं को किन्नरों से किसी प्रकार का कोई ख़तरा नहीं था। किन्नर उनकी कई सेनाओं के जनरल भी थे तो कई रानियों के पर्सनल बॉडीगार्ड भी।

भारत में किन्नरों की स्थिति यूरोप के किन्नरों से एकदम अलग थी, और है। भारत में किन्नरों का अलग मोहल्ला होता है जहाँ किन्नर एक साथ रहते हैं। किन्नर एक मामले में सबसे अलग हैं क्योंकि वे घरों में तभी आते हैं जब बेटा पैदा हो या फिर घर में नयी बहू आये। यानी कि किन्नर आपकी ख़ुशियों के साथी हैं। ग़म में कहीं दिखाई नहीं देते।

किन्नरों के बारे में अगर सबसे गुप्त कुछ रखा गया है, तो वो है इनका अन्तिम संस्कार। जब इनकी मौत होती है, तो उसे कोई आम आदमी नहीं देख सकता। इसके पीछे की मान्यता यह है कि ऐसा करने से मरने वाला फिर अगले जन्म में किन्नर ही बन जाता है।

इनकी शव यात्राएँ रात में निकाली जाती हैं। शव यात्रा निकालने से पहले शव को जूते और चप्पलों से पीटा जाता है। इनके शवों को जलाया नहीं जाता, बल्कि दफ़नाया जाता है।

किन्नरों में वेश्यावृत्ति की समस्या बढ़ती जा रही है। जब इन्हें कोई काम नहीं मिलता तो दुनिया का सबसे पुराना धन्धा अपनाने को बाध्य हो जाते हैं। ऐसे बहुत से लोग हैं जो अपनी सेक्स की हवस किन्नरों के साथ पूरा करने में अतिरिक्त आनन्द उठाते हैं और किन्नर भी इस बात का लाभ उठाते हैं। कुछ एक किन्नर तो पुरुषों के साथ लिव–इन रिलेशनशिप में भी रह रहे हैं। तरीक़ा वही है कि मेकअप करके सड़क के किसी अँधेरे हिस्से में खड़े होकर ग्राहक को तलाशना और उसके साथ रात बिताना।

एक अजीब–सा क़ानून भारत में अभी भी लागू है कि किन्नरों के बलात्कार को बलात्कार नहीं माना जाता। ज़ाहिर–सी बात है कि अभी इस दिशा में समाज और सरकार दोनों को बहुत से बदलाव लाने हैं।

इस समय पूरी दुनिया में केवल सात देश ऐसे हैं जिनमें किन्नरों को मेल और फीमेल के बाद अन्य सेक्स के तौर पर मान्यता मिली है। ये देश हैं नेपाल, भारत, पाकिस्तान, बांग्लादेश, जर्मनी, न्यूज़ीलैंड और ऑस्ट्रेलिया।

दरअसल 1950 के आसपास सिंगापुर में 'बुगीस्ट्रीट' नाम की एक गली थी। यहाँ रात को किन्नर महिलाएँ सज–सँवर कर अपने ग्राहकों को आकर्षित करती थीं। यह गली 1980–1990 तक ख़ासी लोकप्रिय रही। हर देश के पुरुष के लिए सिंगापुर यात्रा का मतलब होता था बुगीस्ट्रीट का एक चक्कर। ये किन्नर अपने ग्राहकों की गोद में बैठ जाती थीं। उन्हें जगह–जगह छूने देती थीं...यानी कि पूरा सुख...सिंगापुर की टूरिस्ट इंडस्ट्री का एक मुख्य हिस्सा थी बुगीस्ट्रीट। बाद में इस पूरी स्ट्रीट को तोड़कर वहाँ आधुनिक मॉल बना दिये गये।

जर्मनी ऐसा पहला यूरोपीय देश है जिसने बच्चे के जन्म प्रमाणपत्र में पुरुष और महिला के अतिरिक्त एक तीसरा कॉलम भी बनाया है। वहाँ अंग्रेज़ी का अक्षर एक्स लिखा जाता है यानी कि जेंडर अलग है। अभी अमरीका या ब्रिटेन जैसे देशों को इस विषय में नये क़ानून बनाने हैं। मगर यह भी सच है कि यूरोप एवं अमरीका में किन्नर नाचने–गाने का काम नहीं करते। यहाँ वे किसी भी प्रकार की नौकरी के लिए आवेदन कर सकते हैं और नौकरी मिल भी जाती है। मैं निजी तौर पर एक किन्नर को जानता हूँ जो कि लन्दन पुलिस में कांस्टेबल है।

ब्रिटेन में पुरुष के लिए Mr., स्त्री के लिए Mrs. या Ms. तो किन्नरों के लिए Mx का इस्तेमाल किया जाता है और इसे सामान्य स्वीकृति भी मिल गयी है। स्कॉटलैंड में तो वर्ष 2005 में ही नया क़ानून लागू हो गया था जिसके तहत किन्नरों का मज़ाक़ उड़ाने या उन्हें किसी भी प्रकार की मानसिक प्रताड़ना के लिए सज़ा का प्रावधान रखा गया।

ब्रिटेन में जेंडर रिकॉग्नीशन एक्ट 2004 के तहत किन्नरों को विशेष अधिकार दिये गये हैं। इस एक्ट के तहत किन्नर अपने लिए जेंडर रिकॉग्नीशन प्रमाणपत्र हासिल कर सकते हैं। अपने लिए नया जन्म प्रमाणपत्र एवं ड्राइविंग लाइसेंस और पासपोर्ट भी प्राप्त कर सकते हैं। किन्नर आपस में शादियाँ भी कर सकते हैं।

किन्नरों के जीवन को बेहतर बनाने के लिए अर्जेंटीना और डेनमार्क ने विशेष क़ानून बनाये हैं। वहाँ किन्नर आसानी से अपना ऑपरेशन करवाकर अपना सेक्सचेंज कर सकते हैं। और यदि वे अपना वर्तमान सेक्स रखना चाहें तो उसमें भी सरकार उनकी सहायता करती है। 2014 के सुप्रीम कोर्ट के जजमेंट के बाद अब तो भारत में भी किन्नरों को शिक्षा, मेडिकल एवं नौकरी में समान सुविधा उपलब्ध करवाई गयी है।

वहीं यह भी सच है कि नये क़ानून बना कर हम किन्नरों की सहायता तो कर सकते हैं मगर सामाजिक अपमान और निरादर से लड़ना इतना आसान नहीं। किसी भी किन्नर को देखकर आम आदमी की नज़रों के भाव बदल जाते हैं। उन भावों में भी परिवर्तन लाने की ज़रूरत है।

अमरीका में किन्नर विद्यार्थियों को लेकर एक राष्ट्रीय स्तर की बहस जारी है कि सरकारी स्कूलों में उनका दर्जा क्या हो। विर्जीनिया के 17 वर्षीय गैविनग्रिम का केस सुप्रीम कोर्ट में चल रहा है। वह अपनी मर्ज़ी का टॉयलेट इस्तेमाल करना चाहता है। मगर टॉयलेट केवल महिला या पुरुष के ही होते हैं। नागरिक अधिकार ग्रुप चिन्तित हैं कि कहीं ट्रम्प सरकार किन्नरों के अधिकारों का हनन न करने लगे।

एक अमरीकन किन्नर का कहना है कि कनाडा में जब से बिल–16 पारित हुआ है किन्नरों के लिए यह एक बेहतरीन देश है। यहाँ यह क़ानून किन्नरों के लिए मानवाधिकारों से भी अधिक विस्तृत क़ानून है। वहाँ के समाज ने न तो उस पर कभी फ़ब्तियाँ कसी हैं और न ही उसे कोई शारीरिक नुक़सान पहुँचाने की कोशिश की है। हाँ, यह सच है कि धार्मिक लोगों की निगाह में मुझे लेकर कुछ अजीब से भाव दिखाई देते हैं।

किन्नरों के लिए सबसे बेहतरीन देशों के बारे में जब एक सर्वे करवाया गया तो पहले दस देशों के नाम कुछ इस तरह से सामने आये–(1) स्पेन, (2) स्वीडन, (3) अर्जेंटीना, (4) कनाडा, (5) जर्मनी, (6) यू.के., (7) बेल्जियम, (8) भारत, (9) ऑस्ट्रेलिया, (10) अमरीका।

भारत के लिए यह गर्व की बात है कि किन्नरों के लिए श्रेष्ठ देशों की सूची में भारत का नाम 8वें नम्बर पर आता है और भारत अमरीका और ऑस्ट्रेलिया से आगे है।

भारत में अब किन्नर अकादमिक क्षेत्र, राज्य स्तर की लेजिस्लेटिव असेम्बली के सदस्य या फिर सांसद भी बनने लगे हैं। मगर यह भी सच है कि अभी भी बहुत कुछ करना बाक़ी है।

तसल्ली है तो बस इस बात की कि पूरे विश्व में इस दिशा में प्रयास किये जा रहे हैं। वो दिन दूर नहीं जब किन्नरों को समाज में सहज रूप से स्वीकार किया जाने लगेगा। मगर फ़िलहाल बहुत कुछ करना बाक़ी है।

–तेजेन्द्र शर्मा

ट्रांसजेंडर्स के अन्तर का विपुल कोलाहल : किन्नर, किन्नर सेक्स और सामाजिक स्वीकार्यता

मानोबी बन्द्योपाध्याय अपनी आत्मकथा का शीर्षक देती हैं 'पुरुष तन में फँसा मेरा स्त्री मन'। मानोबी ट्रांसजेंडर हैं। हिन्दी समाज में इधर इन्हें तृतीय लिंग कहे जाने का चलन बढ़ा है। दरअसल ऐसी अस्मिताओं के लिए एक सम्मानजनक सम्बोधन सुनने का यह संघर्ष है। इन अस्मिताओं पर चिपक चुकी तमाम गालियों, धिक्कारों और नफ़रतों को धोने की जद्दोजहद है। हमारे समाज में हिजड़ा कहा गया है इन्हें, किन्नर और लौंडा भी। ऐसे हिकारत भरे सम्बोधनों के ऊपर कुछ हद तक रोक लगाने की स्थितियाँ इसलिए बन रही हैं कि इनके प्रति पूरी दुनिया में जारी अपरिचय का पहाड़ अब नष्ट किया जा रहा है। *सुप्रीम कोर्ट नालसा बनाम भारत सरकार के अन्तर्गत लिए संज्ञान बनाम लिंगभेद सम्बन्धी आपराधिक प्रवृत्तियों पर रोकथाम लगाने की स्थितियाँ मुहैया करा रही है।* न्यायमूर्ति के.एस. राधाकृष्णन के फ़ैसले से हमारे देश के इन ज़िन्दा, सक्रिय और जीवन की कैसी भी चुनौती के लिए तैयार शख़्सियतों को उनकी तिरस्कृत ज़िन्दगी से मुक्त करेंगे, ऐसी उम्मीद बढ़ रही है। भारतीय समाज की उनके प्रति संवेदनशीलता क्रमशः बढ़ेगी और यह अपने परिवार का अभिन्न हिस्सा हो सकेंगे इसकी सम्भावनाएँ भी मज़बूत होती दिखाई दे रही हैं।

ट्रांसजेंडर्स के अनुभव के कितने ही पल खुल चुके हैं। ये पल इन जीती–जागती ज़िन्दगियों के रक्त भरे दस्तावेज़ हैं जिनसे दो–चार होते हुए कितनों ने स्वयं के प्रति सामाजिक बहिष्कार की प्रवृत्तियों से उलझते हुए मृत्यु का अँधेरा कोना पकड़ लिया है या अपराध की दुनिया में गर्त होने के लिए अभिशप्त हुए हैं। मनुष्य जैसी देह और मन, वैसे ही आकांक्षाएँ, सौन्दर्य बोध और कार्यक्षमता भी; मगर पायी हुई शरीर संरचना को अतिक्रमित करता मन। एक स्पन्दित करती बेचैन मनःस्थिति, जिसे लैंगिक पहचान के प्रति अभ्यस्त और रूढ़िग्रस्त समाज में ख़ुद के लिए कोई जगह नहीं दिखाई दे रही है। अपनी ऐसी असाधारणता को जायज़ साबित करने वाली सामाजिक अनुकूलताएँ नहीं दिखाई दे रही हैं और ख़ासकर मनुष्य के रूप में जीने और ख़ुद को साबित करने की अपनी आज़ादी मयस्सर नहीं है। चारों तरफ़ तौलती और नफ़रत करती निगाहें हैं। उनकी रहस्यमयता के चर्चे हैं। एक अपरिचय दहाड़ें मार रहा है चारों तरफ़। इसमें सबसे आसान परिणति यही बचती है कि अपने ऐसे वजूद की अनर्गलता को ख़ूब बढ़ा दिया जाये। देह को विचित्र अदाओं की संरचनाओं में ढलने दिया जाये और कुछ को एक और शालीन आकर्षण बना दिया जाये। भाषा और मुद्राएँ सबके सब तयशुदा श्लील और अश्लील का अतिक्रमण करें, ऐसा ही किया जाये।

इस तरह ऐसा किया जाना ही उनका रोजी–रोज़गार बनता गया होगा, नाचने–गाने और माँगने के सिलसिले चल पड़े। देखा जाये तो इन्सानी वजूद के रूप में जन्म लेने के बावजूद ज़रा–सी शारीरिक असमानता के चलते परित्यक्त होती जाने कितने ही सन्तानों के आर्तनाद गूँज रहे हैं चारों तरफ़। आज से नहीं हज़ारों सालों से एक महान पाप की छाया के तले तिल–तिल ख़त्म होती आबादियाँ हैं यह। पढ़ने वालों को हैरतअंगेज़ लगा है यह। अच्छा यह हुआ कि इससे इनके प्रति बेगानगी टूटी है।

इस बेगानगी को तोड़ने में प्रियंका नारायण की यह किताब 'किन्नर : सेक्स और सामाजिक स्वीकार्यता' बहुत कामयाब होगी, ऐसा यक़ीन है। देखा जाये तो इस समाज पर केन्द्रित कथा–साहित्य की पहल भी उस हद तक उन्मुक्त और स्वाभाविक नहीं है जितना उसे होना चाहिए। ऐसा इसलिए है कि हिजड़ा समाज स्वयं के प्रति समाज की संवेदनहीनता की प्रवृत्ति के चलते एक कठोर खोल बना लेता है। उनकी अपनी धारणाएँ, अपने उत्सव, अपने देवी–देवता, अपने गुरु और अपने नियम–विधान हैं। यह सभी बहुत सख़्त हैं। अवश्य ही समाजों ने इन्हें अपने आत्मरक्षात्मक उपाय को निर्मित करने को विवश किया है। सामाजिक अवमानना और तिरस्कार से जूझने की यह उनकी प्रविधि है। इस तरह वे एक विचित्र कौटुम्बिकता का पालन करते हैं और अपनी तरह के लोगों के साहचर्य में अपने जीने–मरने की सार्थकता तय करते हैं। चित्रा मुद्गल जी का उपन्यास 'पोस्ट बॉक्स नं. 203 नाला सोपारा' ऐसी सामाजिकता को उजागर करता है। बिन्नी उर्फ़ विनोद उर्फ़ बिमली अपनी बा के लिए चिट्ठियाँ लिखता है। ये वे चिट्ठियाँ हैं, जिनमें उसके तिरस्कृत जीवन की तहें खुलती हैं। बिमली के घर का कोई पता नहीं है। बिमली का वजूद दुनिया ज्ञात वजूद होना नहीं है। इस तरह किन्नरों की पहचान के कई साहित्यिक पन्ने इस दुनिया को खोल रहे हैं और इससे गहरा संवेदनशील परिचय तो बढ़ा ही रहे हैं। ख़ासकर मानोबी बन्द्योपाध्याय, लक्ष्मीनारायण त्रिपाठी की आत्मकथाएँ इस परिचय को और प्रगाढ़ करती हैं।

इस तरह हिजड़ा अस्मिताएँ, अपनी लैंगिक और मनोरचनात्मक विशिष्टताओं में पूरी तरह से समझी जायें, इसकी कोशिश यह किताब करती है। इस लैंगिकता से जुड़े मिथों को थहाती है, जीवविज्ञान की धारणाओं को परखना चाहती है, मनोविज्ञान की स्थापनाओं को स्पर्श करती है और इनसे जुड़े आधुनिकतम शोधों तक पहुँच बनाती है।

हिजड़ा समाज से मेल–मुलाक़ातों द्वारा कई कुहासे छँटे हैं तथा इन्हें भविष्य में और ज़्यादा जानने–समझने की गुंजाइश बनी है। समाज की इनके प्रति प्रतिक्रियाओं के हवाले भी यहाँ हैं। कुल मिलाकर इस समुदाय को बृहत्तर ज्ञान सन्दर्भों के साथ समझने की ईमानदार कोशिश यहाँ है। यह बहुत ही उपयोगी है।

–चन्द्रकला त्रिपाठी
प्राचार्य, महिला महाविद्यालय
काशी हिन्दू विश्वविद्यालय

आत्म-वक्तव्य

बचपन की कुछ अस्पष्ट–सी यादें ज़ेहन में उतर रही थीं, तब जबकि लक्ष्मीनारायण त्रिपाठी की 'मैं हिजड़ा...मैं लक्ष्मी' अभी–अभी समाप्त हो हथेलियों में अटकी हुई थी। आँखें खुली थीं लेकिन क्या देख रही थी पता नहीं...। मस्तिष्क में विचार चल रहे थे लेकिन स्पष्ट कुछ भी नहीं था। सब उलझ गये थे। विचारों की न तो कोई दिशा थी न कोई निष्कर्ष–सब गड्डमड्ड। होंठ खुले थे–कुल मिलाकर अवाक् की स्थिति। अगले कई दिन ऐसे ही बीते।

पूरी किताब पढ़ने के दौरान आँखों में कई बार झिलमिली उतर आती और थोड़ी देर तक वहाँ अटकर दूधिया और पीली रौशनी में सात रंग बनाती, तैरती, सब धुँधला कर देती, फिर धीमे–धीमे सूख जाती। कभी–कभार ऐसा भी हुआ कि एकाध झिलमिली आँखों से टप्प से सीधे किताब पर कूद जाती और फिर स्याह दाग छोड़ती, अन्तर की गहन पीड़ा का साक्ष्य देती अपने क्षणिक अस्तित्व की सार्थकता पर दम्भ भरती हुई शून्य की ओर प्रस्थान कर जाती। यह तब था जबकि आमतौर पर मेरा और मेरे क़रीबियों का मानना था कि मेरी आँखों में कभी आँसू नहीं आते हैं।

दरअसल हिजड़ा समुदाय के बारे में इस किताब के हाथ लगने से पहले अगर मुझसे कोई पूछता तो मेरे पास बस यही जवाब था कि हाँ! वे घर पर आते तो हैं, जब बच्चे का जन्म होता है या फिर यह कि देखा है–ट्रेन में आते हैं, पैसे माँगने। क्योंकि मोतिहारी जैसे छोटे शहरनुमा क़स्बों में सिग्नल या ट्रैफ़िक सिस्टम बड़े महानगरों की तरह

नहीं हैं कि सिग्नल पर वे दिखें। वाराणसी में स्थितियाँ थोड़ी अलग हैं लेकिन इतना तो तय है कि यहाँ भी वे धड़ल्ले–से नहीं दीखते। सच कहूँ तो मेरे ज़ेहन में इनकी कोई तस्वीर ही नहीं थी। बचपन में ये हमारे लिए कौतूहल का विषय हुआ करते थे। जैसे ही घर में कोई मुस्कुराते हुए आकर कहता कि बाहर 'आये' हैं। हम पूछने लगते कि कौन आया है? कौन आया है? ...सामान्यतः हमें कोई उत्तर नहीं मिलता और प्रत्युत्तर में मुस्कुराते हुए सभी बाहर की तरफ़ हो लेते। कभी–कभार बस ये होता कि अरे 'वो' आये हैं 'वो'...जो ताली मारते हैं...बाहर नाच रहे हैं...चल देखने और हँसते हुए निकल लेते। आज लगता है कि ये सिर्फ़ हमारे 'बचपने' का कौतूहल नहीं है, बल्कि यह समाज का 'कौतूहल' है। वास्तव में हिजड़ा समुदाय को लेकर समाज आज भी अपने 'बचपने' के 'कौतूहल' को बनाये हुए है। न तो हम उस 'कौतूहल' का समाधान ही दे पा रहे हैं और न इस 'कौतूहल' से निकल ही पा रहे हैं। ऐसा इसलिए क्योंकि जब पहली बार वर्ष 2016 में इस विषय पर शोध के लिए मैंने विश्वविद्यालय में प्रस्ताव दिया तो कहा गया कि 'सही नहीं है। हिन्दी में तो उनको 'किन्नर' भी नहीं कहते।' मैंने मन–ही–मन दुहराया–'हिजड़ा कहते हैं न।' हालाँकि मैं इसे कह नहीं पायी क्योंकि हमारे यहाँ हिन्दी विभाग में आज भी लड़कियों से मध्यकाल के 'सतीत्व' की उम्मीद की जाती है। ऐसे में मैं उच्छृंखल यह 'सात्विक' मर्यादा कैसे तोड़ पाती? हालाँकि आश्चर्य और घृणा दोनों एक साथ पनपती हैं कि भारत में उच्च शिक्षा में अपना महत्त्वपूर्ण स्थान रखने वाले और हिन्दी के क्षेत्र में दम्भ भरने वाले इस विश्वविद्यालय में लड़कियों को लेकर इतनी कुण्ठा क्यों है और वह भी आज के दौर में।

वास्तव में इस किताब की ओर प्रेरित होने का बड़ा कारण यह भी था। जब लक्ष्मी जी की किताब ख़त्म हुई तो उस समय विचारों के गड्डमड्ड हो जाने के पीछे की एक स्थिति यह भी थी कि इस विश्वविद्यालय में हिन्दी विभाग में लड़कियों की स्थिति आज भी 'वस्तुमूलक' है। वे सजावटी सामान से ऊपर नहीं समझी जातीं।

सेमिनार, संगोष्ठियों में वे रंगोली बनाने, गुलदस्ता देने और पानी के बोतल पहुँचाने के काम आती हैं। किसी गोष्ठी में वे वक्तव्य रख सकें, इतना क़द नहीं है उनका और ग़लती से किसी का हुआ भी तो 'दूसरे' तरह के राजनीतिक प्रयोगों का मुहरा होती हैं। शतरंज की बिसात पर बस उन्हें आगे किया जा रहा होता है। विश्वविद्यालय की ऐसी ही बेकार की स्थितियों ने कहीं–न–कहीं उस दर्द और उपेक्षा को समझने में मदद की जो आज 'तृतीय प्रकृति' झेल रहा है। जब आज आज़ादी क्या बल्कि सभ्यता के इतने पड़ावों के बाद भी 'आधुनिक भारत' के तथाकथित 'उच्च शिक्षा' वाले संस्थानों में लड़कियों की ऐसी स्थिति है जहाँ विरोध में स्वर उठने पर चाहे वह अकादमिक या रोज़मर्रा की छेड़खानी को लेकर हो, वहाँ का 'इंटैलेक्चुअल' समाज सीधे उसके बिस्तर की कल्पनाएँ और कहानियाँ गढ़ने लगता है। भूल जाते हैं लोग कि सभ्यता किसी के कमरे में झाँकने की इजाज़त नहीं देती, ऐसी स्थितियों में 'तृतीय प्रकृति' के बारे में तो सोचा ही नहीं जा सकता। जब समाज में शैक्षणिक दायरे में ये स्थितियाँ हैं तो बाक़ी समाज की कल्पना आप ख़ुद ही कर सकते हैं।

ख़ैर! इन्हीं स्थितियों के बीच यह किताब लिखी गयी। या यूँ कहें कि यह एक कोशिश है 'तृतीय प्रकृति' के दर्द और उनकी स्थिति को समझने की। इस किताब में यदि आप केवल तथ्यात्मक या परिचयात्मक जानकारियों के लिए आयेंगे तो आपको निराशा होगी। यह किताब मूल रूप से तथ्यों और हिजड़ा समुदाय की वर्तमान स्थितियों के पीछे के सत्य को विश्लेषित करने की कोशिश करती है। उस लम्बी परम्परा और उसके पीछे के कारणों को खँगालने की कोशिश करती है जिसने इन्हें आज भी हाशिये पर ही बनाये रखा है।

आप कह सकते हैं इस बीच कई किताबें प्रकाशित हुई हैं। ऐसे में यह किताब क्यों? दरअसल हिन्दी में जो पुस्तकें आयी हैं उनमें से अधिकांश पुस्तकों का आयाम या तो आत्मकथात्मक है या उन पर केन्द्रित उपन्यास है। यहाँ उनके निजी जीवन के संघर्ष सामने आते हैं

जिनका आधार सामान्यतया संवेदनात्मक होता है। हालाँकि, हम इस बात से इनकार नहीं कर सकते कि उनके जीवन संघर्षों और संवेदनाओं के बीच से ही उन्हें समझने के कई आयाम हमारे सामने खुलते हैं। जैसे–लक्ष्मीनारायण त्रिपाठी की आत्मकथा 'मैं हिजड़ा...मैं लक्ष्मी' को ही लें या मानोबी बन्द्योपाध्याय की 'A gift of goddess laxmi' या फिर वर्ष 2018 के साहित्य अकादेमी पुरस्कार से पुरस्कृत 'पोस्ट बॉक्स नं. 203 नाला सोपारा'। इन पुस्तकों से हमें जीवन के गहरे संघर्ष, उनकी संवेदनात्मक स्थितियों को समझने का मौक़ा मिलता है। इसके साथ किताब लिखे जाने तक अंग्रेज़ी में भी कई किताबें आयी थीं जो इनके सन्दर्भ में संक्षिप्त सूचनाएँ देती हैं। इन्हीं वर्षों में हिन्दी में कई कहानी संग्रह (पूर्व की कहानियों के संकलन या स्वलेखन) या अनूदित कहानी–संग्रह प्रकाशित हुए है। कहीं धर्म को लेकर विमर्श हुए हैं तो कहीं इतिहास को आधे–अधूरे तरीक़े से रखने की कोशिश की गयी है लेकिन अधिकांश किताबें एक ही बात को बार–बार रख रही हैं। कई आलेखों को देखने पर भी लगा कि 15 अप्रैल 2014 से लेकर आज भी स्थितियाँ जस की तस बनी हुई हैं, बातें वहीं पर हैं जहाँ से शुरू हुई थीं। अधिकांश आलेख एक ही तरह के तथ्य रख रहे हैं। मिथकों के नाम गिनाते हैं, वात्स्यायन के यहाँ इनका उल्लेख 'तृतीय प्रकृति' के रूप में है, मुग़ल काल में इनकी स्थिति सम्मानजनक थी लेकिन बात आज तक इससे आगे नहीं बढ़ पायी है।

वास्तविकता यह है कि सूचनात्मक प्रसार के अलावा 'क्यों' और 'कैसे' जैसे प्रश्नों पर कोई बात नहीं हो पायी है। इससे भी आगे निकलें तो हम 'किन्नर' कहें या 'हिजड़ा' इस शब्दजाल से ही नहीं निकल पा रहे हैं। तमाम संस्थाएँ–संगठन काम कर रहे हैं, किताब–आलेख लिखे जा रहे हैं लेकिन अभी तक मूल विषय पर बात नहीं हो पा रही है। आख़िर समाज में किन्नर या हिजड़ा आये कैसे? आप कहेंगे प्रजनन से, लेकिन हिजड़ा होना अपने आप में न केवल प्रजनन बल्कि सांस्कृतिक प्रक्रिया भी है। और अगर ऐसा है तो ये अवधारणाएँ जन्मी कैसे? इनके बीज कैसे पड़े? इन्होंने आकार कैसे लिया?

आख़िर कब और क्यों सेक्स को इनकी जीविका के रूप में निर्धारित कर दिया गया? गर्भ में आख़िर कौन–सी स्थितियाँ पनपती हैं कि इनका जन्म होता है? फिर पुराणों में (क्योंकि वे कथात्मक से ज़्यादा सूत्रात्मक और मन्त्र रूप हैं) जो वर्णन आता है किस हद तक इनकी चर्चा, सामाजिक स्थिति और इनकी क्या सम्भावनाएँ हैं और कैसे आगे चलकर इनसे सन्दर्भित भावनाएँ बदलती हैं, इस किताब में इन सब पर विस्तार से बात की गयी है। संवेदनाओं को टटोलने के साथ तथ्यों को गहराई से खँगालने की कोशिश की गयी है। साथ ही यह किताब 'सेक्स' को आधार कारण के रूप में समूची परम्परा के साथ रखकर विवेचना करती है कि कैसे 'कामकला' के विकास के साथ किन्नरों को समाज से अलग किया गया। इस तथ्य के आधार पर अभी तक बातों को रखने या समझने की कोशिश नहीं की गयी है जबकि इनकी आत्मकथाओं में 'सेक्स' और उससे जुड़े उत्पीड़नों या घुटन का ज़िक्र सबसे ज़्यादा होता है। यहाँ कामशास्त्र की पूरी परम्परा के साथ वात्स्यायन के विवेचन और निष्कर्ष को सामने रखकर समझने की कोशिश की गयी है। इसके अलावा सर्वेक्षण के माध्यम से इस समाज को समझने की कोशिश करते हुए साक्षात्कार इसका महत्त्वपूर्ण भाग है। कुल मिलाकर इस किताब के माध्यम से हिजड़ा या किन्नर समुदाय के 'होने के कारण' पक्ष को सामने लाने की कोशिश है।

इस किताब को लिखने में भी कम बाधाएँ नहीं आयीं। पहले यह किताब सम्पादित की जाने वाली थी लेकिन समय बीतता गया और कई लोग हाथ खड़े करते चले गये। कई बार ऐसा हुआ कि आँकड़ों के निष्कर्ष नहीं निकल पाये और अन्तिम समय में सारे आँकड़े मुझे सुपुर्द कर दिये गये। इस तरह जो किताब सम्पादित होने वाली थी, हो न सकी। कुछ आलेख पसन्द नहीं आये, कुछ अच्छे लगे तो उनकी संख्या दो–तीन रह गयी थी। ऐसे में एकबारगी किताब का विचार मैंने लगभग–लगभग छोड़ दिया। इसी बीच प्रभात रंजन जी सामने आये और उनके प्रोत्साहन पर यह किताब फिर से शुरू हुई।

लेकिन फिर दिक़्क़त–कहाँ से शुरू करें? समस्या बनी रही। अन्त में पूरी किताब पर दुबारा काम करना पड़ा। इसी बीच काशी हिन्दू विश्वविद्यालय के ही छात्र साकेत बिहारी पाण्डेय सामने आये और किताब पर बहस जारी रखने की माँग रखी। मेरे लिए भी लगभग दो वर्ष की अवधि में अब तक पहली स्थिति सामने आयी जब किसी ने मदद के लिए हाथ बढ़ाया। अन्य विषयों पर कई आलेख लिखवाने और उनका स्तर देखने के बाद मैंने उन्हें इस पुस्तक के दूसरे अध्याय–'किन्नर : एक जीववैज्ञानिक अध्ययन' को साथ लिखने का न्योता दिया और सहलेखन में अपनी भूमिका के साथ उन्होंने पूरा न्याय किया। और यह किताब निकल पड़ी।

इस किताब के लेखन में मेरी गुरु प्रो. चन्द्रकला त्रिपाठी की भूमिका काफ़ी महत्त्वपूर्ण रही। जहाँ अन्य लोग शोध और हिजड़ा समुदाय को लेकर मज़ाक़ बनाते रहे वहीं वे हर स्थिति में साथ बनी रहीं। विश्वविद्यालय स्तर के कार्यक्रम के लिए न केवल उन्होंने महिला महाविद्यालय में हमें अपनी सहमति प्रदान की बल्कि इस पूरे कार्यक्रम और किताब लेखन के दौरान सुरक्षात्मक कड़ी की तरह साथ जुड़ी रहीं। प्रो. त्रिपाठी के अतिरिक्त प्रो. बलिराज पाण्डेय जो लगातार चर्चा और प्रोत्साहन से हमारे धैर्य को बनाये रखते। प्रो. पद्मिनी, प्रो. अरुण सिंह, प्रो. ध्रुव सिंह और के.जी. चौधरी जी (सम्पूर्णानन्द विश्वविद्यालय) के समय–समय पर मार्गदर्शन से इनकार नहीं किया जा सकता, आभार। इन सबके साथ मेरे मित्र राजा रामचन्द्र पाठक, वीरू सोनकर और आस्था सिंह के मित्रतापूर्ण सम्बल का ऋण नहीं चुकाया जा सकता है। ये ऐसे मित्र हैं जिन्हें मैं अपनी फक्कड़ी में भले ही छोड़ कर भाग जाऊँ लेकिन ये दुनिया के किसी भी छोर से मुझे ढूँढ़ निकालें और मुझसे काम करा ले जायें। इस किताब के लेखन से पहले से लेकर लेखन के बाद की प्रक्रिया में भी ये निरन्तर साथ बने रहे। इन सबके साथ डॉ. राजीव कुमार वर्मा का भी आभार–जिनका घर और कार्यालय हमारे कार्य को आगे बढ़ाने की सबसे मुफ़ीद जगह होती।

और सबसे अन्त में मैं अपने पिता, अपनी माँ, अपने बड़े भाइयों और दीदी के स्नेह को धन्यवाद देती हूँ जिनके कारण मैं आज ये सब कर पायी क्योंकि समाज को केवल उजला पक्ष दिखता है लेकिन अँधेरे पक्षों के भागी तो यही होते हैं। मेरे साथ इनका संघर्ष और मुझ पर इनका विश्वास मुझसे कहीं बड़ा है।

–प्रियंका नारायण
(प्रियंका कुमारी)
वाराणसी

अध्याय एक

लैंगिक अवधारणा

आज इस युग में जब हम स्वार्थसत्ता–चिन्तन की अनिवार्यता को पीछे छोड़कर मानवता के समग्र चिन्तन की बात करते हैं तो हमारे समाज की विद्रूपता भयावह रूप में हमारे सामने मुँह बाये खड़ी हो जाती है। ऐसी ही एक परिस्थिति है हमारे समाज में हिजड़ा या किन्नर समुदाय की अमानवीय स्थिति। उनसे सामना जीवन में अक्सर हो जाया करता है। कभी ट्रेन में यात्रा करते समय ताली बजाकर दस या बीस रुपये माँगते हुए तो कई बार घरों में जन्मोत्सव के समय बधाई गाते हुए या विकृत यौन इच्छाओं की पूर्ति के लिए सस्ते दर पर उपलब्ध वेश्या के रूप में। हम उन्हें रुपये–पैसे देकर अपना कर्तव्य पूरा समझ लेते हैं। समझ लेते हैं कि वो आनन्द में हैं। लेकिन प्रश्न यह उठता है कि क्या वे अपनी इस सामाजिक भूमिका और महत्त्व से वास्तव में ख़ुश हैं? ऐसे में जो उत्तर उपस्थित होता है वह है–नहीं। और यह केवल मेरे मन का कल्पित–सृजित उत्तर नहीं है। ज़रा आप भी (समाज) जो कि पुरुष और स्त्री दो लिंगों से अधिकृत हैं अपनी इच्छाओं–आकांक्षाओं से इनकी इच्छाओं की तुलना करें। हाँ अपनी ही इच्छाओं–आकांक्षाओं से–क्योंकि हैं ये भी मानव ही; केवल प्रजननतन्त्र सम्बन्धी विकृति के कारण ही ये अमानव नहीं हो जाते। इस समाज में ही कई एक उदाहरण भी हैं जो सामान्य मनुष्यों की क्षमताओं के बराबर या उनसे बेहतर प्रदर्शन कर रहे हैं। यह सिद्ध करता है कि इनमें केवल सन्तानोत्पत्ति की ही अयोग्यता है बाक़ी

वे हमारी तरह ही हैं। इनकी शारीरिक और मानसिक स्थितियों का विस्तृत–विवेचन आगामी अध्यायों में किया जायेगा। यहाँ इनका एक सामान्य मानव जैसे कि हम–आप हैं–विवेचन करेंगे।

समाज की मुख्यधारा के जीवन से उपेक्षित, बहिष्कृत इस तीसरे लिंग की स्थिति ऐसी क्यों है? क्या कारण है कि जन्म के कुछ समय बाद इन्हें इन्हीं जैसे लोगों द्वारा सृजित एक बहिष्कृत समाज में भेज दिया जाता है? और वहाँ जाने के बाद क्यों ये सामान्य जीवन के निर्वहन के लिए अनुपयुक्त हो जाते हैं? क्या सामाजिक विकास के मूलाधार शिक्षा से वंचना ही इनकी नियति है? इस अध्याय में हम इन्हीं सवालों के जवाब की पड़ताल करेंगे।

इन प्रश्नों के उत्तर हमारे समाज की हज़ारों वर्षों की परम्परा से निर्मित संविधान और उसकी स्थिति में छिपे हैं। हम इसी विधायी परम्परा की पड़ताल करेंगे। साथ ही साथ प्रकृति के लिंग निर्धारण की प्रक्रिया के संक्षिप्त परिचय से भी इस प्रक्रिया का तर्कपूर्ण परीक्षण करेंगे।

प्रकृति और लिंग

इस ब्रह्माण्ड का आदि स्वरूप क्या था? यह प्रश्न लगभग अनुत्तरित ही है परन्तु इतना अनुमानित है कि कुछ ऐसा एकल रूप था जिससे यह प्रसार सम्भव हुआ है। भारतीय तत्त्वचिन्तन उस एकल स्वरूप को ब्रह्म की संज्ञा देता है और कहता है कि यह ब्रह्म जब अपनी ही माया से मोहित हुआ तो स्वयं में उत्पन्न इस विकार से प्रकृति को उत्पन्न किया जिसके गर्भ में अपने अंश के रोपन के पश्चात् विभिन्न तत्त्वों की सृष्टि की। यहाँ यह ध्यातव्य है कि प्रकृति स्त्रीरूपा होते हुए भी लैंगिक स्त्री नहीं थी। यह उसी ब्रह्म की विवर्त थी और ब्रह्म को भी लिंग की सीमा से परे रखा गया है। उसकी विशेषता के सम्बन्ध में सम्पूर्ण भारतीय तत्त्वचिन्तन का वाङ्मय 'नास्ति–नास्ति' ही कहता आया है।

आधुनिक विज्ञान इस ब्रह्माण्ड की उत्पत्ति के सम्बन्ध में बिग बैंग के सिद्धान्त की ओर अपना झुकाव रखता है। इस बिग बैंग

सिद्धान्त के अनुसार किसी एक वस्तु में विस्फोट के पश्चात् अन्यान्य वस्तुओं की उत्पत्ति हुई। पहले तत्त्व आये तत्पश्चात् विभिन्न तत्त्वों के मिश्रण–संयोजन–विनियोजन से वस्तु विस्तार हुआ। लिंग के मामले में प्रारम्भिक सृजन की इस अवस्था के सन्दर्भ में आधुनिक वैज्ञानिक विचार भी मौन है। बिग बैंग सिद्धान्त भी कमोबेश भारतीय तत्त्व चिन्तन की अवधारणा से ही मिलता है।

वैज्ञानिक अनुसन्धान यह सिद्ध करते हैं कि पहले निर्जीव वस्तुओं की सृष्टि हुई। तत्पश्चात् उन्हीं के संयोजन–विनियोजन से जीवों की उत्पत्ति हुई और विकासक्रम (Evolution) की प्रक्रिया यह निश्चित करती है कि जीवों में सबसे पहले जलीय जीवों की सृष्टि हुई उसमें भी पादप।

प्रकृति के विस्तार के हेतु में भारतीय तत्त्व चिन्तन 'एकोऽहं बहुस्यामः' के मिथक को मानता है। कारण इसके पीछे जो भी हो निश्चित रूप से कुछ नहीं कहा जा सकता है।

आदि सृजन की प्रक्रिया के पश्चात् जो समस्या सर्वप्रथम खड़ी हुई वह थी इसके नैरन्तर्य और प्रसार की समस्या। कोई भी वस्तु यदि आज है तो कल उसका विनाश स्वयं प्रकृति का ही बुनियादी सिद्धान्त है। यद्यपि उस तत्त्व का क्षरण नहीं होता, वह तत्त्व अपने मूलरूप यानी ब्रह्म (Form of energy) में चला जाता है तथापि सृष्टि के क्रिया–व्यापार की निरन्तरता को बनाये रखने के लिए ज़रूरी था कि वह रूप रहे और उससे अन्य रूपों का भी विस्तार हो।

इन प्रश्नों का एकमात्र उत्तर था प्रजनन। अर्थात् स्वयं के विनाश के पहले अपने जैसा कोई पुनः सृजित (Recreate) कर देना और कभी–कभी संस्करण की प्रक्रिया के द्वारा कोई नवीन वस्तु उत्पन्न कर देना। सृष्टि के रूप को देखकर यही निष्कर्ष निकाला जा सकता है कि आरम्भिक सृजन की प्रक्रिया के पश्चात् सृष्टि को स्वनियोजन (Autonomous) का गुण दे दिया गया जिससे अपने नैरन्तर्य और गति को वह स्वयं विस्तृत करती रहे। एक वह जो परम सत्ता (Supreme power) या ब्रह्म या फॉर्म ऑफ़ एनर्जी है वो नियत (Constant)

रहकर केवल निरीक्षक परम सत्ता के रूप में निर्विकार निस्पृह हो गया।

इस सृष्टि के अन्य गुणों को जो कि गौण भी हैं, छोड़कर प्रजनन की प्रक्रिया का विवेचन किया जाय क्योंकि मुख्य विषय यही है और वो भी केवल जीवों के सन्दर्भ में क्योंकि निर्जीव तत्त्वों का विषय चिन्तन विषयान्तर हो जायेगा।

जीवों के सन्दर्भ में देखें तो पहले आदिपादप (Phytoplanktons) आते हैं फिर आदि जन्तु (Zoo planktons)। आज का जीवमण्डल इन्हीं दोनों का विकसित परिष्कृत और विस्तारित रूप है। ऐसा विकासवाद (Evolution) का सिद्धान्त मानता है। आदिपादप (Phytoplanktons) से चलकर टेरिडोफाइट्स (Pteridophytes) की जो स्थिति है उनमें प्रजनन (Reproduction) की क्रिया अलैंगिक है। पादपों की इस स्थिति तक प्रजनन के लिए किसी ऐसे अंग का विकास नहीं हुआ था जिसे लिंग की संज्ञा दी जा सके। स्थूलपादप (Thallophyta) से लेकर टेरिडोफाइट्स (Pteridophytes) तक प्रजनन की एक अन्य व्यवस्था है जिसे बीजाणु (Spore) कहते हैं। परन्तु यह भी कायिक या लिंगेतर (Somatic) ही है अर्थात् वेजीटेटिव रिप्रोडक्शन (Vegetative Reproduction)। पादपों में जिसे लिंग की संज्ञा दी जाये, वह है पुष्प जो कि विकसित (Advanced) पादपों अर्थात् आवृतबीजी पादप (Angiosperm) में विकसित होती है। इसका एक प्राथमिक रूप हम विकृतबीजी पादपों (Gyannosperm) में भी देख सकते हैं।

जन्तुओं में भी ऐसी ही कुछ व्यवस्था देखने को मिलती है। लैंगिक व्यवस्था का विकास ज़्यादा जटिल शारीरिक संरचना (Complex body) वाले जन्तुओं में ही विकसित हुए हैं।

निष्कर्ष यह है कि प्रजनन तन्त्र का विकास हम विकसित शरीर (Complex body) में ही देखते हैं। प्रारम्भिक जीवों में मातृकाया (Parental body) का ही द्विखण्डन या बहुखण्डन (Multiplication or multiple fission) ही प्रजनन का एकमात्र माध्यम रहा है।

लिंग या प्रजनन तन्त्र का न होना या अविकसित या अक्रियाशील होना प्रकृति में अकल्पनीय नहीं है। किन्नरों की स्थिति में समस्या यह हो गयी कि विकसित शरीर (Complex body) के कारण प्रजनन की यह प्राथमिक व्यवस्था कारगर नहीं होने के कारण इनका शरीर उर्वर नहीं हो पाया। (यद्यपि पुराण और आधुनिक विज्ञान कुछ कृत्रिम प्रक्रियाओं के ऐसे संकेत देते हैं) हालाँकि हम आधुनिक विज्ञान का सहारा लेकर प्रतिरूपण (Cloning) के ज़रिये इनके कायिक (Somatic) कोशिकाओं को ही शरीर में विकसित कर सकते हैं। हाँ, सामान्य रूप में हम इन किन्नरों को अनुर्वर कह सकते हैं। क्योंकि इनके प्रजनन तन्त्र अविकसित या निष्क्रिय होते हैं।

यदि इस प्राकृतिक समस्या का पूर्ण हल निकाला जाये तो हमें कोई कारण नहीं दिखता कि इनके साथ उपेक्षित जीवों की तरह व्यवहार किया जाये क्योंकि प्रकृति की ऐसी कई व्यवस्थाएँ हैं जो सहज नहीं हैं उन्हें सहज बनाने के लिए ढाला जाता है। जैसे सामान्यतः मरुभूमि बसने के लिए बिल्कुल भी उपयुक्त नहीं होती है परन्तु मानव या अन्य जीव भी अनुकूलन या अन्य प्राकृतिक (Natural) या कृत्रिम तन्त्र (Required system) के ज़रिये उन्हें बसने के लायक बना देते हैं।

आदिम समाज और लिंग

प्राकृतिक रूप से लैंगिक समीक्षा के बाद अब हम मानव समाज में इनकी स्थिति की विवेचना करेंगे। मानव समाज के विकास की विभिन्न अवस्थाओं पर विचार करते हुए वैज्ञानिकों ने इसकी तीन अवस्थाएँ मानी हैं[1]–

1. जांगल युग
2. बर्बर युग
3. सभ्यता युग

जांगल युग में छोटे–छोटे पारिवारिक समूहों में रहने वाला मानव केवल भोजन और सुरक्षा की आवश्यकताओं से बँधा था। बर्बर युग में बड़े क़बीलों का विकास होता है एवं संचय तथा सत्ता की

अवधारणा के विकसित होने के कारण अधिकाधिक युद्ध होते हैं। यहाँ महिलाएँ भी युद्ध में भाग लेती हैं परन्तु अपेक्षाकृत अपनी शारीरिक कमज़ोरी के कारण सक्रिय भूमिका शनैः–शनैः खोती जाती हैं।

मानव समाज के विकास को एक और ढंग से विभाजित किया गया है[2]।

(क) संज्ञानात्मक क्रान्ति (40,000 वर्ष पहले)

(ख) कृषि क्रान्ति (12,000 वर्ष पहले)

(ग) वैज्ञानिक क्रान्ति (500 साल पहले)

जन्तुओं में शारीरिक विशिष्टीकरण (Complexion) के बाद सामाजिक विशिष्टीकरण की प्रक्रिया होती है। उस पर से मनुष्य जिसे अन्य जीवों की अपेक्षा मस्तिष्क भी मिला और इस मस्तिष्क का प्रतिफलन था–बुद्धि। ज्यों–ज्यों इस बुद्धि ने अपने विकास की सीढ़ियाँ चढ़ीं, उत्तरोत्तर विकसित होती इस बुद्धि के कारण परिस्थितियाँ और भी जटिल (Complex) होती गयीं। अन्य जीवों में यदि हम देखें तो सामाजिकता के विकास का प्रमुख कारण भोजन और सुरक्षा है– परन्तु मानव में परिस्थितियाँ बदल जाती हैं। यद्यपि आदिम मानवों में सामाजिकता का विकास प्रमुखतः इन्हीं दो वजहों से हुआ परन्तु अन्य कारक भी जुड़ते गये जैसे कला का विकास (जैसे भाषा, कला, शासन तन्त्र, धर्म, अध्यात्म इत्यादि) और हम निस्सन्देह यह कहते हैं कि इन्हीं सब चीज़ों के कारण मानव समाज पशु समाज से अलग होता है। और इन वजहों का जिस समाज में ज़्यादा विकसित रूप होता है वह समाज उतना ही ज़्यादा विकसित माना जाता है।

मनुष्यों का पहला विकास लगभग 25 लाख साल पहले पूर्वी अफ्रीका में बन्दरों के एक आरम्भिक जीनस ऑस्ट्रोलोपिथिकस से हुआ। लगभग 20 लाख साल पहले इनमें से कुछ आदिम पुरुष और स्त्रियाँ उत्तरी अफ्रीका, यूरोप और एशिया के विस्तीर्ण इलाक़े में बसने के लिए अपनी मातृभूमि छोड़कर यात्रा पर निकल गये।[3] यूरोप और पश्चिमी एशिया के मनुष्य होमो निएंडर थलेंसिस के रूप में विकसित हुए, जिन्हें आमतौर पर मात्र निएंडरथल्स कहा जाता है।

हम सेपियंस के मुक़ाबले स्थूलकाय और हृष्ट–पुष्ट निएंडरथल्स पश्चिम यूरेशिया के हिमयुग शीत जलवायु से अच्छी तरह अनुकूलित थे।[4] इंडोनेशिया में जावा द्वीप पर होमोसोलोऐंसिस (सोलो घाटी का मनुष्य) नामक प्रजाति रहती थी, जो उष्ण कटिबन्धीय जीवन के अनुकूल थी।[5] जिस दौरान ये मनुष्य यूरोप और एशिया में विकसित हो रहे थे पूर्वी अफ्रीका में विकास की प्रक्रिया थमी नहीं थी। मनुष्यता के पालने ने अनेक नयी प्रजातियों का पालन–पोषण जारी रखा जैसे कि होमो रुडेल्फेंसिस (रुडोल्फ फील का मनुष्य), होमो एर्गास्टर (कामकाजी मनुष्य) और बाद में ख़ुद हमारी प्रजाति जिसे हमने (निर्लज्ज ढंग से) होमो सेपियंस कहा यानी बुद्धिमान मनुष्य कहा।[6]

'आप आप ही चरै' की प्रवृत्ति के कारण पशुओं को लगभग अपने जीवन की सम्पूर्ण आवश्यकता स्वयं पूरी करनी होती है परन्तु मनुष्यों की स्थिति इससे भिन्न थी। बुद्धि यानी मस्तिष्क के विकास की क़ीमत मनुष्यों को अपनी शारीरिक शक्ति से चुकानी पड़ी।[7] क्षीण शारीरिक शक्ति ने मनुष्यों में निर्भरता की प्रवृत्ति को बढ़ाया। जीवन की कठिन आवश्यकताओं ने उन्हें एक–दूसरे का सहयोग करने की ओर प्रेरित किया जो कि समुदाय या झुण्ड निर्माण का कारण बना। प्रारम्भ में इस झुण्ड निर्माण के पीछे प्रेरणादायी शक्ति केवल भोजन और सुरक्षा की ही भावना थी। जैसा कि मानव विज्ञानी मानते हैं कि अपने अस्तित्व के विस्तार के लिए सेपियंस और निएंडरथल्स के बीच काफ़ी संघर्ष हुआ। इस संघर्ष के पीछे पशु समान भोजन के अधिकार की भावना से अलग मनुष्य की बुद्धिजनित लिप्सा भी थी। जिसने केवल भोजन छीनने भर से अपनी तृप्ति नहीं मानी और प्रतिद्वन्द्वी को पूरा साफ़ करना इनकी प्रवृत्ति बन गयी। यह सन्तान की लिप्सा का सबसे बड़ा कारण था क्योंकि जीवन का समाप्त होना तब दृष्टि का उन्मीलन मात्र था।

सन्तति की प्राकृतिक और परिस्थितिजन्य आवश्यकताओं ने समुदाय में उसकी जननी, स्त्रियों की महत्ता को स्थापित किया। पुरुष जो कि यौन सन्तुष्टि और बाह्य संघर्ष में ही केवल मर–खप जाने के

कारण सैनिक मात्र बने रहे और अपनी महत्ता खोते गये। सन्तानों पर उस समय माताओं के एकाधिकार ने पुरुषों और बच्चे पैदा करने में अयोग्य मनुष्यों (किन्नर भी) की महत्ता को कम किया। यौन क्रिया में सक्षम न होने के कारण बहुत सम्भव है कि हिजड़ों की स्थिति पुरुषों से भी नीची रही होगी। क्योंकि वे न तो स्त्रियों के समान बच्चे पैदा कर सकते थे और न ही यौन तृप्ति के लिए पुरुषों के आकर्षण का केन्द्र ही हो सकते थे।

आदिम यौनाकांक्षाओं की पूर्ति से जब मानव थोड़ा आगे बढ़ा तो यौन सम्बन्ध से तन्त्रिका और हार्मोनल स्राव का ही परिणाम केवल न रह गया। इस आकर्षण ने उसके भाव लोक से मिलकर सौन्दर्य दृष्टि को प्रेरित किया और स्त्रियों के मंजुल सौन्दर्य और लास्य–लावण्य के महत्त्व को बढ़ाया। पुरुष उससे रीझने और आकर्षित होने लगे। इसकी एक आदिम झलक चिंपाजियों में भी देखने को मिलती है।[8] यह व्यवस्था जैसे–जैसे विकसित होती गयी इस विषय में किन्नरों की अयोग्यता उन्हें समाज की मुख्यधारा से अलग करती गयी होगी। वो केवल भोजन जुटाने और सुरक्षा सम्बन्धी शारीरिक क्रियाओं में ही संलग्न रह गये होंगे।

अब तक की आदिम सामुदायिक व्यवस्था में हमें किन्नरों की सामुदायिक उपेक्षा के बीज दिखने लगे हैं परन्तु बहिष्करण के कोई कारण नहीं दिखते क्योंकि समुदाय को सुरक्षा और भोजन की आवश्यकताओं से भी जूझना होता था और उस कार्य में ये कहीं से भी अनुपयुक्त नहीं थे। वह समुदाय केवल अनुपयुक्त सदस्यों को ही सामुदायिक बहिष्करण देता था।[9] यह आधुनिक काल में भी मुख्यधारा से अलग अपनी आदिम संस्कृति को जीने वाले जंगली समूहों में विद्यमान था।[10]

मनुष्य भोजन संग्राहक अवस्था से आगे चलकर जब कृषि और पशुपालन की अवस्था में पहुँचता है तो समाज कुछ स्थायित्व को प्राप्त करता है और आवश्यक कार्यों में उत्पन्न वैशिष्ट्य के कारण समाज में इन तीनों लिंगों की महत्ता में उल्लेखनीय परिवर्तन आते हैं।

यद्यपि इतिहास या मानवशास्त्र या समाजशास्त्र सभी इस तीसरे लिंग के विषय में अधिकांशतः मौन हैं परन्तु पुरुष और स्त्री इन दो लिंगों की विवेचना से इस तीसरे लिंग की स्थिति भी कुछ–कुछ साफ़ होती है तथापि निश्चित रूप से कुछ भी नहीं कहा जा सकता है। कृषि अवस्था में पहुँचने के बाद पुरुषों की महत्ता में बढ़ोतरी होती है, वह सभी कार्यों के सम्पादन में उपयुक्त सिद्ध होता जाता है। स्त्रियों के साथ समस्या यह होती है कि कृषि यन्त्रों के उपयोग में उनका प्राकृतिक शारीरिक माधुर्य बाधा बनता गया। मासिक धर्म और गर्भावस्था उन्हें काम से पृथक् होने पर विवश कर देती है। उनकी शारीरिक बनावट भी कृषि के कुछ कार्यों मसलन हल चलाने में अनुपयुक्त बनाती आयी। पुरुषों की महत्ता इन्हीं सब कारणों से निर्विवाद रूप से बढ़ी और वे समाज में नियामक के रूप में अपनी पकड़ मज़बूत करते गये। यौन सम्बन्धों के सन्दर्भ में तो किन्नरों की स्थिति में परिवर्तन के कोई निश्चित तर्क हमारे सामने उपस्थित नहीं होते हैं परन्तु महिलाओं की तुलना में बदली हुई परिस्थिति ने जीवन यापन की क्रियाओं में उनकी महत्ता को बढ़ाया होगा। पशुपालन की क्रिया भी कृषि के समान ही है। दिनभर पशुओं की देखरेख, चराना, नियन्त्रण करना ये सब स्त्रियों की प्रकृति के प्रतिकूल तो नहीं कह सकते परन्तु सर्वथा अनुकूल भी नहीं ही है।

कृषि और पशुपालन युग ने मानव सभ्यता को एक अप्रत्याशित मोड़ दिया। समुदाय ज़्यादा घुमन्तू न होकर स्थिर होने लगे थे और जब किसी समुदाय में स्थिरता आता है तो उसके कार्यव्यवहार सम्पादन के लिए कई तरह के नियमों और वर्जनाओं का निर्माण होने लगता है। इस स्तर के बाद सही अर्थों में या कहें कि आधुनिक अर्थों में विकसित समाज का निर्माण होता है।

आधुनिक समाज और लैंगिक अवधारणा

आधुनिक समाज यदि पूर्णरूपेण नहीं तो अधिकांश में पितृसत्तात्मक रहा है। सम्पत्ति, परिवार, वंश परम्परा और शासन तन्त्र के विकसित

हो जाने के बाद पुरुष की पौरुष प्रवृत्ति ने समाज पर लगभग एकाधिकार कर लिया। स्त्रियाँ अपने सौन्दर्य के कारण इस पुरुष सत्ता के विलास की पूर्ति का साधन बनीं। हालाँकि स्त्रियों के समाज के कई क्षेत्रों में स्वतन्त्र अस्तित्व और उल्लेखनीय कार्य बराबर प्रदर्शित होते रहे हैं फिर भी समाज के सामर्थ्य का पर्यायवाची शब्द पौरुष हो गया। यह मान्यता मनुष्य के बौद्धिक परिवेश में दृढ़ हो जाने के कारण एक रूढ़ि बन गयी।

सामाजिक सामर्थ्य 'पौरुष' के अर्थ में रूढ़ हो जाने के कारण अन्य दोनों लिंगों की स्थिति ख़राब होती गयी। पुरुष अपनी विलासप्रियता और भोगी स्वभाव के कारण जिस प्रकार अन्य भौतिक वस्तुओं का संग्रह करता था, स्त्रियों का भी करने लगा। बहुविवाह की प्रथा बहुविवाह न रहकर नारी संग्रहण हो गयी। ऐसी स्थिति में जितनी भी परम्पराएँ, रूढ़ि, शास्त्र, लोक व्यवहार बने सब पुरुषवादी अहं की तुष्टि के लिए बने। समाज में जिन कार्यों और व्यवहार से व्यक्ति को महत्ता मिलती थी या मिल सकती थी उसे पुरुषों के लिए बना दिया गया और महिलाओं के लिए उसे निषिद्ध कर दिया गया और बात केवल महिलाओं की नहीं थी दासों–गुलामों की भी वही स्थिति थी। अर्थ यह कि स्त्री–दास–गुलाम–शूद्र सब बराबर ही महत्ता पा रहे थे। कहीं–कहीं अधिकार की सैद्धान्तिक मान्यता देकर इन्हें तुष्ट किया गया।

परिवार, सम्पत्ति और शासन तन्त्र विकसित हो जाने के कारण उत्तराधिकार और वंश परम्परा के बाबत सन्तानोत्पन्नता की महत्ता वही रही बल्कि कुछ बढ़ ही गयी थी। उत्तराधिकार के नियम बने। जिनमें पितृसत्तात्मक समाज में सम्पत्ति का हक़दार पुत्र को तथा मातृसत्तात्मक समाज में पुत्री को मिलता था। सम्पत्ति का स्थानान्तरण पीढ़ी–दर–पीढ़ी नियम बन गया था क्योंकि व्यक्ति तो मरता है पर सम्पत्ति नहीं। भाषा, साहित्य, कला–कौशल, यशोलिप्सा इत्यादि ने मनुष्य को और उकसाया। जो मनुष्य स्वयं नहीं कर पाता था उसे अपनी सन्तति के द्वारा सम्पादित होता देखकर ख़ुश होता था।

वंशवाद की अवधारणा दृढ़ होती गयी और इसमें जो सक्षम थे वो इस समाज में अपना अस्तित्व क़ायम रख सके।

प्रजनन और अस्तित्व विस्तार के इस दृढ़ मानसिक–बौद्धिक वातावरण में स्त्रियाँ तो हथियार बनीं किन्नर वो भी नहीं बन पाये। जो भी है इसी जीवन के लिए है 'न आगे नाथ न पीछे पगहा' वाली स्थिति के कारण उनके अन्दर अस्तित्व विस्तार की लिप्सा समाप्त हो गयी होगी। जहाँ अपना कुछ न हो वहाँ से विरक्ति हो ही जाती है। किन्नरों ने पाया कि मैं अर्जन करके क्या करूँगा मेरे बाद इस सम्पत्ति सुख को कौन भोगेगा। किन्नरों ने अपने अस्तित्व की लघुता और जीवन की निस्सारता को अच्छी तरह समझा। वो न तो यौन आनन्द में सक्षम थे न ही अपने अस्तित्व विस्तार की भविष्य की लम्बी परम्परा को क़ायम रखने में। भौतिकतावादी समाज में उनके लिए कुछ नहीं बचा था। शायद यही कारण हो सकता है कि उन्होंने सामाजिक ताने–बाने में उलझना मुनासिब नहीं समझा हो और अपना एक अलग संसार निर्मित कर लिया हो। शुरुआती दौर में तो ये वैकल्पिक होता होगा परन्तु आगे चलकर यह भी एक रूढ़ि बन गयी होगी और ये अपनी लैंगिक असामान्यता के उभरने के बाद समाज छोड़कर चले जाते होंगे या इन्हें बलात भेज दिया जाता होगा। समाज ने इसे भी एक नियम बना लिया होगा जो आज भी परम्परा के नाम से चल रहा है।

यदि हम भारत के प्राचीन शास्त्रों जो कि नीति और विधान की बात करते हैं, का अनुशीलन करें तो वो भी अन्य लैंगिक स्थितियों की तुलना में इनके विषय में लगभग मौन ही हैं। यह प्रदर्शित करता है कि इनकी एक ख़ामी के चलते कैसे समाज ने इन्हें उपेक्षा के गहरे अन्ध कूप में डाल दिया। यदि कहीं इनके विषय में बिल्कुल स्पष्ट रूप में कुछ कहा गया है तो वह है कामसूत्र। मनुस्मृति और कौटिल्य का अर्थशास्त्र इन्हें सम्पत्ति के हस्तान्तरण के विषय में विवेचित करता है वो भी बहुत ही उपेक्षा के साथ। लगता है कि केवल सैद्धान्तिक रूप से इनकी सामाजिक उपस्थिति की चर्चा की गयी है–

व्यवहार में समाज ने इन्हें कब का स्वयं से दूर कर दिया होगा। इनके साथ बनाये गये यौन सम्बन्धों को भी पशुओं के साथ बनाये यौन सम्बन्धों के बराबर देखा है। याज्ञवल्क्य स्मृति में कहा गया है कि योनि (स्त्री) से इतर कहीं भी पुरुषों का यौन साम्प्रयोग दण्डनीय है।

अयोनौ गच्छतो योषां पुरुषं वापि मेहतः।
चतुर्विंशतिको दण्डस्तथा प्रव्रजितागणे।।[11]

भारतीय इतिहास खँगालने पर इनकी जो थोड़ी–बहुत सामाजिक संलग्नता मिलती है वह है–दासों के रूप में। क्योंकि भारतीय इतिहास में इन्हें सैनिक भी नहीं बनाया जा सकता था। क्योंकि महाभारत में शिखण्डी पर भीष्म प्रहार ही नहीं करते हैं क्योंकि वो योद्धा नहीं माना जाता था। इतिहास के पन्नों में किन्नर केवल पुरुषों की विलासिता के निमित्त रखी गयी स्त्रियों की सुरक्षा में नियत थे। ताकि कोई दूसरा पुरुष किसी के भी हरम में प्रवेश न कर सके, उनकी स्त्रियों का कोई और भोग न कर सके इसीलिए सुरक्षाकर्मी के रूप में किन्नर ही रखे जाते थे। क्योंकि ये उनकी रानियों के साथ यौन सम्बन्ध स्थापित नहीं कर सकते थे। व्यवहार शास्त्रों में भी इसका विधान मिलता है। परन्तु कभी–कभी यौनेच्छा के अतिरेक में रानियाँ इनसे आंशिक ही सही यौन तुष्टि का सुख लेती थीं। पुरुषों में भी जिन्हें स्त्रियाँ सहज उपलब्ध नहीं थीं वो इनसे सम्बन्ध बनाते थे। कामसूत्र में इन्हें मुख मैथुन और गुदा मैथुन में संलग्न बताया गया है। आगे चलकर भी इनकी इस स्थिति में कोई अन्तर नहीं आता है। अन्य छोटे–छोटे बिना महत्त्व के कामों में इनकी संलग्नता से इनकार नहीं किया जा सकता। जैसे नक्काशी, कलाकारी, साहित्य, संगीत इत्यादि में इनकी संलग्नता भले ही उल्लेखनीय न रही हो कि जिसे इतिहास लिखे, परन्तु गौण रूप में इन चीज़ों में इनकी संलग्नता न रही हो, असम्भव है। आज भी हम देखते हैं कि कई शास्त्रीय नर्तक जो होते हैं वो किन्नर होते हैं भले ही वो इस बात को प्रदर्शित न होने देते हों। किन्नरों का नाचना–गाना तो इतिहास और वर्तमान दोनों में सिद्ध है। यहाँ हम पुनः याद दिलाना चाहेंगे कि

लगभग सम्पूर्ण शास्त्र या इतिहास एक–दो को छोड़कर इस तीसरे लिंग के विषय में मौन ही है।

'अयोनौ गच्छतो' का यदि हम अर्थ लगायें तो कामसूत्र और खजुराहो की मूर्तियाँ जो साक्ष्य देती हैं, वह है किन्नरों या अन्य पुरुषों के साथ यौन सम्बन्ध तथा पशुओं के साथ सम्बन्ध–याज्ञवल्क्य ने दोनों ही स्थिति में 24 पण का ही दण्ड निर्धारित किया है जो कि दोनों के समान महत्त्व को इंगित करता है। मुख मैथुन वाले प्रकरण में सम्पूर्ण विवेचन देने के बाद यह निर्देश दिया गया है कि यह कार्य कृत्य नहीं है यानी इसे नहीं करना चाहिए। मनुस्मृति में कहा गया है कि मनुष्य भिन्न स्त्री में अर्थात् स्त्री पशु में अथवा रजस्वला स्त्री में अथवा योनि भिन्न अंगों अथवा जल में वीर्य सेचन करने पर पुरुष शुद्धि के लिए सन्ताप करें।[12] अर्थात् योनि भिन्न अंग यानी गुदा द्वार, पशु योनि और रजस्वला योनि में वीर्य सेचन का निषेध है। यह निषेध विधिक रूप से किन्नरों से यौन सम्बन्ध का निषेध करता है।

उत्तराधिकार वाली स्थिति पर हम यदि गौर करें तो मनुस्मृति में कहा गया है कि–नपुंसक और पतित दाय भाग नहीं पाने वाले लोग होते हैं।[13] परन्तु पुनः मनु कहते हैं कि नपुंसक यदि पत्नी प्राप्त करता है और उससे सन्तान होती है तो वह दाय भाग का अधिकारी होगा।[14] यहाँ मुख्य बात यह है कि नपुंसक नहीं पर उसकी सन्तान अपने पितामह की सम्पत्ति की उत्तराधिकारी होगी अर्थात् सम्पत्ति का हस्तान्तरण सीधे पितामह से पौत्र के बीच, नपुंसक के लिए कोई स्थान नहीं।

कमोबेश यही अवधारणा सम्पूर्ण विश्व की रही है। सम्पत्ति का उत्तराधिकारी किन्नरों को कहीं भी नहीं माना गया है। उनके साथ स्थापित यौन सम्बन्धों को आज तक अनैतिक माना जाता है। इधर कुछ समय से जबकि एलजीबीटी समुदाय ने इसके लिए सड़क पर उतरना शुरू किया तब जाकर स्थिति कुछ अनुकूल बनी। आज के समाज में इनकी स्वीकार्यता पर विशेष चर्चा आगामी अध्याय में विस्तृत रूप से की जायेगी।

निष्कर्षतः बात यह है कि जब से हमें हमारा संविधान और शास्त्र ज्ञात है तब से लेकर आज तक स्थिति वही है। इन्हें तब भी बहिष्कृत उपेक्षित समझा जाता था और आज भी बहिष्कृत उपेक्षित समझा जाता है। इस बहिष्करण के पीछे के कारणों की यथासम्भव अनुमानित पड़ताल कर ली गयी है। इसके आधुनिक परिदृश्य और इस सन्दर्भ में बदलती मानसिकता तथा बदलती सामाजिक संवेदना पर चर्चा 'सामाजिक स्वीकार्यता' शीर्षक के अन्तर्गत की जायेगी।

परिवार और लैंगिक अवधारणा

आज मानव संगठन प्रकृति का सबसे बड़ा और सबसे प्रबुद्ध संगठन है। इसी के बल पर उसने सम्पूर्ण विश्व पर अपना आधिपत्य बना या हुआ है। इस संगठन का आज जो स्वरूप है, उसकी इकाई हम परिवार को मानते हैं। ऐसी कौन–सी परिस्थितियाँ थीं, जिन्होंने परिवार नाम की संस्था को जन्म दिया? ऐसी परिस्थितियों की पड़ताल और परिवार के विभिन्न स्वरूपों के विकास को हम इसके लैंगिक सन्दर्भों के सापेक्ष देखेंगे क्योंकि हमारा विषय इन विवेचनों के पीछे विभिन्न लिंगों की स्थिति की पड़ताल ही है जिसने हिजड़ा समुदाय को इस परिवार नाम की संस्था से बहिष्कृत कर मानव के इस सशक्त सामाजिक संगठन से अलग कर दिया।

परिवार की परिभाषा यदि देखें तो यह पता चलता है कि। Group of people that share common ancestors यानी एक समान पूर्वज वाले लोगों का अन्तस्यंगी समूह। प्रारम्भिक अवस्था में जब मानव केवल आहार, निद्रा, भय और मैथुन की सीमा में बँधा था और कहीं भी कुछ भी खा–सो लेता था, किसी के साथ भी मैथुन कर लेता था तब उसे किसी संगी–साथी की आवश्यकता नहीं थी। मानव की यह अवस्था पशुओं के जैसी ही थी। परन्तु जीवन की बदलती आवश्यकता जिसका मूल कारण मानव की बौद्धिक प्रवृत्ति है। क्योंकि प्रकृति का जो कहर पशुओं पर उस समय हुआ होगा वही इन मानवों पर भी हुआ होगा पर पशु आज भी वहीं हैं या

डायनासोर जैसे जीव लुप्त हो गये पर मानव ने इनका अतिक्रमण करना सीखा।

यौन स्वच्छन्दता के कारण सामुदायिक मानव के यहाँ कभी–कभी झगड़ा हो जाया करता होगा। क्योंकि बहुत हद तक सम्भव है कि समुदाय का कोई पुरुष जब किसी स्त्री के साथ मैथुनरत हो उसी समय किसी अन्य पुरुष की भी उसी स्त्री से मैथुन की इच्छा हो या समुदाय में कोई स्त्री ऐसी भी रही होगी जो बहुत सुन्दर हो और एक से ज़्यादा युवाओं की तृष्णा हो। ऐसी दशा में उस सुन्दर स्त्री का यौन जीवन सामान्य नहीं रह जायेगा। यदि वह अपने चाहने वाले प्रत्येक पुरुष को अपने साथ यौन सम्बन्ध बनाने की अनुमति दे, तो ऐसी दशा में कुछ पुरुष जो वंचित रह जाते होंगे वो लाभान्वित पुरुष के प्रति ईर्ष्याभाव रखने लगें इसमें कोई सन्देह नहीं है। यह ईर्ष्याभाव भिड़न्त में तब्दील हो जाये और यह भिड़न्त जब आज तक प्रचलित है तो आदिम मनुष्यों का क्या कहना।

एक दूसरा मौजूँ विषय है सम्पत्ति। मानव की आदिम सामुदायिक अवस्था में जब संचयन और भविष्य की चिन्ता बढ़ी होगी तो प्रत्येक व्यक्ति पहले स्वार्थ साधता होगा इसमें कोई सन्देह नहीं है। ऐसी अवस्था में भी सामुदायिक प्रयास से अर्जित संसाधनों का स्वामित्व कुछ लोगों के स्वामित्व में जाने का विरोध हुआ होगा और फलस्वरूप समुदाय में बिखराव शुरू हुआ होगा। इस स्वचिन्ता और उससे उत्पन्न बिखराव ने भोजन और सुरक्षा की व्यवस्था पर नये सिरे से सोचने को विवश किया होगा।

यौन सम्बन्धों एवं जीवन की अन्य चिन्ताओं मसलन भोजन और सुरक्षा ने मानव को अपनी स्वच्छन्दता को नियमित–नियन्त्रित करना सिखाया जिससे यौन सम्बन्धों के नियमन के संविधान की प्रेरणा बनी और उत्तराधिकार के नियम को बनाया। यौन सम्बन्धी नियम के कारण पुरुषों के लिए उपलब्ध स्त्रियों में कमी आयी। फलस्वरूप स्त्री और पुरुष का एकसाथ ज़्यादा समय बीतता गया होगा जिसने भावनात्मक सम्बन्धों को विकसित किया। उत्तराधिकार के नियम और

नियन्त्रित यौन सम्बन्धों तथा स्त्री–पुरुष के मध्य विकसित भावनात्मक सम्बन्धों ने ही परिवार नाम की संस्था को जन्म दिया।

प्रकृति का नियम भी है कि एकीकरण की प्रवृत्ति और बिखरने की प्रवृत्ति नियन्त्रित होती है। प्रकृति को सामंजस्य की मध्यावस्था पसन्द है। इसीलिए मानव न तो एकदम अकेले रह पाया और न ही एक बहुत बड़ा परिवार लेकर। वह बीच–बीच का बना रहा एक छोटे से समुदाय के साथ जिसे परिवार कहा गया।

परिवार नाम की संस्था का विकास जब होता है उसका प्रधान कारण यौन सम्बन्ध और उत्तराधिकार के नियम हैं। यौन सम्बन्धों और उनसे उत्पन्न सन्तानों से सम्बन्धित उत्तराधिकार के नियम के कारण स्त्री और पुरुष के मध्य सम्बन्ध स्थापित होता रहा। निःसन्तानों तथा किन्नरों को तो सम्भवतः सम्पत्ति मिल जाती होगी परन्तु उनकी मृत्यु के बाद कोई सन्तान न होने के कारण सम्पत्ति के उतराधिकारी के चयन में हुई परेशानी के कारण चिन्ता हुई होगी। निःसन्तानों को चिह्नित करना शुरुआत में तो मुश्किल रहा होगा परन्तु उत्तराधिकार निश्चयन के समय नपुंसक पहचान में आ जाते होंगे अतः सम्पत्ति के उत्तराधिकार से उन्हें वंचित होना पड़ा।

अब हम परिवार के विकास के विभिन्न चरणों को देखेंगे जिससे स्थिति के विवेचन में सहायता मिलेगी।

परिवार का क्रमिक विकास[15]

क्रम का पहला चरण

1. स्वच्छन्द सम्भोग या पॉलिनीजियन समाज।
2. सगे और रिश्ते के भाइयों और बहनों का एक समूह में विवाह, इसमें मिलता है।
3. रक्त सम्बन्ध परिवार (परिवार का पहला चरण), इसमें मिलता है।
4. रक्त–सम्बद्धता और विवाह सम्बन्धों की व्यवस्था।

क्रम का दूसरा चरण

5. यौन सम्बन्धों के आधार पर संगठन और पुनालुअन प्रथा, जिसमें भाइयों और बहनों के आपसी विवाह पर रोक लगाने की प्रवृत्ति पैदा हुई, ऐसा मिलता है।
6. पुनालुअन परिवार (परिवार का दूसरा चरण)।
7. गोत्र संगठन जिसने भाइयों और बहनों के विवाह सम्बन्ध को ख़ारिज कर दिया, इसमें मिलता है।
8. रक्त–सम्बद्धता और विवाह सम्बन्धों की तूरानी और गनोवनी व्यवस्था।

क्रम का तीसरा चरण

9. गोत्र संगठन का बढ़ता प्रभाव और जीवन की कलाओं में सुधार के कारण मानव जाति का एक भाग उन्नति करके बर्बर युग की निम्न अवस्था में जा पहुँचा। इसमें मिलता है।
10. अलग–अलग जोड़ों का विवाह, पर सम्भोग किसी एक जोड़े तक सीमित नहीं होता था ऐसा मिलता है।
11. युग या युगलन परिवार (परिवार का तीसरा चरण)।

क्रम का चौथा चरण

12. सीमित क्षेत्रों या मैदानों में पशुपालन कर जीवनयापन इसमें मिलता है।
13. पितृसत्तात्मक परिवार (परिवार का चौथा चरण अपवाद –समान चरण)।

क्रम का पाँचवाँ चरण

14. सम्पत्ति का उदय तथा जागीरों पर ऊर्ध्व वंशजों का वास।
15. एकनिष्ठ परिवार (परिवार का पाँचवाँ चरण)।
16. रक्त सम्बद्धता और विवाह सम्बन्धों की आर्य, सामी और यूराली व्यवस्था, जिसके कारण तूरानी व्यवस्था का ध्वंस हुआ।

जब भाइयों एवं बहनों के आपसी यौन सम्बन्धों की मान्यता थी तो उत्पन्न सन्तानों में अन्तः प्रजननात्मक दुष्प्रभाव (inbreeding dipression) के कारण निःसन्तान एवं हिजड़ों की पर्याप्त संख्या रही होगी। बाद में किसी कारणवश इन सम्बन्धों में वर्जना के कारण दूसरे परिवार की स्त्रियों से वैवाहिक सम्बन्ध बने होंगे। इस प्रकार का परिवार पुनालुअन परिवार कहलाता है। एल.एच. मॉर्गन के अनुसार परिवार के प्रकार (L.H. Morangan) :

1. **रक्त सम्बन्ध परिवार**–एक समूह में भाइयों और बहनों के बीच विवाह ऐसे परिवार का आधार था।
2. **पुनालुअन परिवार**–अनेक भाइयों की कुछ साझी पत्नियाँ और अनेक बहनों के कुछ साझे पति जिसमें कि पति और पत्नी के बीच भाई–बहन का सम्बन्ध न हो।
3. **युगलन परिवार**–एक पुरुष–एक स्त्री का विवाह परन्तु सहवास या यौन सम्बन्ध में एकनिष्ठता नहीं होती थी।
4. **पितृसत्तात्मक परिवार**–एक पुरुष की अनेक पत्नियाँ।
5. **एक विवाही परिवार**–एक पुरुष एक स्त्री और सहवास केवल उन्हीं के बीच।

विवेचना के आधार पर परिवार का मुख्य आधार है यौन सम्बन्ध जो पहले अपनी स्वच्छन्द अवस्था में था पर धीरे–धीरे नियन्त्रण और नियन्त्रण के कारण परिवार में दोनों लिंगों की स्थिति में परिवर्तन होता गया। यह स्थिति सामाजिक परिस्थितियों से भी नियन्त्रित हुई। जैसे–जैसे परिवार का स्वरूप आधुनिक आकार और प्रकार ग्रहण करता गया पुरुष की सत्ता स्थापित होती गयी। स्त्रियाँ भौतिक और मानसिक चारदीवारी में बन्दिनी होती गयीं। पूरी व्यवस्था पर एकमात्र पुरुष की सत्ता स्थापित हो गयी। जिस मातृसत्ता में स्त्रियों को अधिकार था कि किसी भी पुरुष के साथ यौन सम्बन्ध स्थापित कर सकें, पूरे पुरुष समुदाय को अपने नियन्त्रण में रखें, बदली हुई परिस्थितियों के कारण स्थापित पारिवारिक व्यवस्था ने पुरुषों को परिवार का मुखिया बना दिया और पितृसत्ता की ऐसी व्यवस्था

स्थापित हुई कि वही नियामक, नियन्त्रक स्त्रियाँ पुरुषों के भोग की सामग्री बन गयीं। बाखोफेन ने 'मातृसत्ता' में चर्चा की है कि "हर कहीं की तरह गोत्र में स्त्रियाँ महाशक्ति होती थीं। मौक़े का तकाज़ा होता तो वे एक सरदार के सर की 'सींग तोड़ देने' में और उसे वापस योद्धाओं की क़तार में भेज देने में भी नहीं झिझकती थीं।" सरदारों का मूल नामकरण भी हमेशा उन्हीं के अधिकार में होता था लेकिन जब परिवार का पितृसत्तात्मक स्वरूप विकसित हुआ तो यही स्त्रियाँ पशुओं की तरह पुरुषों के हरम की शोभा बनती गयीं। राजसत्ता के विकास के विभिन्न चरणों में हम देखते हैं कि स्त्रियों की प्राप्ति युद्ध में एक महत्त्वपूर्ण बात समझी जाने लगी थी। स्त्रियों के लिए युद्ध होने लगे थे। परिवार में महिलाओं की कोई भूमिका नहीं होती थी एक यौन दासी के सिवा। भारतीय इतिहास का मध्यकाल इसके उदाहरणों से भरा पड़ा है। 'सुरा और सुन्दरी' पुरुषों के विलास का पर्याय था। हमारी आज की बहुत–सी परम्पराएँ और मानसिकताएँ उसी काल की देन हैं। शास्त्रों, गृहसूत्रों, व्यावहारिक नियमों, संस्थागत संविधान इत्यादि सब उसी मानसिकता से बने हैं। स्त्रियों के मस्तिष्क में इस सत्ता को इस तरह रचा–बसा दिया गया कि वो भी इस बात का समर्थन करने लगीं। वेद पढ़ने के लिए स्त्रियाँ स्वयं को भी स्वयं के लिए अनुपयुक्त मानने लगीं। कोई शारीरिक धृष्ट शक्ति से केवल कब तक राज कर सकता है सो पुरुषों ने केवल पुरुष की सत्ता बहाल न कर के 'पौरुष' की सत्ता बहाल कर दी जिसने उसके प्रतिकूल और अनावश्यक चीज़ों को समाज और परिवार से बहिष्कृत कर दिया। शारीरिक और मानसिक रूप से स्त्रियों पर आधिपत्य न जमा पाने के कारण हिजड़ा यानी तीसरा लिंग अपने पितृव्यों की गौरवानुभूति का विषय न बन पाने के कारण भी उपेक्षित–बहिष्कृत हुए होंगे। समाज में पुरस्कृत पौरुष प्रकृति के धारक नहीं होने के कारण तीसरे लिंग ने अपनी उपयोगिता खोयी और परिवार की विरासत (पैतृक सम्पत्ति) से बहिष्कृत हुए।

आख़िरकार : प्रारम्भ में उठाये गये सवालों की पड़ताल ने हमें उन अवधारणाओं के विकास का कारण बताया। यौन सम्बन्ध स्थापित करने में अशक्त, उत्तराधिकारी बनने में अशक्त पुरुष या स्त्री किसी भी ढाँचे में न आ सकने के कारण जो मान्यताएँ और विधान इनके सम्बन्ध में बीज रूप में आये थे कालान्तर में दृढ़ होते–होते तीसरे लिंग की वर्तमान स्थिति के कारण बने।

आज हम अपनी थोड़ी–सी संवेदना भले ही इन्हें दे दें या कामातुर होकर इनके साथ सम्बन्ध स्थापित कर लें लेकिन अपनी सोच में इन्हें सम्मानजनक स्थान तो क्या स्वीकृति तक नहीं दे सके हैं। ये अवांछनीय के अवांछनीय बने रहे। यह तृतीय लिंग मानव सभ्यता की अनेकानेक प्रमुख सुविधाओं मसलन सामाजिक प्रतिष्ठा, शिक्षा से उपेक्षित है क्योंकि जो समाज की मुख्यधारा में हैं उनके लिए ही यह व्यवस्था पर्याप्त नहीं हो पा रही है तो इन उपेक्षितों के लिए क्या कहा जाय।

भारत में एक प्रथा है कि जन्म के समय ये तीसरे लिंग वाले बधाइयाँ गाते हैं। कारण क्या हो सकता है? मानव इतना स्वार्थी है कि सदा अपनी सुख सत्ता सोचता आया है। भारतीय मानस ज़रा धर्मभीरु भी है। शाप की शक्ति का भी उसे अनुमान है तो वह समझता है कि हमारी सन्तति पर किसी की 'आह' न लगे। कोई ईर्ष्यावश अपनी बुरी नज़र से हमारा अहित न कर दे। प्रजनन की उर्वरता के मामले में उनका प्रमुख प्रतिगामी हैं किन्नर समुदाय। तो गृहस्थों ने सबसे पहले इन्हीं का मन बदल दिया और अपनी सुख सत्ता का अनुमोदन इनसे चन्द सिक्कों की बदौलत करवा लिया है।

अध्याय दो

किन्नर : एक जीववैज्ञानिक अध्ययन

सभ्यता के विकास के दौर में मानव ने जब वैयक्तिक भाव से आगे बढ़कर समूह की स्थापनाओं को स्वीकारना शुरू किया तब आरम्भिक भावों के आगे सन्तति और उससे जुड़ा वात्सल्य भाव मातृसत्ता के रूप में उभरा। सन्तानोत्पत्ति की स्थितियों ने जहाँ समाज में स्त्री की सत्ता और महत्त्व को स्थापित कर दिया वहीं उसका सौन्दर्य पुरुष जीवन के आधार और आकर्षण का महत्त्वपूर्ण कारण बना। लेकिन इनके बीच में एक तीसरा वर्ग भी था जो न तो सन्तति में अपना सहयोग कर पाया और न कामाकर्षण का ही आधार बन पाया, हाँ वैकल्पिक स्थिति ज़रूर बनी रही। स्त्री और पुरुष की दो लकीरों के बीच कभी पुरुष शरीर का स्त्रियोचित तो कभी स्त्री शरीर का पुरुषोचित व्यवहार यही इनकी नियति बन गयी। समाज में एक समय ऐसा भी आया जब उसके कड़े विधानों के बीच इन्हें पूरी तरह से नकार दिया गया और तब इन्होंने अपनी अलग ही दुनिया बना ली। समाज से आख़िर किन परिस्थितियों में ये अलग हुए, इसकी विस्तार से चर्चा की जा चुकी है और शेष पर अगले अध्याय में प्रकाश डाला जायेगा। यहाँ हम इसकी जीववैज्ञानिक स्थितियों को समझने की कोशिश करेंगे। आख़िर वे कौन–से जीववैज्ञानिक, हार्मोनल, गुण सूत्रीय, आनुवंशिक व मस्तिष्कीय कारण हैं जिनकी वजह से इनकी शारीरिक या यौनिक स्थितियों में भिन्नता आती है? हालाँकि इस पर

पूरी तरह से शोध और निष्कर्ष अभी भी चल ही रहे हैं लेकिन उनकी स्थिति क्या है इसे समझने का प्रयास तो किया ही जा सकता है।

सबसे पहले हम इनकी बाह्य परिस्थितियों को देखें। जीव–वैज्ञानिक अध्ययन में पूरी तरह जाने से पहले ट्रांसजेंडर से जुड़ी कुछ समाजवैज्ञानिक पारिभाषिक शब्दावली (टर्मिनोलॉजी) को यहाँ समझ लेना आवश्यक है। सबसे पहले हमारे पास विज्ञान तीन शब्दों को लेकर आता है–जेंडर आइडेंटिटी, जेंडर बिहेवियर और सेक्सुअल ओरिएंटेशन।

दरअसल 'जेंडर आइडेंटिटी' पहचान के अर्थों में है जहाँ जन्मजात सेक्स के अनुसार 'पहचान' निर्धारित होती है। जबकि 'जेंडर बिहेवियर' उनके स्वभाव, कपड़े, बाल, आवाज़ व शारीरिक भंगिमा पर निर्भर करता है। अमेरिकन साइकोलॉजिकल एसोसिएशन के अनुसार अब जबकि जेंडर को निर्धारित करने की बात हो रही है यह पूरी तरह से 'ओरिएंटेशन' पर निर्भर करता है। यानी यह इस बात पर निर्भर करता है कि आप लैंगिकता के सम्बन्ध में क्या महसूस करते हैं? अधिकांश स्थितियों में होता यह है कि आप सामाजिक स्थितियों के दबाव में अपने 'ओरिएंटेशन' को अभिव्यक्त ही नहीं कर पाते हैं कि आप चाहते क्या हैं? दरअसल ट्रांसजेंडर और जेंडर नॉन कनफ़र्मिंग (TGNC) मनुष्य वे हैं जिनकी 'आइडेंटिटी' उनके जन्मजात सेक्स से अलग होती है। जेंडर 'ओरिएंटेशन' उनके अन्दर जेंडर 'बिहेवियर' के अन्तर को जन्म देता है और अन्ततः यह 'आइडेंटिटी' सम्बन्धी उलझनों को जन्म देता है। लेकिन आख़िर इन शब्दावलियों के इतर वे कौन से कारण हैं जो इस स्थिति के लिए ज़िम्मेवार हैं? इनका विवेचन हम जीवविज्ञान के अन्तर्गत देख सकते हैं।

शरीर की स्त्री और पुरुष में विभक्तिकरण की प्रक्रिया जीवों के विकासक्रम (Evolution) में प्रजनन की क्रिया की विकासमान पद्धति का प्रतिफलन है।

प्राक्केन्द्रक (Prokaryotes) वैसे जीवों के समूह को कहते हैं जो एककोशीय हों और जिनमें नाभिक विकसित नहीं हुआ हो।

इनमें की क्रिया की ओर यदि हम दृष्टिपात करें तो यह पाते हैं कि प्रजनन प्राक्केन्द्रकों में प्रजनन सामान्य कोशिका विभाजन (द्विखण्डन या बहुखण्डन–Binary fission or Multiple fission) के द्वारा सम्पादित होता है। इनमें लिंग विषयक विशेषता की कोई आवश्यकता नहीं होती है। इसी तरह सुकेन्द्रिक एककोशीय जीवों (Eukaryotic unicellular organism) में भी कोशिका विभाजन की क्रिया द्वारा ही प्रजनन की क्रिया सम्पादित होती है। विकासक्रम में जब हम और आगे बढ़ते हैं और स्पंजों की बात करते हैं तो पाते हैं कि इन जीवों में प्रजनन की दो पद्धतियाँ दृष्टिगत होती हैं अलैंगिक प्रजनन और लैंगिक प्रजनन। अलैंगिक प्रजनन, प्रजनन की वह पद्धति है जिसमें सामान्य शरीर से ही विखण्डन जैसी क्रियाओं के द्वारा सन्तति की उत्पत्ति होती है तथा लैंगिक प्रजनन में शरीर में एक विशेष अंग विकसित होता है जो कि एक विशेष प्रक्रिया द्वारा प्रजनन की क्रिया को सम्पादित करता है। स्पंजों में अलैंगिक प्रजनन की क्रिया में सामान्य शरीर से ही एक कलिका (Bud) निकलती है और वही मुख्य शरीर से अलग होकर नयी सन्तति के रूप में विकसित हो जाती है। लैंगिक प्रजनन में इनके सामान्य शरीर में दो प्रकार की कोशिकाएँ जो विशेष प्रकार की होती हैं भाग लेती हैं। एक का नाम है–कोएनोसाइट (Choanocyte) जो पुंसत्व को धारण करती है तथा दूसरे का नाम है मेसोफिल (Mesophylo) जो स्त्रीत्व को धारण करती है। यहाँ से दो तत्त्वों में विभक्तिकरण की प्रक्रिया अपने प्राथमिक स्तर पर शुरू होती है। दोनों प्रकार की कोशिकाएँ एक ही मुख्य शरीर धारण करती हैं। इन दोनों का संलयन प्रजनन की क्रिया के लिए उत्तरदायी होता है। ऐसे शरीर जिनके पास स्त्रीत्व और पुंसत्व दोनों तत्त्व होते हैं उन्हें उभयलिंगी (Hermaphrodite) कहा जाता है। लैंगिक प्रजनन की यह विधि जिसमें उभयलिंगी शरीर की भागीदारी होती है, जीवों के विकासक्रम में हम इस पद्धति को मृदुकवची (Molluses) जीवों तक पाते हैं। हालाँकि शरीर के विभक्तिकरण की प्रक्रिया कीटों (Insects) से ही शुरू हो जाती है।

यहीं से प्रजनन के लिए दो भिन्न लिंगी शरीरों की व्यवस्था शुरू हो जाती है। हालाँकि विकासक्रम में इसे निम्नतर माने जाने वाले जीवों की बहुत पर्याप्त संख्या इस लैंगिक द्विभक्तिकरण (Sexual Diamorphism) से अछूता है।

प्रजनन के लिए सभी जीवों का लैंगिक रूप से विशेषीकृत होना प्रकृति में अत्यावश्यक नहीं है परन्तु शरीर का विकासक्रम में निरन्तर पेचदार होते जाना ही इस विशेषता के जन्म का कारण बना है। अब इस विशेषता का जिस विकसित शरीर में अभाव होता है तथा विकृति होती है उसे असामान्य कह दिया जाता है। अतः हम यह कह सकते हैं कि यह निष्कर्ष, पुरुष और स्त्री ने अपनी विशेषता को ही निकष मानने के बाद उन्हीं विशेषताओं के सापेक्ष प्रदान किये हैं। मतलब हमारा संविधान हमारा निर्णय।

भिन्न लिंगों में विभक्त शरीर का अपने शरीर के अनुसार न अभिव्यक्त होना दो प्रकार का होता है। एक तो यह कि शरीर की सभी बातें सामान्य होने के बावजूद केवल मनोभावों में विरोधाभास पाया जाता है और दूसरा शरीर का लैंगिक रूप से अविकसित और विकृति के साथ विकसित होना। पहली स्थिति को हम पारलैंगिक (Transsexual) कहते हैं और दूसरी स्थिति को किन्नर।

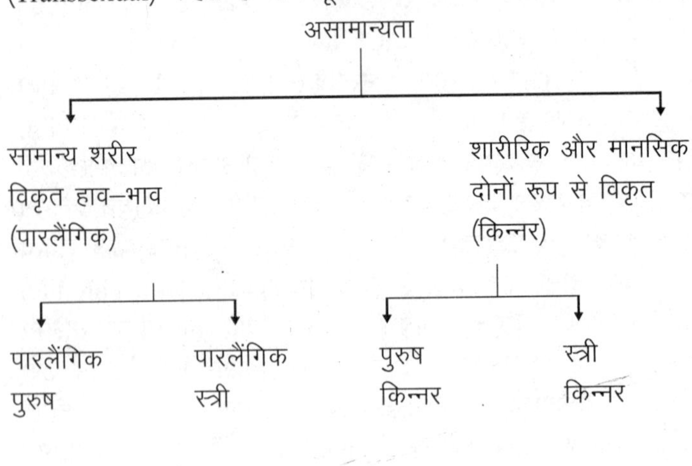

पारलैंगिक

पारलैंगिक मानवों की केवल भावनाएँ ही सामान्यतः विपरीत लिंगों वाली होती हैं परन्तु शारीरिक रूप से ये जन्मना निर्धारित लिंग के मानव ही हुआ करते हैं। अर्थात् पूर्णरूपेण स्त्री या पुरुष। इनकी प्रजनन क्षमता सामान्य स्त्री या पुरुष जैसी ही होती है। इस तरह के लोग अपने से विपरीत लिंग की वेशभूषा धारण भी कर लेते हैं। इन लोगों में अपने लिंग के विरुद्ध इतना अधिक शेष होता है कि ये अपना लिंग तक परिवर्तित करवा लेते हैं। शीमेल या पुंस्त्री (पुरुष + स्त्री) (Shemale) इसी का परिणाम है।

कोई भी पारलैंगिक पुरुष अपने शरीर को स्त्री शरीर में बदल सकता है। हॉर्मोन रिप्लेसमेंट थेरेपी से दाढ़ी और मूँछों के बाल ख़त्म हो जाते हैं। ब्रेस्ट ऑग्मेंटेशन तकनीक से स्तनों का विकास हो जाता है। फ़ेशियल फ़ेमिनिज़्म सर्जरी से स्त्री जैसे चेहरे का विकास हो जाता है। यहाँ तक कि गर्भाशय भी प्रत्यारोपित करवाया जा सकता है। लिली एल्बे 1930 में जर्मनी में इस तरह की सर्जरी की पहली प्रयोगकर्ता थी। ठीक इसी प्रकार कोई भी पारलैंगिक स्त्री स्वयं को पुरुष शरीर में परिवर्तित करवा सकती है। चिकित्सकीय शल्य क्रियाओं और हॉर्मोन के सेवन से शरीर पुरुषायित हो जाता है। पुरुष हॉर्मोन का सेवन मासिक धर्म से मुक्त कर देता है। बाइलैटरल मैस्टेक्टोमी (Bilateral Mastectomy) से स्तनों को हटाया जाता है तथा हिस्टेरेक्टोमी द्वारा पुरुष जननांगों का विकास किया जाता है। चेस्ट कन्टूरिंग (Chest countouring) से पुरुषों जैसे वक्ष को प्राप्त किया जाता है।

परन्तु स्त्री या पुरुष किन्नर को जो हॉर्मोन थेरेपी प्रजनन क्षमता बढ़ाने के लिए दी जाती है या उनके शारीरिक परिवर्तन के लिए दी जाती है उन हॉर्मोन के सेवन से यदि कोई चाहे कि पारलैंगिक स्त्री या पुरुषों के असामान्य मनोभावों को बदल दे तो सफलता नहीं मिल सकती है। और तो और यह उनकी प्रजनन क्षमता पर भी बहुत बुरा असर डालती है। क्योंकि प्रजनन से सम्बन्धित जो भी हॉर्मोनल क्रियाएँ

होती हैं वो इन पारलैंगिक मानवों में सामान्य स्त्री–पुरुषों जैसी ही पायी गयी हैं, अतः औषधियों का प्रयोग दुष्प्रभाव ही उत्पन्न करता है।

यदि हम पारलैंगिकता के कारणों की पड़ताल करें तो इसके पीछे शरीर विज्ञानियों ने मुख्यतः तीन प्रकार के कारणों का हवाला दिया है–

1. आनुवांशिक (Genetic)
2. मस्तिष्क संरचनात्मक (Brain structures)
3. मस्तिष्क की कार्यशैली (Brain function)

पारलैंगिकों में प्राथमिक और द्वितीयक लैंगिक गुण (Primary and Secondary Sexual Character) के निर्धारक हॉर्मोन की कार्यशैली में बाधा पहुँचने के कारण ऐसी परिस्थिति आती है। पारलैंगिक पुरुषों में एंड्रोजेन रिसेंटर (NR3C4) की लम्बाई ज़्यादा होने के कारण एंड्रोजेन और डाइहाइड्रोएंड्रोजेन की अत्यधिक मात्रा इनसे बँध जाती है जिससे मस्तिष्क की पुरुषप्रवृत्ति निर्धारण की प्रक्रिया अधूरी रह जाती है। जिसके कारण पुरुष शरीर के मनोभाव स्त्रैण हो जाते हैं।

इसी प्रकार पारलैंगिक स्त्रियों में CYP17T-34C जीन में विकार के कारण स्त्रैण मनोभावों के निर्धारक हॉर्मोन की सामान्य कार्यशैली बाधित होती है जिसके कारण मस्तिष्क स्त्रैण भावनाओं को पूर्णतः अभिव्यक्त करने में अक्षम हो जाता है।

ध्यातव्य है कि ये सारे विकार केवल मनोभावों को ही प्रभावित करने वाले होते हैं। शरीर की सामान्य प्रजनन क्षमता से इनका कोई लेना–देना नहीं है।

कुछ वैज्ञानिकों ने पारलैंगिकता के कारणों को मस्तिष्क की अवसंरचना में भी ढूँढ़ा है। Hullshoff Poll और उनके सहयोगी वैज्ञानिकों ने अपने अनुसनधान के आधार पर यह बताया कि पारलैंगिक पुरुषों में हाइपोथैलेमस की अवस्थिति स्त्रैण दिशा में होती है, जहाँ से स्त्रैण गुणों या मनोभावों का संचालन होता है। 2006 ई. में किये अपने इस शोध में Poll ने यह भी जोड़ा कि यौन विषयक आकर्षण की दिशा के लिए आजीवन गोनाडल हॉर्मोन (Gonal Hormme) की आवश्यकता बनी रहती है।

सन् 2010 ई. में स्नायुविज्ञानियों के एक दल ने पारलैंगिक स्त्रियों पर किये गये अपने शोध में DTI तकनीक का प्रयोग करते हुए यह निष्कर्ष दिया कि पारलैंगिक स्त्रियों (पुरुष मनोभाव वाली स्त्री) में श्वेत तत्त्व (White matter) सामान्य पुरुषों के श्वेत तत्त्व की अवस्थिति से समानता रखता है।

विभिन्न समयों में मस्तिष्क की कार्यशैली के पारलैंगिकता के सन्दर्भ में किये शोधों पर विभिन्न वैज्ञानिकों ने विस्तृत प्रकाश डाला है। 2009 में जर्मन वैज्ञानिकों के एक दल ने पुरुषों के प्रति यौन आकर्षण रखने वाले पारलैंगिक पुरुषों (स्त्रैण मनोभाव वाले पुरुष) का FMRI तकनीक से अध्ययन करते हुए यह बताया कि यौन उत्तेजना के क्षणों में पारलैंगिक पुरुष, जो कि पुरुषों के प्रति ही अपना यौन सम्बन्धी झुकाव रखते हैं, का मस्तिष्क कुछ उसी प्रकार क्रियाशील था जिस प्रकार किसी सामान्य स्त्री का यौन उत्तेजना के क्षणों में होता है।

स्त्रियों के प्रति यौन आकर्षण रखने वाले पारलैंगिक पुरुषों में मस्तिष्क की स्त्रैण क्रियाशीलता वैसी नहीं दिखी, जिस प्रकार पुरुषों के प्रति यौन आकर्षण वाले पारलैंगिक पुरुषों में देखने को मिली थी। इस प्रकार के पारलैंगिक सामान्य स्त्री और पुरुष, दोनों के मस्तिष्क की कार्यशैली से भिन्नता रखते हैं। इनमें थैलेमस का आकार छोटा था पुटामेन आयतन (Putamen volume) कम और राइट इन्सुलर (Right Insular) तथा अनुवर्ती फ्रॉन्टल कॉर्टेक्स (Inferior frontal cortex) में GM आयतन (GM volume) ज़्यादा पाया गया तथा इसी तरह की स्थिति राइट एंगुलर गाइरस (Right angular gyrus) की भी थी।

बर्गलंड (Burglund) और उसके सहयोगियों ने स्त्रियों के प्रति यौन आकर्षण वाले पारलैंगिक पुरुषों का अध्ययन AND और EST हॉर्मोन के प्रति प्रतिक्रिया के आधार पर किया और पाया कि प्रतिक्रिया में इनका हाइपोथैलेमस उसी तरह क्रियाशील होता है जिस तरह सामान्य स्त्रियों में EST पर। इनकी प्रतिक्रिया सामान्य पुरुषों से थोड़ी–सी कम पायी जाती है।

स्त्रियों के प्रति अपनी यौन आकांक्षा रखने वाली पारलैंगिक स्त्रियों का अध्ययन जापानी वैज्ञानिकों के एक दल ने SPECT तकनीक से किया और उन्होंने RCBF (Regional Cerebral Blood Flow) का सामान्य महिलाओं के RCBF से तुलनात्मक अध्ययन किया और कहा कि महत्त्वपूर्ण मात्रा में रक्त का प्रवाह आन्तरिक कॉटेक्स के वाम पक्ष (Left anterior cortex) में कम हुआ तथा उसी प्रकार की वृद्धि राइट इन्सुला (Right insula) में देखी गयी। ये दोनों मस्तिष्क के वो भाग हैं जो रति की स्थिति में क्रियाशील रहते हैं और इन पारलैंगिक स्त्रियों का रक्त प्रवाह कमोबेश उसी तरह था जिस प्रकार सामान्य पुरुषों का होता है। क्योंकि इनका ग्राफ़ सामान्य स्त्रियों के ग्राफ़ से विचलन को प्रदर्शित कर रहा था।

लिंग निर्धारण और यौन आकर्षण के निर्धारण के प्राथमिक स्तर पर पैतृक एंड्रोजेन उन्मुखता (Parental androgen exposure) की भी भूमिका होती है। XX गुणसूत्रों वाले मनुष्यों में Congenital Adrenal Hyperplasia के कारण पैतृक एंड्रोजेन के प्रति अति उन्मुखता हो जाती है, जिसके कारण स्त्रियों में पुरुष भाव आ जाते हैं।

पुरुषों में 5–Alpha-Reductase की कमी टेस्टोस्टेरोन का डाइहाइड्रो–टेस्टोस्टेरोन में परिवर्तन को बाधित करती है, जोकि पुरुष गुण ग्रहण में कमी लाता है परिणामतः पुरुष शरीर का व्यवहार स्त्रैण हो जाता है।

शरीर विज्ञान के इन तथ्यों के सत्य से इनकार न करते हुए भी, इन पर अतिशय विश्वास पर मनोविज्ञानियों ने सवाल उठाया है। और इसके मनोवैज्ञानिक पहलुओं पर भी गौर करने पर ज़ोर दिया है। क्योंकि मनोभावों के निर्धारण में केवल शारीरिक पक्ष की भूमिका नहीं होती है, सामाजिक परिस्थितियाँ और कभी–कभी मन के अलक्षित अनकहे, अनसुलझे सत्य भी इस क्रिया में अपनी भूमिका निभा जाते हैं। परन्तु मनोवैज्ञानिकों के निष्कर्ष इतने उलझे हुए हैं कि इनकी तार्किक विश्वसनीयता सन्देहास्पद हो जाती है।

एक मनोवैज्ञानिक विकृति है Autogynophilia जब किसी पुरुष को, अक्सर यह बढ़ती उम्र के साथ घटित होता है, ऐसा लगता है कि वह स्त्री है तो इस परिस्थिति को Autogynophilia कहते हैं।

उपरोक्त विवेचन ऐसे लोगों का था जिनके केवल मनोभाव उनके शारीरिक लिंग के अनुरूप नहीं थे। परन्तु वो अपनी प्रजनन क्षमताओं में सामान्य स्त्री/पुरुष जैसे ही थे। इनका विवेचन एकबारगी हमें विषयान्तर लग सकता है परन्तु ये मानव हमें सामान्य मानव और किन्नर के बीच की कड़ी प्रतीत होते हैं। इनकी शारीरिक–मानसिक क्रियाएँ ऐसी हैं जो यदि और विकृति प्राप्त कर ले तो किन्नरों से मेल खा जायें।

किन्नर

किन्नर ऐसे मानवों को कहते हैं जिनका शरीर पूर्णरूपेण न तो स्त्री का होता है और न ही पुरुष का। ऐसा मानव शरीर और मन, निषेचन (Fertilisation) की क्रिया के दौरान, गुणसूत्रों की व्यवस्था जो किसी भी शरीर का लिंग निर्धारित करती है, में आयी त्रुटि के कारण, आविर्भूत होता है। इस शरीर को उसका पूर्णरूपेण निर्धारित लिंग नहीं मिल पाने के कारण उसका शरीर और मन दोनों स्त्री और पुरुष के बीच फँसा होता है तथा उसकी प्रजनन क्षमता जाती रहती है।

यदि शरीर की सामान्य संरचनाओं के विषय में बात करें जोकि पुरुष और स्त्री दोनों शरीर में उभयनिष्ठ होता है वह किन्नरों में भी समान ही होता है क्योंकि इसको निर्धारित करने वाला गुणसूत्र तीनों स्थितियों में समान होता है जिसे Autosomes कहते हैं। Sex गुणसूत्रों में उत्पन्न विकार ही इन्हें एक अलग प्रकृति देता है। इसलिए इनमें यदि अन्तर होता है तो शरीर के उन हिस्सों में जो किसी मानव को पुरुष और स्त्री में विभक्त करते हैं। यह है प्राथमिक लैंगिक गुण (Primary sexual characters), द्वितीयक लैंगिक गुण (Secondary sexual characters) तथा उर्वरता (Fertility)।

मानवों में लैंगिक पृथक्करण की बात करें तो प्राथमिक लैंगिक गुण और द्वितीयक लैंगिक गुण ही स्त्री और पुरुष से किन्नरों को अलग करते हैं। उर्वरता या प्रजनन की क्षमता तो कभी–कभी सामान्य स्त्री–पुरुषों में भी नहीं होती है जिन्हें हम बाँझ कहते हैं।

प्राथमिक लैंगिक गुण उसे कहते हैं जो मानव शरीर में जन्म से उपस्थित होते हैं तथा जो जन्म के बाद युवावस्था (Puberty) में दर्श होते हैं उन्हें द्वितीयक लैंगिक गुण कहते हैं।

पुरुष	**स्त्री**
1. वृषण (Testes) 2. कॉर्पोरा कैवरनोसा (Corpora cavernosa), मूत्र नली (Urethra), प्रोस्टेट, सेमिनल वेजाइकस (Seminal vesicle), ये सारे आन्तरिक जननांग हैं। 3. Glans Penis, Scrotum, Pha lus foreskin से मिला हुआ Perineum, –ये सारे बाह्य जननांग हैं।	1. अण्डाशय (Ovary) 2. Clitoral crusa, vagina गर्भाशय (Uterus), fallopian tube, (आन्तरिक जननांग) 3. Clioris, Labia, Vulva, Clitoral hood, Perineal urethra–स्त्रियों में ये सारे बाह्य (Bahya) जननांग हैं।

उपरोक्त तालिका में प्राथमिक लैंगिक गुण थे। द्वितीयक लैंगिक गुण में, स्त्री शरीर में स्तनों का विकास, नितम्ब की अस्थि (Pelvic Girdle) का चौड़ा होना, आवाज़ का मधुर होना, त्वचा की सुकोमलता इत्यादि आते हैं तथा पुरुष शरीर में शारीरिक दृढ़ता, दाढ़ी–मूँछों का उगना, आवाज़ का मोटा होना इत्यादि हैं। स्त्री और पुरुष शरीर में ये सारे गुण पृथक् होते हैं परन्तु किन्नर शरीर में द्वितीयक लैंगिक गुण मिले–जुले होते हैं तथा प्राथमिक लैंगिक चरित्र अवशेषी अंगों की तरह निष्क्रिय होते हैं तथा रूप में अविकसित भी।

इन गुणों का विकास मानव शरीर में X और Y गुणसूत्रों के कारण होता है। जिस भ्रूण का निर्माण XY गुणसूत्रों से होता है वह पुरुषों वाले गुण धारण करता है तथा XX वाला स्त्रैण गुण धारण करता है।

मनुष्यों में 23 जोड़ी गुणसूत्र पाये जाते हैं। इनमें आधे यानी 23 पिता के होते हैं तथा आधे 23 माता के। 22 जोड़ी गुणसूत्र समजात गुणसूत्र (Autosomes) कहे जाते हैं जिससे बाक़ी शरीर की निर्मिति होती है तथा 23वाँ जोड़ा जोकि Sex गुणसूत्र कहलाता है लैंगिक गुणों के निर्धारण के लिए उत्तरदायी होता है। निषेचन के समय शुक्राणु तथा अण्डाणु में उपस्थित 23–23 गुणसूत्र मिलकर 23 जोड़ी गुणसूत्रों का निर्माण करते हैं।

जब किन्हीं कारणों से अण्डाणु और शुक्राणु में, पूर्व में ही युग्मक जनन (Gametogenesis) की प्रक्रिया के दौरान हुए अर्द्धसूत्री विभाजन (Meiosis) के दौरान Sex गुणसूत्रों की संख्या अनियमित हो जाती है तो परिणामस्वरूप असामान्य युग्मक (Gametes) का निर्माण हो जाता है। इन्हीं युग्मक (Gametes) के निषेचन से असामान्य भ्रूण का निर्माण होता है।

स्त्रियों में असामान्य युग्मक जनन (Gametogenesis) के परिणामस्वरूप निम्न प्रकार के अण्डाणु (Ovum) प्राप्त होते हैं :

स्त्रियों में असामान्य युग्मक जनन

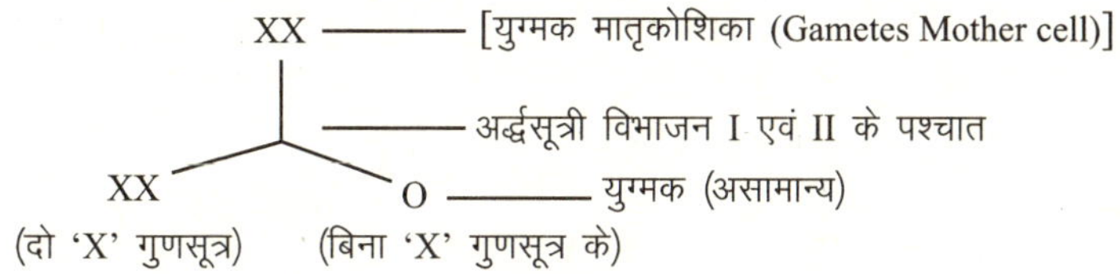

नोट–सामान्य युग्मक एक X गुणसूत्र धारण करता है।

पुरुषों में असामान्य युग्मक जनन

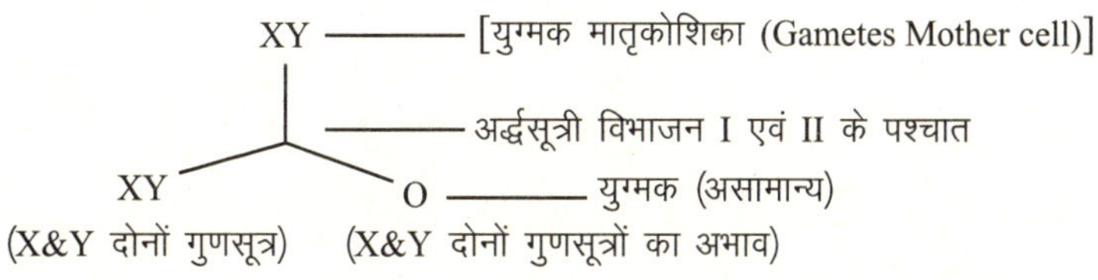

नोट–सामान्य युग्मक या तो एक X गुणसूत्र धारण करता है या एक Y गुणसूत्र।

नोट–यहाँ यह ध्यातव्य है कि समजात गुणसूत्रों (Autosomes) की संख्या प्रकृत है। यहाँ जिस असामान्यता पर विचार किया जा रहा है वह केवल sex गुणसूत्रों से ही सम्बन्धित है।

निषेचन की क्रिया यदि ऐसे ही युग्मकों (Gametes) के द्वारा होती है तो भ्रूण असामान्य हो जाता है जिसे किन्नर कहते हैं।

(i)	XX	+	X	XXX (सुपर फीमेल भ्रूण)
	+			
	(असामान्य)		(सामान्य)	
(ii)	XX	+	Y	XXY (पुरुष किन्नर भ्रूण)
	+			
	(असामान्य)		(सामान्य)	
(iii)	X	+	XY	XXY (पुरुष किन्नर भ्रूण)
	+			
	(सामान्य)		(असामान्य)	
(iv)	X	+	O	XO (स्त्री किन्नर भ्रूण)
	+			
	(सामान्य)		(असामान्य)	
(v)	O	+	X	XO (स्त्री किन्नर भ्रूण)
	(असामान्य)		(सामान्य)	
(vi)	XX	+	XY	XXXY (पुरुष किन्नर भ्रूण)

नोट–ऐसे गुणसूत्रों वाले मनुष्य पाये गये हैं।

सुपर फीमेल

जिन स्त्रियों में sex गुणसूत्रों की स्थिति XXX होती है उन्हें सुपर फीमेल कहा जाता है। ये किन्नर नहीं होते हैं परन्तु इनकी शारीरिक–मानसिक स्थिति किन्नरों से थोड़ी ही भिन्न होती है। इनकी लम्बाई सामान्य स्त्रियों से थोड़ी ज़्यादा होती है। बाक़ी अन्य कोई भी बाह्य शारीरिक लक्षण सामान्य स्त्रियों से भिन्न नहीं होते हैं। ऐसी स्त्रियों को शिक्षण यानी कुछ भी सीखने की प्रक्रिया में

समस्या होती है। मांसपेशियाँ अत्यधिक शिथिल होती हैं। इन्हें वृक्क सम्बन्धी समस्याएँ भी होती हैं। यह स्थिति गुणसूत्रों के विश्लेषण से पहचान में आती है। स्पीच थेरेपी, फिजिकल थेरेपी तथा मनोवैज्ञानिक परामर्श से इन्हें सामान्य बनाया जा सकता है। ऐसे बच्चे 1000 मादा शिशुओं में 1 होते हैं। इनकी प्रजनन क्षमता सामान्य होती है।

पुरुष किन्नर

जब किसी पुरुष में गुणसूत्रों की स्थिति XXY होती है तो वह पुरुष, पुरुष किन्नर कहलाता है। चिकित्सा विज्ञान में इसे Klienefelter's Syndrome कहते हैं। XXY गुणसूत्रों के शारीरिक अभिव्यक्त लक्षणों का पूरा–पूरा पता किशोरावस्था में चलता है जब किसी पुरुष शरीर में स्तनों का असामान्य विकास होने लगता है तथा शरीर पर बाल कम उगने लगते हैं। इनके लक्षण मुख्यतः छोटे वृषण तथा लिंग एवं प्रजनन की अक्षमता है। ये लक्षण कभी–कभी छिपे भी रह जाते हैं। कभी–कभी स्थिति ज़्यादा बिगड़ जाती है तो शरीर मांसपेशियों की कमजोरी, ज़्यादा लम्बाई तथा शारीरिक सन्तुलन की कमी से जूझने लगता है। साधारणतः इनकी बौद्धिक क्षमता सामान्य होती है परन्तु पढ़ने तथा बोलने में ऐसे लोगों को थोड़ी समस्या होती है। इनके गुणसूत्रों में जैसे–जैसे X गुणसूत्र की संख्या बढ़ती जाती है–(XXXY, XXXXY इत्यादि) स्थिति और भी विकट हो जाती है। XXY वाले लोग सामान्य पुरुषों से कम ऊर्जावान होते हैं तथा इनकी हड्डियाँ भी कमज़ोर होती हैं। ऐसे मनुष्यों में टेस्टोस्टेरोन हॉर्मोन का कम मात्रा में बनना ही इनकी इन सारी समस्याओं का कारण होता है। टेस्टोस्टेरोन की कम मात्रा इनको पुरुष गुणों से च्युत करती है। कभी–कभी वृषण, थैली में उतर नहीं पाता है, शरीर के धड़ भाग में में ही रह जाता है। यूरेथ्रा यानी मूत्र नली लिंग के भीतरी भाग में ही खुल जाती है। लिंग का आकार सामान्य से बहुत छोटा होता है।

ऐसे शिशु की सम्भावना तब और बढ़ जाती है जब माँ की उम्र ज़्यादा हो।

ऐसे मनुष्यों में दुश्चिन्ता, असामाजिकता, एकाग्रता का अभाव तथा परिस्थिति से जूझने की न्यून क्षमता होती है।

एक सामान्य पुरुष शरीर की तुलना में इनमें रुग्ण होने की सम्भावना भी ज़्यादा होती है। टाइप–2 मधुमेह, रक्त का जमना, शारीरिक कम्पन, यदि स्तनों का असामान्य विकास हो तो स्तन कैंसर, ऑस्टियोपोरोसिस, Auto Immune Disorders जैसे Systemic-lupus Erythematosis, Rheumatoid आर्थइटिस जैसे रोगों की सम्भावना इनमें ज़्यादा होती है।

ऐसे शिशु की सम्भावना 500 से 1000 बच्चों में एक होती है।

इसकी जाँच इनके शारीरिक लक्षण से होती है। गुणसूत्रों का विश्लेषण तथा गर्भ के दौरान ही Amnio-centesis प्रक्रिया द्वारा भी ऐसे शिशुओं का पता लगाया जा सकता है।

ऐसे बच्चों में टेस्टोस्टेरोन के डोज़ से पुरुष गुणों के विकास को सन्तुलित करने का प्रयास किया जाता है। टेस्टोस्टेरोन का सेवन इन्हें असामान्य Osteoporosis से भी बचाता है। व्यावहारिकता का शिक्षण भी इन्हें सामान्य जीवन देने के लिए आवश्यक होता है। ऐसे पुरुषों को यदि पिता बनना हो तो पीड़ित पुरुष के वृषण से कोशिकाओं को निकालकर प्रयोगशाला में वीर्य की स्थिति तक प्रसंस्कृत करके उस वीर्य का प्रयोग किया जा सकता है।

स्त्री किन्नर

स्त्री किन्नर वो कहलाते हैं जिनमें गुणसूत्र की स्थिति 'XO' होती है। ऐसे मानवों का शरीर स्त्री का होता है परन्तु स्त्रैण गुणों का पूर्ण विकास नहीं हुआ होता है जिसका कारण इसके पूरक गुणसूत्र का नहीं होना है। अकेले 'X' गुणसूत्र अपना काम आधा–अधूरा ही कर पाता है।

ऐसी स्त्री की शारीरिक लम्बाई कम होती है। इनमें अण्डाशय कम वय में ही निष्क्रिय हो जाता है। प्रारम्भ में तो अण्डाशय सामान्य होते हैं परन्तु बाद में अण्डाणु अविकसित अवस्था में ही मर जाते हैं तथा अधिकांश अण्डाणु समय से पहले ही समाप्त हो जाती हैं।

शरीर के युवा होने में सामान्य से अधिक समय लगता है। इनमें से बहुत कम ऐसे होते हैं जिनकी अण्डाशयी कार्यक्षमता थोड़ी–थोड़ी सामान्य होती है। लगभग 30% ऐसी स्त्रियों की ग्रीवा त्वचा का आधिक्य लिए रहती है जिसे Webbed neck कहते हैं। गर्दन के पिछले भाग पर बालों के नीचे जाती हुई एक धारी होती है। हाथों तथा पैरों में सूजन भी होती है जिसे Lymphedema कहते हैं। इनकी अस्थियों में भी विकार होता है। वृक्क सम्बन्धी रोगों की सम्भावना इनमें ज़्यादा होती है। एक तिहाई से आधे जन्मजात हृदयरोगी होते हैं। बड़ी धमनियों का सकरापन, वाल्वों में विकार इत्यादि बहुत सामान्य होता है। इनकी बौद्धिक क्षमता सामान्य होती है तथा शारीरिक विकास देरी से होता है। इन्हें अभाषिक बौद्धिक कौशल सीखने में परेशानी होती है। व्यावहारिक समस्याएँ भी हो सकती हैं। परन्तु ये सामान्य लक्षण विभिन्न किन्नरों में अलग–अलग होते हैं।

ऐसे शिशु 2500 में एक होते हैं। (Genetic Home Reference) –US National Library of Medicine)। ऐसे शिशुओं की पहचान गुणसूत्रों के विश्लेषण से ही होती है। Amniocentesis भी इसमें कारगर होता है।

इन्हें एक सामान्य जीवन देने के लिए वृद्धि (Growth) हॉर्मोन शारीरिक वृद्धि तथा Estrogen द्वितीयक लैंगिक गुणों (Secondary sexual characters) के विकास के लिए दिया जाता है।

वैज्ञानिक सहायता से सन्तति

नवीन शोध तथा वैज्ञानिक अनुसन्धान इनकी प्रजनन सम्बन्धी अक्षमताओं को धता बताते हुए विभिन्न तकनीकों द्वारा इन्हें भी सन्तति लाभ का अवसर दे रहे हैं। कुछ निम्नलिखित हैं–

(a) Sperm Cryopreservation

(b) Oocyte Cryopreservation

(c) Embryo Cryopreservation

(d) Orarian Tissue or Full Ovary Cryopreservation

परन्तु ये सारे तकनीक सभी किन्नरों के लिए लाभप्रद नहीं हैं क्योंकि शरीर यदि प्राकृतिक रूप से अनुर्वर है तो उसके कारणों का अनुमान तथा तत्सम्बन्धी निदान बहुत जटिल प्रक्रिया है। साथ ही साथ ये सारी चिकित्सकीय सुविधाएँ, आर्थिक रूप से इतनी महँगी हैं कि घर और समाज से बहिष्कृत, रोज़गारविहीन, अर्थहीन किन्नर इससे लाभ उठा पायें, सम्भव नहीं दिखता है।

किन्नरों में कामानन्द और कामेच्छा

कामानन्द और कामेच्छा निर्भर करती है तत्सम्बन्धी अंगों के पूर्ण विकास तथा हॉर्मोन एवं अन्य तन्त्रिका तन्त्र सम्बन्धी क्रियाओं द्वारा प्रेरित रक्तसंचरण पर। पहले यह माना जाता था कि किन्नरों में आम आदमी की तरह यौन भावनाएँ नहीं होती हैं। काम सम्बन्धी भारतीय ग्रन्थ 'कामसूत्र' किन्नरों के साथ काम सम्बन्धों के बारे में ब्योरा तो देता है परन्तु उनके आन्तरिक मनोभावों के बारे में कोई बात नहीं करता है। परन्तु 20वीं शताब्दी के शोध इस बात को अगले सिरे से नकारते हैं कि किन्नरों में कामेच्छा नहीं होती है। शोध का निष्कर्ष यह कहता है कि उनमें भी यौनिकता होती है और यौन अभिक्रियाओं के सभी सम्भव आयाम–सामान्य, लेस्बियन, गे–पाये जाते हैं।

यह सच है कि उनके अंग पूर्णरूपेण विकसित नहीं होते हैं परन्तु निरे संवेदनहीन नहीं होते हैं। रक्तसंचरण की मात्रा भी उनमें होती है। यौन भावनाओं के कारक हॉर्मोन भी होते हैं भले कम होते हैं। अतः यह कहना ग़लत नहीं होगा कि उनमें भी कामेच्छा और कामानन्द की भावना होती है भले ही सामान्य से थोड़ा कम होती है।

–सर्वे 2015 (wikipedia, 702.2019, 7:15 pm)

Queer	-	21%
Pansexual	-	18%
Same gender loving	-	16%

Straight	-	15%
Bisexual	-	14%
Asexual	-	10%

परन्तु देखने में यह भी आया है कि इनमें एचआईवी संक्रमण सामान्य से कई गुणा अधिक पाया जाता है।

(सह–लेखन साकेत बिहारी पाण्डेय)

अध्याय तीन

हिजड़ा : पौराणिक अध्ययन

पिछले अध्यायों में हमने लैंगिक उत्पत्ति और विकास के आयामों एवं जीववैज्ञानिक स्थिति को समझा। इस अध्याय में हम लैंगिकता को प्राचीन पौराणिक ग्रन्थों के आधार पर समझने की कोशिश करेंगे। भारतीय पुराण चिन्तन और व्यवस्थाओं को पूर्णरूपेण क्रमबद्ध इतिहास तो नहीं कह सकते हैं परन्तु गल्प इतिहास ज़रूर है। अतः इनका विश्लेषण हमें भारतीय चिन्तन धारा और व्यवस्थाओं के विकास में किन्नरों की स्थिति का पौराणिक–ऐतिहासिक परिचय तो देगा ही और जैसा कि हम जानते हैं वर्तमान भूत से ही आविर्भूत होता है तो इससे हमें आज की परिस्थितियों का कुछ–न–कुछ बीज बिन्दु मिल ही सकता है। लेकिन आरम्भ में ही हमें एक बात स्पष्ट रूप से समझ लेनी होगी कि पुराणों या किसी भी वैदिक वांग्मय में किन्नर समुदाय का ज़िक्र तो आता है लेकिन उस तरह या उस स्पष्टता के साथ नहीं आता जैसे कि स्त्री या पुरुष की चर्चा की गयी है। यहाँ हम विभिन्न मिथकीय चर्चा के अन्तराल में इनकी झलक तलाश सकते हैं। दूसरी बात यह भी है कि पुराणों में बहुत अलग जाकर इनका नामकरण या लिंग सम्बन्धी सूचना नहीं मिलती है। अगर चर्चा आती भी है तो लैंगिक रूपान्तरण की घटना का ज़िक्र करते हुए। अट्ठारह पुराणों में अगर हम कुछ साम्य तलाशने की कोशिश करते हैं तो इस प्रक्रिया में हमें बस कुछ स्थानों पर 'किंपुरुष' शब्द और 'किंपुरुष वर्ष' इन्हीं दो शब्दों के उल्लेख को

देखकर सन्तोष करना पड़ता है। और इन शब्दों की भी जब गहन पड़ताल से गुज़रते हैं तो हमारे लिए यह सुनिश्चित करना थोड़ा मुश्किल हो जाता है कि क्या यह शब्द जिस जाति या भौगोलिक सन्दर्भ में प्रयुक्त हुआ है उसका सम्बन्ध वर्तमान हिजड़ा समुदाय से है या जैसा कि हिमाचल प्रदेश की किन्नौर जाति इस तरह के इतिहास पर अपना अधिकार जताती रही है, वास्तविक सम्बन्ध उसी से है। इस अध्याय में हम इन सभी तथ्यों का विश्लेषण करने की कोशिश करेंगे। लेकिन इतना तो तय है कि भले ही इनके लिए अलग नाम की चर्चा न आती हो लेकिन घटनात्मक प्रसंगों के बीच इनका ज़िक्र ज़रूर आता है। अलग नाम या अलग उल्लेख न मिलने का एक कारण यह भी हो सकता है कि उस समय के समाज में इन तथ्यों के लिए कोई विशेष उलझन वाली स्थिति ही न रही हो और दूसरा यह कि संख्यात्मक रुप से इनकी उपस्थिति नगण्य हो लेकिन यह भी उतना ही मज़बूत तथ्य है कि संख्या चाहे जो भी रही हो इनकी उपस्थिति थी और सम्मानजनक थी। उस समय इनकी लैंगिक स्थिति एक ऐसी घटना रही होगी जिसे अभी समझने का प्रयास ही किया जा रहा होगा। और समझा भी जा रहा होगा तो इन्हें समाज से अलग कर देने जैसी ज़रूरत महसूस नहीं की गयी होगी। समकालीन रूप से कामशास्त्र एवं अन्य शास्त्रों में अभी इनके सन्दर्भ में मत स्थिर ही किया जा रहा होगा। इसकी चर्चा अगले अध्याय में की जायेगी। यहाँ दो बातें हैं–एक तो यह कि पुराणों की लम्बी परम्परा के बीच मुख्य रूप से सृष्टि की उत्पत्ति सम्बन्धी घटनात्मक इतिहास मिथकीय आवरण में चलता रहता है और इसकी ही आवृत्ति आरम्भ से लेकर अन्त तक के पुराणों में बार–बार मिलती है। इसलिए जो कथा सुद्युम्न या इला की मत्स्य पुराण में मिलती है वही कथा हेर–फेर के साथ आगे आने वाले पुराणों में भी मिलती है। दूसरा यह कि बीच की कथाओं में अन्तर आता है, उपकथाएँ जुड़ती चली जाती हैं और फिर तत्समय के ऐतिहासिक चरित्रों या दार्शनिक तत्त्वों की खोजों के मध्य तत्त्व के

प्रभावानुसार पुराण का आधार पात्र और नाम बदलता चलता है। जैसे–कभी ब्रह्म पुराण तो कभी विष्णु, शिव या फिर देवी पुराण आदि। भविष्य पुराण में तो ईसा मसीह, आल्हा–ऊदल, राजपूताना, तैमूर आदि का भी उल्लेख मिलता है। ऐसे में यहाँ आते–आते आधुनिक इतिहास का मार्ग भी प्रशस्त होने लगता है। भले ही वह पूरी तरह आधुनिक न हो लेकिन इसकी नींव ज़रूर पड़ने लगती है। लेकिन जो आधार देने की परिपाटी चली आ रही थी वह यहाँ भी थोड़े–बहुत बदलाव के साथ बनी रही। पुराणों की मिथकीय, कथात्मक और विवेचनात्मक शैली में भी बहुत ज़्यादा अन्तर नहीं आने पाता है और समय के साथ जो मूल बातें कही गयी थीं उनके तात्त्विक, दार्शनिक और यथार्थ रूप को समझने और विश्लेषण की जगह उसी शैली में चीज़ों को दुहराया जाता रहा। फलतः जो मूल घटनाएँ थीं, वह थोड़े–बहुत हेर–फेर के साथ स्थिर बनी रहीं।

यहाँ विश्लेषण में जाने से पहले एक बार पुराणों के क्रम निर्धारण का हल्का परिचय दिया जा रहा है क्योंकि आगे किसी एक मान्य क्रम में ही विश्लेषण को रखा जायेगा। विष्णु पुराण के तृतीय अंश में महर्षि वेद व्यास ने पुराणों का नाम और क्रम प्रतिपादित किया है। वैसे तो लगभग सभी पुराणों में क्रम–चर्चा मिलती है लेकिन पुराण विशेषज्ञों में विष्णु पुराण का क्रम अधिक उचित माना गया है। उसके अनुसार क्रम–1. ब्रह्म पुराण, 2. पद्मपुराण, 3. विष्णु पुराण, 4. शिव पुराण, 5. भागवत पुराण, 6. नारदीय पुराण, 7. मार्कंडेय पुराण, 8. अग्नि पुराण, 9. भविष्य पुराण, 10. ब्रह्मवैवर्तपुराण, 11. लिंग पुराण, 12. वाराह पुराण, 13. स्कन्द पुराण, 14. वामन पुराण, 15. कूर्म पुराण, 16. मत्स्य पुराण, 17. गरुड़ पुराण, 18. ब्रह्माण्ड पुराण।

श्रीमद्भागवत पुराण में भी यही क्रम मान्य है। हालाँकि देवी भागवत के प्रथम स्कन्ध (द्वितीय अध्याय, तृतीय श्लोक) में अक्षरों के क्रम से पुराणों के नाम निर्देशित हैं–

मद्वयं भद्वायेचैव ब्रत्रयं वच्तुष्टयम।
अनापलिंग्कूस्कानि पुराणनी प्रचक्षते।। दे. 1/2/3

पद्मपुराण और भविष्य पुराण में पुराणों का विभाजन गुणों के आधार पर किया गया है। लेकिन पुराणों का क्रम जो भी हो हम यहाँ हिजड़ा समुदाय के सन्दर्भ में एक संक्षिप्त लेकिन क्रमवार अध्ययन को रखने की कोशिश करेंगे।

पौराणिक क्रम में सबसे पहले **ब्रह्म पुराण** को हम लें। ब्रह्म पुराण में नैमिषारण्य में लोमहर्ष के आगमन से कहानी शुरू होती है। लोमहर्ष ऋषियों के निवेदन पर सृष्टि की उत्पत्ति की कहानी कहते हैं। इसकी चर्चा पहले अध्याय में की जा चुकी है। संक्षेप में कि ब्रह्मा द्वारा "प्रजा की सृष्टि करते रहने पर भी जब प्रजा की वृद्धि नहीं हुई, तब प्रजापति अपने शरीर के दो भाग करके आधे से पुरुष और आधे से स्त्री हो गये। पुरुष का नाम मनु हुआ। उन्हीं के नाम पर 'मन्वन्तर' काल माना गया है। स्त्री अयोनिजा शतरूपा थी, जो मनु को पत्नी रूप में प्राप्त हुई। उसने दस हज़ार वर्षों तक अत्यन्त दुष्कर तपस्या करके परम तेजस्वी पुरुष को पति रूप में प्राप्त किया। वे ही पुरुष स्वायम्भुव मनु कहे गये हैं।[16] इसके बाद मनु के वंशजों का वर्णन करते हुए (नौ पुत्रों–इक्ष्वाकु, नाभाग, धृष्ट, शर्याति, नरिष्यंत, प्रांशु, अरिष्ट, करुष, तथा पृषध्र) लोमहर्ष कहते हैं–"एक समय की बात है, प्रजापति मनु पुत्र की इच्छा से मित्रावरुण–यज्ञ कर रहे थे। उस समय तक उन्हें कोई पुत्र नहीं हुआ था। उस यज्ञ में मनु ने मित्रावरुण के अंश की आहुति डाली। उसमें से दिव्य वस्त्र एवं दिव्य आभूषणों से विभूषित दिव्य रूप वाली इला नाम की कन्या उत्पन्न हुई। महाराज मनु ने उसे 'इला' कहकर सम्बोधित किया और कहा–'कल्याणी! तुम मेरे पास आओ।'[17] लेकिन इला पहले मित्रावरुण के पास गयी।

मित्रावरुण बोले–''सुन्दरी! तुम्हारे इस धर्म, विनय, इन्द्रियसंयम और सत्य से हम लोग प्रसन्न हैं। महाभागे तुम हम दोनों की कन्या के रूप में प्रसिद्ध होगी तथा तुम्हीं मनु के वंश का विस्तार करने वाली पुत्र हो जाओगी। उस समय तीनों लोकों में सुद्युम्न के नाम से तुम्हारी ख्याति होगी।''

यह सुनकर वह पिता के समीप से लौट पड़ी। मार्ग में उसकी बुध से भेंट हो गयी। बुध ने उसे मैथुन के लिए आमन्त्रित किया। उनके वीर्य से उसने पुरुरवा को जन्म दिया। तत्पश्चात वह सुद्युम्न के रूप में परिणत हो गयी। सुद्युम्न के तीन बड़े धर्मात्मा पुत्र हुए– उत्कल, गय और विनताश्व।"[18]

हालाँकि अलग–अलग पुराणों में जैसे श्रीमत् देवीभागवत, भागवत पुराण आदि में आनेवाली कथाओं में अन्तर मिलता है। एक स्थान पर इस प्रकार आता है कि वसिष्ठ ने अपने तप के बल पर इला को सुद्युम्न के रूप में परिणत किया था और एक बार सुद्युम्न भटकता हुआ पार्वती द्वारा आरक्षित वन प्रदेश में पहुँच गया था। उस वन में पहुँचने वाला प्रत्येक इन्सान स्त्री हो जाता था क्योंकि वह पार्वती का रमण क्षेत्र था। ऐसे में सुद्युम्न भी स्त्री रूप में परिणत हो गया। वहाँ बुध से गर्भ धारण किया और पुरुरवा का जन्म हुआ। इसके बाद उसे पूर्व जन्म का वृत्त स्मरण हो आया। वह अपने कुलगुरु वसिष्ठ के पास आया और पुंसत्व के लिए प्रार्थना की। वसिष्ठ ने शिव की आराधना की। शिव ने उसे आशीर्वाद दिया कि वह एक माह तक पुरुष रहेगा और एक माह स्त्री। अन्ततः जगदम्बा के आशीर्वाद से वह सुद्युम्न के रूप में परिणत हुआ। जो भी रहा हो पर यह भारतीय मिथक की एक ऐसी कहानी है जो सृष्टि के आरम्भ में ही एक ही शरीर में दो लिंगों की अवधारणा को पुष्ट करती है। हालाँकि हम पूरे तरीक़े से यह नहीं कह सकते कि इस कहानी का सम्बन्ध हिजड़ा समुदाय से ही है क्योंकि गर्भ और वंश दोनों की परिकल्पनाएँ भी यहाँ मौजूद हैं लेकिन मिथकों की गुफा में जाकर इन्हें तोड़ पाना भी उतना ही मुश्किल है।

लेकिन आधुनिक चिकित्सा शास्त्र में हो रही इस तरह के खोजों से इनकार नहीं किया जा सकता है। अभी हाल ही में (4 नवम्बर 2017, 12:01) गोटबर्ग विश्वविद्यालय, स्वीडेन में हुआ इस तरह की शोध चर्चा का केन्द्र बना। "सेक्स–चेंज मेन विल सून बी एबल टू हैव बेबीज़" शीर्षक से "द टेलीग्राफ़" में छपी एक रिपोर्ट में इसकी चर्चा की गयी है।

हेनरी बोदकिन लिखते हैं, "समाज को खुद को इस बात के लिए तैयार रहना होगा कि जल्द ही निकट भविष्य में ऐसे पहले बच्चे का जन्म होगा जिसकी माँ ट्रांसजेंडर होगी, विश्व के कुछ प्रमुख प्रजनन विशेषज्ञों में से एक ने कहा कि–अमेरिकन सोसाइटी फॉर रिप्रोडक्टिव मेडिसिन के अध्यक्ष डॉ. रिचर्ड पॉल्सन कहते हैं, "अब विज्ञान इस बात के लिए तैयार है कि वे महिलाएँ जिन्होंने अपनी ज़िन्दगी की शुरुआत पुरुषों के रूप में की है वे दान किये हुए गर्भ को ले सकती हैं और इतनी जल्दी प्रजनन की प्रक्रिया को शुरू कर सकती हैं जैसे कि यह कल ही सम्भव हो।''

Dr. Paulson said, "trans medicine had now become 'mainstream' and that people who had undergone gender reassignment surgery would inevitably want to take advantage."

हालाँकि यह भी एक महत्त्वपूर्ण तथ्य है कि "गर्भ का प्रत्यारोपण (ट्रांसप्लांटेशन) एक जटिल, लम्बी प्रक्रिया है और अब तक महिलाओं की बहुत छोटी संख्या इस प्रक्रिया से गुज़री है। फिर भी विशेषज्ञ इस तरह के केन्द्रों की संख्या को बढ़ाने में लगे हैं।"

डॉ. पॉलसन कहते हैं, "वहाँ कोई भी शारीरिक संरचनात्मक (anatomical) कारण नहीं था कि क्यों एक गर्भ सफलतापूर्वक किसी ट्रांसजेंडर वीमेन में स्थापित नहीं किया जा सकता है।"

स्पष्ट शब्दों में वे घोषणा करते हैं–"I suspect there are going to be trans women who are going to want to have a uterus and will likely get the transplant". यहाँ हम किसी प्रकार का दावा तो नहीं कर सकते कि पौराणिक काल या उससे पहले चिकित्सा शास्त्र में कोई इस प्रकार की पद्धति मौजूद थी जिससे एक ही मनुष्य के अन्दर की लैंगिकता को उभारा या विकसित किया जा सकता था। आयुर्वेद में कई बार शल्य चिकित्सा का विस्तार से वर्णन आता है और कई प्रकार की जड़ी–बूटियों की भी चर्चा आती है लेकिन ये किस हद तक विकसित था इसके सन्दर्भ में पूरी विश्वसनीयता से

नहीं कह सकते। लेकिन इतना तो कहा ही जा सकता है कि इस तरह की परिकल्पना का मिथकीय और साहित्यिक रूप हमारे यहाँ है।

श्रीविष्णु पुराण में चर्चा आती है–

ब्रह्मणोभून्महान क्रोधस्त्रैलोक्यदहनक्षमः।
तस्य क्रोधात्समुद्भूतज्वालामालातिदीपितम।
ब्रह्मणोभूत्तदा सर्वं त्रैलोक्यमखिलं मुने।।11।।

भृकुटीकुटिलातस्य ललाटात्क्रोधदीपितात।
समुत्पन्नस्तदा रुद्रो मध्यह्नार्कसमप्रभः।।12।।

अर्धनारीनरवपुः प्रचण्डोअतिशरीरवान।
विभाजत्मान्मियुक्तवा तं ब्रह्मान्तर्धे ततः।।13।।

ब्रह्माजी को त्रिलोकी को भस्म कर देने वाला महान क्रोध उत्पन्न हुआ। हे मुने! उन ब्रह्माजी के क्रोध के कारण सम्पूर्ण त्रिलोकी ज्वाला मालाओं से अत्यन्त देदीप्यमान हो गयी।

उस समय उनकी टेढ़ी भृकुटि और क्रोध सन्तप्त ललाट से दोपहर के सूर्य के समान प्रकाशमान रुद्र की उत्पत्ति हुई।।12।। उसका अति प्रचण्ड शरीर आधा नर और आधा नारी रूप था। तब ब्रह्मा जी 'अपने शरीर का विभाग कर' ऐसा कहकर अन्तर्धान हो गये।।13।। ऐसा कहे जाने पर उस रुद्र ने अपने शरीरस्थ स्त्री और पुरुष दोनों भागों को अलग–अलग कर दिया और फिर पुरुष–भाग को ग्यारह भागों में विभक्त किया।।14।। तथा स्त्री भाग को भी सौम्य, क्रूर, शान्त–अशान्त और श्याम–गौर आदि कई रूपों में विभक्त कर दिया। ये अर्धनारीश्वर की परिकल्पना है जो शिव के सन्दर्भ में की जाती है। कई अन्य पुराणों में (शिव पुराण,...) यह कुछ इस प्रकार आता है कि ब्रह्मा जब अमैथुनी सृष्टि के द्वारा बार–बार प्रजा बढ़ाने की कोशिश कर रहे होते हैं और संख्या फिर भी नहीं बढ़ती है। शिव के अष्ट रूपों में से ईशान से नारियों का कुल उत्पन्न होना था जो नहीं हुआ। परिणामतः पद्म्योनि ब्रह्मा मैथुनी सृष्टि रचने में समर्थ न हो सके। तब वे शिव की आराधना करते हैं और इस समय शिव

अर्धनारीश्वर के रूप में प्रकट होते हैं और अपने शरीर को दो भागों में विभक्त करते हैं–"महाभाग वत्स! मेरे प्यारे पुत्र पितामह! मुझे तुम्हारा सारा मनोरथ पूर्णतया ज्ञात हो गया है। तुमने जो इस समय प्रजाओं की वृद्धि के लिए घोर तप किया है, तुम्हारे उस तप से मैं प्रसन्न हो गया हूँ और तुम्हें तुम्हारा अभीष्ट प्रदान करूँगा। यों स्वभाव से ही मधुर तथा परम उदार वचन कहकर शिवजी ने अपने शरीर के अर्धभाग से शिवा देवी को पृथक् कर दिया।"[19] इसके बाद ब्रह्मा शिवा की स्तुति करते हैं–"अब मैं स्त्री–पुरुष के समागम से उत्पन्न होने वाली सृष्टि का निर्माण करके अपनी सारी प्रजाओं की वृद्धि करना चाहता हूँ। किन्तु अभी तक तुमसे अक्षय नारी कुल का प्राकट्य नहीं हुआ है, इस कारण नारी कुल की सृष्टि करना मेरी शक्ति के बाहर है, चूँकि सारी शक्तियों का उद्‌गम स्थान तुम्हीं हो, इसलिए मैं तुम अखिलेश्वरी परम शक्ति से प्रार्थना करता हूँ। शिवे! मैं तुम्हें नमस्कार करता हूँ, तुम मुझे नारी कुल की सृष्टि करने के लिए शक्ति प्रदान करो, क्योंकि शिवप्रिये! इसी को तुम चराचर जगत् की उत्पत्ति का कारण समझो।"[20] ब्रह्मा की प्रार्थना पर शिवा सती का निर्माण करती हैं और सती फिर दक्ष के यहाँ जाती हैं और शिव भी अपना रूप लेते हैं और ब्रह्मा को मैथुनी सृष्टि के प्रादुर्भाव और सफलता का आशीर्वाद देते हैं। परम्परागत रूप से बात करें तो अर्धनारीश्वर की अवधारणा किन्नर समाज से ही जुड़ती रही है और किन्नर समाज में अर्धनारीश्वर की पूजा भी उनके मान्य देव के रूप में की जाती है। अरावन, मुर्गा देवी के साथ–साथ शिव का यह रूप उनके लिए बहुत ही पूजनीय रहा है।

यह तो एक तथ्य हुआ जो किन्नर विमर्श एवं ट्रांसजेंडर के लिए देखा जाता रहा है। कई अन्तरराष्ट्रीय पत्र–पत्रिकाओं में इसकी चर्चा भी है, लेकिन यहाँ एक पक्ष यह भी हो सकता है कि क्या यह जीववैज्ञानिकी रूप से कोशिकीय विकास के सन्दर्भ में कहा जा रहा है जहाँ पहले विभाजन के द्वारा ही प्रजनन की क्रिया होती रही है और समय के साथ लैंगिक विकास होता है। फिर अलग–अलग

लैंगिकता के साथ प्रजनन आगे बढ़ता है। ऐसा तो नहीं है कि जिस सृष्टि के आरम्भ (अमैथुनी) और प्रजनन (मैथुनी) की परिकल्पना आती है वह इसी कोशिकीय विकास का मिथकीय रूपान्तरण है। पुरुष और स्त्री की एक में परिकल्पना स्पर्म और ओवम के संलयन की घटना का ही वृहद् कथात्मक परिकल्पित रूप है। भारतीय दर्शन में भी तत्त्व के स्तर पर जब भी बात आती है दोनों लिंगों में स्त्री तत्त्व और पुरुष तत्त्व के होने की बात कही गयी है। अन्तर केवल परिणाम का बताया गया है। आधुनिक चिकित्सा शास्त्र में भी जब आप देखेंगे तो जो हॉर्मोन लैंगिक निर्धारण के लिए आवश्यक होते हैं वे पहले से ही स्त्री के गर्भ में मौजूद होते हैं यानी स्त्री गर्भ में टेस्टोस्टेरोन और प्रोजेस्टेरोन दोनों ही होते हैं और इनकी अधिकता और न्यूनता की लिंग निर्धारण में एक बड़ी भूमिका होती है। ध्यान देने योग्य एक दूसरा तथ्य यह भी है कि अभी तक सुद्युम्न या इला का प्रसंग आता है या फिर अर्धनारीश्वर का–प्रजनन को आगे बढ़ाने की प्रक्रिया हमेशा एक ही शरीर में **दो लिंगों की अवधारणा के साथ ही क्यों विकसित हो रही है और वह भी बिलकुल आरम्भिक दौर में। क्या ऐसी कोई सम्भावना मौजूद हो सकती थी कि द्विलिंगी ही या द्विलिंगी भी गर्भ धारण करते हों जिसके बारे में वर्तमान विज्ञान बात कर रहा है।** इस तरह की सम्भावनाओं की चर्चा ऊपर की गयी है। क्योंकि आरम्भ में जब प्रजनन की क्रिया का अध्ययन करते हैं तब प्रजनन कॉम्प्लेक्स बॉडी में ही विकसित होता दिखता है। पेरेंटल बॉडी के द्विखण्डन से ही प्रजनन क्रिया का विकास होता है। लेकिन शायद किन्नरों के सम्बन्ध में यही कॉम्प्लेक्स बॉडी और प्रजनन पूरी तरह सफल नहीं हो पाया। हालाँकि द्विलिंगी सम्बन्धी इस कथन पर निश्चित रूप से मत स्थापित करने से पहले बायोलॉजिकल व पौराणिक, ऐतिहासिक मिथकों पर और भी गहन शोध की ज़रूरत है। जो भी हो इतना तो तय है कि अर्धनारीश्वर का यह रूप परम्परागत रूप से थर्ड जेंडर के लिए मान्य है इनकी पूजा इसी रूप में की जाती रही है।

अर्धनारीश्वर की चर्चा और इस सन्दर्भ में हमारी मान्यताएँ तो स्पष्ट हैं लेकिन **शिव पुराण** में ही विष्णु द्वारा काली का रूप धारण किये जाने की भी चर्चा है। रुद्रसंहिता, पंचम (युद्ध) खण्ड में उमा और शिव की लीला से अन्धकासुर के जन्म की कथा आती है। अन्धकासुर महाबली दैत्य के रूप में आगे चलकर ख्याति पाता है। (यहाँ हम दैत्य और देव की व्याख्या में नहीं पड़ेंगे) लेकिन वह अपनी जननी पार्वती पर ही आसक्त हो जाता है। भयंकर युद्ध होता है। सारे देवता इस युद्ध में लग जाते हैं लेकिन वे दैत्यों का कुछ नहीं कर पाते क्योंकि शुक्राचार्य दैत्यों को संजीवनी विद्या के द्वारा जीवित कर देते हैं। यह देखकर शिव जी उन्हें निगल गये। लेकिन अन्धक महान पराक्रमी था और वरदानों के द्वारा सुरक्षित भी। जब शिव ने उसे त्रिशूल से बुरी तरह बींध डाला तो भूतल पर गिरे हुए उसके रक्तकणों से यूथ–के–यूथ अन्धक प्रकट हो गये और रणभूमि में व्याप्त हो गये। ये विकृत मुख वाले सारे राक्षस अन्धक के सदृश ही पराक्रमी थे। इस प्रकार जब पशुपति द्वारा मारे गये सैनिकों के घावों से निकले हुए अत्यन्त गरम–गरम रक्त बिन्दुओं से दूसरे सैनिक उत्पन्न होने लगे, "तब बहुत–सी भुजारूपी लताओं द्वारा आक्रान्त होने के कारण कुपित हुए बुद्धिमान भगवान विष्णु ने प्रमथनाथ शिव को बुलाकर योगबल से एक ऐसा अजेय स्त्री रूप धारण किया, जिसका मुख विकृत था और रूप उग्र, विकराल और कंकाल मात्र था। वह स्त्री रूप शम्भु के कान से निकला था। जब उन देवी ने रणभूमि में उपस्थित हो अपने युगल चरणों से पृथ्वी को अलंकृत किया, तब सभी देवता उनकी स्तुति करने लगे। तत्पश्चात भगवान ने उनकी बुद्धि को प्रेरित किया। फिर तो वे क्षुधार्त होकर रण के मुहाने पर उन सैनिकों के तथा दैत्यराज के शरीर से निकले हुए अत्यन्त गरम–गरम रुधिर का पान करने लगीं।" जिससे राक्षसों का उत्पन्न होना बन्द हो गया। तदन्तर एकमात्र अन्धक ही बचा रहा।[21]

पुराणों में स्पष्ट रूप से इस तरह की घटनाओं (लैंगिक परिवर्तन) की चर्चा कई स्थानों पर आ रही है लेकिन कहीं भी यह

नहीं कहा जा रहा कि यह स्वरूप किन्नर या हिजड़े का है। लैंगिक रूपान्तरण को देखकर हम एक सम्भावना भर व्यक्त कर सकते हैं। क्योंकि हिन्दुत्व की दार्शनिक और तात्त्विक व्याख्या के अनुसार हो सकता है कि विष्णु का काली में परिवर्तन सत्व गुण का रजोगुण (क्रियात्मिका शक्ति) में परिवर्तन हो या फिर काली की शक्ति और उसकी भयात्मक शक्ति का प्रतीकात्मक प्रयोग यहाँ किया गया हो। लेकिन इतना तो कह सकते हैं कि समाज में इस तरह का परिवर्तन मान्य था और सम्भवतः उस स्तर पर लज्जाजनक या हास्यास्पद भी नहीं था जैसा कि वर्तमान समाज में है। स्त्री और पुरुष के अतिरिक्त किन्नर समाज अगर अस्तित्व में था तो वे समाज में स्वीकृत अवश्य थे अन्यथा पौराणिक आख्यानों में कम–से–कम देवत्व की स्थिति में इनकी चर्चा नहीं मिलती।

इसी प्रकार **श्रीमद्भागवत महापुराण** में राजा पुरंजन की चर्चा आती है और फिर अगले जन्म में वैदर्भी के रूप में उनके स्त्री योनि की प्राप्ति का भी ज़िक्र आता है लेकिन विस्तार से देखने पर यह मिथकीय आख्यान आत्मा के स्वरूप पर प्रकाश डालने के लिए लिखा गया है जिसमें अन्त में यह कहकर कि :

न त्वं विदर्भदुहिता नायं वीर : सुहृि त्तव।
न पतीस्त्वन पुरंजन्य रुद्धो नवमुखे यया।।
माया हेय्षा मया सृष्टा यतपुमासं स्त्रियं सतीम।
मन्य से नोभयं यद्वै हंसौ पश्यावयोर्गतिम।। 61।।

बात समाप्त हो जाती है। लेकिन श्रीमद्भागवत महापुराण, प्रथम खण्ड में ही विष्णु के मोहिनी रूप की भी चर्चा आती है। समुद्र मन्थन के समय समुद्र से अमृत प्रकट होता है जिसे लेने के लिए देवताओं और दानवों में युद्ध होता है। तब समस्या के समाधान के लिए विष्णु मोहिनी का रूप लेकर आते हैं। देवताओं और दानवों का प्रसंग तो पूर्वज्ञात है। इस कथा के साथ एक और महत्त्वपूर्ण प्रसंग आता है और वह है मोहिनी के रूप को देखकर महादेव का मोहित हो जाना। मोहिनी के प्रकरण को जब महादेव ने सुना तो वे सती एवं समस्त

गणों के साथ विष्णु के पास गये और मोहिनी के स्वरूप को दिखाने का आग्रह किया। विष्णु मोहिनी का रूप लेकर गेंद खेलने लगे और "खेलते–खेलते उसने तनिक सलज्ज भाव से मुस्कुराकर तिरछी नज़र से शंकर जी को देखा। बस उनका मन हाथ से निकल गया। वे मोहिनी को निहारने और उसकी चितवन के रस में डूबकर इतने विह्वल हो गये कि उन्हें अपने–आप की भी सुधि न रही। फिर पास बैठी सती और गणों की तो याद ही कैसे रहती।"[22] इसके बाद शिव मोहिनी के साथ ज़बरदस्ती सम्बन्ध बनाते हैं। कुछ स्थानों पर आता है जहाँ–जहाँ उनका वीर्य गिरा वह स्थान शक्तिपीठ हो गया। कुछ अन्य स्थानों पर आता है कि इस सम्बन्ध से अयप्पा (सस्त्व) का जन्म हुआ। जिनका प्रसिद्ध मन्दिर केरल के सबरीमाला में है। शिव और विष्णु से उत्पन्न होने के कारण उन्हें हरिहर पुत्र भी कहा गया है।

इस घटना में तीन प्रकार के सम्बन्धों की सम्भावना एक साथ उभर रही है। एक तरफ़ पुरुष और स्त्री सम्बन्ध की तरह यह सामने आ रहा है, दूसरी तरफ़ पुरुष और पुरुष और एक तीसरा सम्बन्ध यहाँ पुरुष और किन्नर रूप के सम्बन्धों की सम्भावना व्यक्त की जा सकती है। मिथकीय आख्यानों का जब भी हम अध्ययन करते हैं वहाँ कई सारी कहानियाँ आपस में गुँथी मिलती हैं और उनके अन्तर में हमें लोक और इतिहास दोनों की झलक भी मिलती रहती है। अगर मिथकों को तोड़ने की बात करें तो यह सम्भव हो सकता है कि शिव, विष्णु, ब्रह्मा, इन्द्र आदि एक पद रहे हों। अगर ऐसा हम मान लें तो यह भी सम्भावना हो सकती है कि इनकी शृंखलाओं में कोई विष्णु ऐसे रहे हों जो किन्नर थे और उन्होंने देवताओं की सहायता के लिए मोहिनी का रूप लिया हो।

श्रीमद्भागवतपुराण के द्वितीय स्कन्ध में हमें एक बार फिर इला और सुद्युम्न की कथा देखने को मिलती है तो वहीं नारद पुराण में इस तरह की चर्चा न के बराबर है। मार्कण्डेय पुराण के आधार पर देवी की उत्पत्ति के सन्दर्भ में हम कुछ तत्त्वों पर विचार कर सकते हैं। डॉ. मानोबी बन्द्योपाध्याय से जब हिजड़ा समुदाय को

लेकर बातचीत होती है तब वे कहती हैं कि–"आदिशक्ति महिला ही है। बाद में पुरुष का जन्म होता है। ब्रह्मा, विष्णु, महेश हिन्दू मिथकों में पुरुष शक्ति है लेकिन 'दुर्गा शक्ति', 'चंडी' का मिथ ट्रांसजेंडर का है। उनका क्रोमोसोम पुरुष मिथकों से आया है और वह महिषासुर का संहार करती है। एक स्त्री में इतना बल नहीं हो सकता है। ये हमारी सत्ता है।" मार्कण्डेय पुराण में 'देवताओं के तेज से देवी का प्रादुर्भाव और महिषासुर की सेना का वध' नाम से एक अध्याय आता है। देवताओं ने महिषासुर के पराक्रम तथा अपनी पराजय का यथावत वृत्तान्त उन दोनों देवेश्वरों से विस्तारपूर्वक कह सुनाया। वे बोले–"भगवन्! महिषासुर सूर्य, इन्द्र, अग्नि, वायु, चन्द्रमा, यम, वरुण तथा अन्य देवताओं के भी अधिकार छीनकर स्वयं ही सबका अधिष्ठाता बना बैठा है। उस दुरात्मा महिष ने समस्त देवताओं को स्वर्ग से निकाल दिया है। अब वे मनुष्यों की भाँति पृथ्वी पर विचरते हैं। दैत्यों की यह सारी करतूत हमने आप लोगों से कह सुनायी। अब हम आपकी ही शरण में आये हैं। उसके वध का कोई उपाय सोचिए।"

इस प्रकार देवताओं के वचन सुनकर भगवान विष्णु और शिव ने दैत्यों पर बड़ा क्रोध किया। उनकी भौंहें तन गयीं और मुँह टेढ़ा हो गया। तब अत्यन्त कोप में भरे हुए चक्रपाणि श्रीविष्णु के मुख से एक महान तेज प्रकट हुआ। इसी प्रकार ब्रह्मा, शंकर तथा इन्द्र आदि अन्यान्य देवताओं के शरीर से भी बड़ा भारी तेज निकला। वह सब मिलकर एक हो गया। महान तेज का वह पुंज जाज्वल्यमान पर्वत–सा जान पड़ा। देवताओं ने देखा वहाँ उसकी ज्वालाएँ सम्पूर्ण दिशाओं में व्याप्त हो रही थीं। सम्पूर्ण देवताओं के शरीर से प्रकट हुए उस तेज की तुलना कहीं नहीं थी। एकत्रित होने पर नारी के रूप में परिणत हो गया और अपने प्रकाश से तीनों लोकों में व्याप्त जान पड़ा। भगवान शंकर का जो तेज था, उससे उस देवी का मुख प्रकट हुआ। यमराज के तेज से उसके सिर के बाल। श्रीविष्णु के तेज से उसकी भुजाएँ बनीं। चन्द्रमा के तेज से दोनों स्तनों का और इन्द्र के तेज से मध्यभाग (कटिप्रदेश) का प्रादुर्भाव हुआ..."[23]

और पूरे शरीर के निर्माण में पृथ्वी के तेज से नितम्ब और भौंहें सन्ध्या के द्वारा निर्मित हुईं। जैसा कि ऊपर चर्चा की गयी है, अब यहाँ हिन्दुत्व के तात्त्विक स्तर पर जायेंगे तो इसकी व्याख्या संरचनात्मक और प्रतीकात्मक रूप लिए हुए है लेकिन जैसे ही शरीर के स्तर पर आयेंगे तब यह जैसा कि मानोबी जी भी कह रही हैं कि यह इस तथ्य के क़रीब है कि मिथकों में दुर्गा का रूप ट्रांसजेंडर का है। एक तथ्य यह भी ध्यान देने योग्य है कि अचानक रूपान्तरण की बात जब भी हो रही है तब युद्ध के समय की घटना का ज़िक्र हो रहा है और इन दोनों घटनाओं में रूपान्तरण विष्णु का ही हुआ है और रूप दुर्गा के ही चर्चित रूपों (काली) में से हैं। अब ये घटनाएँ हुईं या नहीं, ये तथ्य कितने वास्तविक थे और अगर थे भी तो उनका क्रम क्या था क्या ये दोनों विष्णु एक ही थे जो सम्भवतः किन्नर रहे हों, या यह सब कुछ सिर्फ़ काल्पनिक है या ये सिर्फ़ शक्ति के प्रतीकात्मक रूप को दर्शाने के लिए हुआ है, सम्पूर्ण दावे के साथ इस पर मत व्यक्त करना थोड़ा मुश्किल है। लेकिन यह भी है कि रूपान्तरण की जो प्रतीकात्मक स्थितियाँ दर्शायी गयी हैं वह स्त्री–पुरुष के एकात्मक या रूपान्तरित होते हुए रूप की हैं।

अग्नि पुराण में हालाँकि इस तरह की प्रतीकात्मक चर्चा के साथ–साथ अन्य चर्चाएँ जैसे सन्ध्या पूजन, दीक्षा विधि, प्रसाद लक्षण, तत्त्व दीक्षा, खगोल, वशीकरण, वास्तु, काव्यशास्त्र आदि की चर्चा बड़े पैमाने पर की गयी है लेकिन यहाँ एक स्थान पर गर्भ की अवस्था का वर्णन आता है। 'आत्यन्तिक प्रलय एवं गर्भ की उत्पत्ति का वर्णन' नामक अध्याय में चर्चा आती है कि "(मानव योनि के) गर्भ में प्रविष्ट हुआ जीव पहले महीने में कलल (रज–वीर्य के मिश्रित बिन्दु)–के रूप में रहता है, दूसरे महीने में वह घनीभूत होता है (कठोर मांसपिण्ड का रूप धारण करता है और तीसरे महीने में शरीर के अवयव प्रकट हो जाते हैं। चौथे महीने में हड्डी, मांस और त्वचा का प्राकट्य होता है। पाँचवें में रोंयें निकल आते हैं। छठे महीने में उसके भीतर चेतना आती है।

सातवें से वह दुःख का अनुभव करने लगता है। उसका सारा शरीर झिल्लियों में लिपटा होता है और मस्तक के पास उसके जुड़े हुए हाथ बँधे रहते हैं। यदि गर्भ का बालक नपुंसक हो तो वह उदर के मध्य भाग में होता है, कन्या हो तो वाम भाग में और पुत्र हो तो दायें भाग में रहा करता है।''[24] लेकिन 'शरीर के अवयव' नाम से आये अगले अध्याय में स्त्री और पुरुषों के शरीर तन्त्र पर तो चर्चा आती है लेकिन नपुंसक शिशु या व्यक्ति के सन्दर्भ में ऐसी किसी भी प्रकार की चर्चा यहाँ नहीं की जाती है। विद्वानों का मानना रहा है कि नपुंसक पुरुषों के लिए प्रयुक्त होता है लेकिन यहाँ नपुंसक शब्द का प्रयोग तृतीय लिंग के लिए किया जा रहा है, यह स्पष्ट है। इस पक्ष में हम कामसूत्र में इनके लिए प्रयुक्त तृतीय लिंग और नपुंसक शब्द को भी ले सकते हैं।

भविष्य पुराण समूचे पौराणिक क्रम में ऐसा पुराण है जो आधुनिक इतिहास का मार्ग प्रशस्त कर देता है। इस पुराण में ईसा मसीह से लेकर आधुनिक इतिहास के तैमूरलंग तक को जगह मिली है। शंकराचार्य से चैतन्य महाप्रभु तक को जगह मिली है लेकिन इस पुराण में कहीं भी लैंगिकता के रूपान्तरण के सन्दर्भ में मिथकीय चर्चा देखने को नहीं मिलती है। कई अन्य पुराणों की तरह यहाँ भी मनु, सुद्युम्न, इला और बुद्ध की चर्चा अवश्य आती है और इला की चर्चा बार–बार वंश परम्परा को बढ़ाने के क्रम में आती है। यह अपने आप में ट्रांसजेंडर होने के सन्देहों पर प्रश्न भी खड़ा करता है और दूसरी तरफ़ ट्रांसजेंडर के गर्भ धारण की सम्भावना की सम्भावित परिकल्पना (Hypothesis) की ओर संकेत भी करता है।

ब्रह्मवैवर्त पुराण की पृष्ठभूमि कृष्ण कथा को लेकर चली है। विभिन्न कथाओं और उपकथाओं का आधार कृष्ण ही है। बीच–बीच में विष्णु, राम, शिव आदि की कथा भी चलती रहती है। दुर्गा, काली आदि की भी चर्चा आती है। तुलसी और शालिग्राम प्रसंग के साथ भद्रकाली का भी वर्णन आता है। इन सबकी चर्चा पहले की जा चुकी है। इस पुराण के सन्दर्भ में हम इतना कह सकते हैं कि कृष्ण की

उत्पत्ति के साथ–साथ राधा की उत्पत्ति ठीक वैसे ही आती है जैसे शिव के अर्धनारीश्वर स्वरूप से शिवा की उत्पत्ति का वर्णन आता है। फिर इसी क्रम में अन्य देव और देवियों की उत्पत्ति को भी विभाजन या वाम भाग से उत्पत्ति के सन्दर्भों में दर्शाया गया है।

लिंग पुराण में भी यदि हम देखें तो सृष्टि उत्पत्ति की घटना का वर्णन आता है।

प्राचीन भारत को कई 'वर्षों' में विभक्त माना गया है। इनकी चर्चा प्राचीन भारतीय ग्रन्थों में मिलती रही है। इसी क्रम में पुराणों में कई स्थानों पर 'किंपुरुष वर्ष' की चर्चा आती है। किंपुरुष वर्ष के निवासियों के सन्दर्भ में यह कहा जाता रहा है कि क्या ये पुरुष हैं? भारत की प्राचीन सिंहमुखी जाति के रूप में इनकी चर्चा मिलती रही है। महाभारत के दिग्विजय पर्व के अन्तर्गत भी अर्जुन के द्वारा इस प्रदेश को जीत लिए जाने की चर्चा आती है। वैशम्पायन कहते हैं कि 'जनमेजय! तदन्तर पराक्रमी वीर पाण्डव श्रेष्ठ अर्जुन धवलगिरि को लाँघकर द्रुमपुत्र के द्वारा सुरक्षित किंपुरुष देश में गये जहाँ किन्नरों का निवास था और भयंकर युद्ध के बाद उन्होंने उस प्रदेश को जीत लिया।' इस प्रदेश का सम्बन्ध हिमालय के आसपास के क्षेत्रों से है। हालाँकि वर्तमान में हिमाचल प्रदेश की किन्नौर जाति का इस इतिहास पर अपना दावा है और इस कारण हिजड़ा समुदाय को किन्नर कहने पर उनकी तरफ़ से काफ़ी गहरा विरोध भी होता रहा है। पौराणिक अध्ययन के क्रम में वराह पुराण में भी किंपुरुष वर्ष और किन्नरों का उल्लेख हम देख सकते हैं। ऋषि दुर्वासा के आशीर्वाद से जन्मे राजा दुर्जेय का उल्लेख आता है। इनकी राजधानी वाराणसी थी। जब उनके विजय सन्दर्भों की चर्चा आती है तब प्राचीन भारत के विभक्त कई वर्षों को जीतने का प्रसंग आता है। इसी क्रम में 'किंपुरुष' वर्ष के भी जीत लिए जाने का उल्लेख आता है। "इस प्रकार जब राजा दुर्जेय ने सम्पूर्ण जम्बूद्वीप पर अपना अधिकार जमा लिया, तब वह देवताओं के सहित इन्द्र को भी जीतने के लिए आगे बढ़ा। सुमेरु पर्वत पर जाकर उसने वहाँ अनेक देवता, गन्धर्व, दानव,

गुह्यक, किन्नर और दैत्यों को भी परास्त किया।"[25] किंपुरुष वर्ष के सन्दर्भ में विस्तार से चर्चा आगे की गयी है। यहाँ हम वराह पुराण में ही विष्णु के विग्रह से गौरी की उत्पत्ति का उल्लेख देखें। ब्रह्मा रुद्र को सन्तति बढ़ाने के उद्देश्य से विवाह के लिए प्रेरित करते हैं। लेकिन रुद्र सन्तति बढ़ाने में अपनी असमर्थता ज़ाहिर करते हैं। फिर ब्रह्मा उन्हें तप का उपदेश देते है और गौरी ब्रह्मा में लीन हो जाती हैं। ऐसे ही इस पुराण में दुर्गा एवं अन्य मातृकाओं की उत्पत्ति की कथा आती है जिसमें लैंगिक अवधारणाओं को तलाशने की कोशिश की जा सकती है।

स्कन्द पुराण में भी देवी चर्चा आती है और लैंगिक रूपान्तरण की चर्चा उस प्रकार से नहीं है। यहाँ उभय सोमनाथ के प्रादुर्भाव की कथा के बीच में ब्राह्मण कमठ द्वारा गर्भवास, शरीर की उत्पत्ति तथा विनाश का वर्णन आता है। ऊपर अग्नि पुराण में भी गर्भ के दौरान बालक के लिंग निर्धारण के सन्दर्भ में चर्चा की जा चुकी है। कमठ के द्वारा भी समान चर्चा स्कन्द पुराण के 'कुमारिका खण्ड' में मिलती है जहाँ गर्भ के मध्य में रहने वाले बच्चे के नपुंसक होने की बात कही गयी है और वाम भाग में स्त्री तथा दायीं ओर पुरुष। यहाँ एक और चर्चा हरिहर की मिलती है। देवासुर संग्राम में हार जाने के बाद देवता ब्रह्मा के पास गये। ब्रह्मा उन्हें हरिहर रूप की कथा सुनाते हैं। इसमें विष्णु और शिव दोनों एक ही शरीर में स्वयं को स्थापित करते हैं। आधे भाग में सारे लक्षणों के साथ विष्णु और आधे भाग में शिव स्थित होते हैं। यहाँ अगर अर्धनारीश्वर को हम लैंगिक अवधारणाओं के दायरे में देखते हैं तो मिथक के इस रूप को समझना थोड़ा मुश्किल होगा जबकि ऐतिहासिक रूप से अगर देखेंगे तो यह शैव और वैष्णव मत के एकीकरण और उनके बीच के विवादों को शान्त करने के लिए रचा गया पद है। यहाँ लैंगिकता की ऐसी कोई परिकल्पना को न मानना ही उचित है। इसकी व्याख्या दार्शनिक तात्त्विक स्तर और ऐतिहासिक स्तर पर ही हो सकती है। लेकिन फिर भी अगर लैंगिकता को तलाशने की कोशिश करते हैं तो

उसके अपने तर्क और अपनी व्याख्याएँ होंगी और शोध के अन्य स्तरों पर भी जाकर देखना होगा। क्योंकि सामाजिक स्वीकृति (स्त्री–पुरुष और थर्ड जेंडर) के अतिरिक्त मानने वाले शोधक लैंगिकता के दायरे में और भी कई रूपों को मानते हैं और बेहद बारीक अध्ययनों और खोज के आधार पर उसकी पुष्टि में संलग्न हैं।

वामन पुराण में मुख्य रूप से शिव और वामन की कथा को आधार बनाया गया है। कई उपकथाओं के बीच यहाँ भी दुर्गा की उत्पत्ति का आख्यान आता है। थोड़े–बहुत अन्तर के साथ कथा वही है जिसका विश्लेषण ऊपर किया जा चुका है। इस पुराण में दुर्गा के स्थान पर कात्यायनी नाम का प्रयोग किया गया है।

कूर्म पुराण में ब्रह्मा और सृष्टि की उत्पत्ति का वर्णन तो आता ही है। यहाँ किंपुरुष वर्ष की चर्चा विस्तार से की गयी है। किंपुरुष वर्ष के सन्दर्भ में अग्नि पुराण के तथ्यों का उल्लेख ऊपर किया जा चुका है। यहाँ हम किंपुरुष वर्ष की उत्पत्ति के सन्दर्भ तलाश सकते हैं। कूर्म पुराण के दो अध्यायों में किंपुरुष वर्ष का उल्लेख किया गया है। एक तरफ़ राजा प्रियव्रत के वंशजों का वर्णन आता है और वंशानुक्रम में 'किंपुरुष वर्ष' का उल्लेख आता है तो वहीं दूसरी तरफ़ सात महाद्वीपों, सात महासागरों, जम्बूद्वीप, मेरुपर्वत, भारत के साथ 'किंपुरुष वर्ष' का वर्णन किया गया है। यहाँ भौगोलिक स्थितियों के साथ वहाँ निवास करने वाले निवासियों का लक्षण आदि किया गया है।

"पूर्व में स्वायम्भुव मनु के जिस प्रियव्रत नामक पुत्र का वर्णन किया गया है उस (प्रियव्रत)–को प्रजापति के समान दस पुत्र हुए। अग्नीध्र, अग्निबाहु, वपुष्मान, द्युतिमान, मेधा, मेधातिथि, हव्य, सवन और पुत्र तथा महान बलशाली एवं पराक्रमी, धार्मिक, दानपरायण, और सभी प्राणियों पर दया करने वाला ज्योतिष्मान नामक दसवाँ पुत्र था। मेधा, अग्निबाहु, तथा पुत्र ये तीनों योगपरायण थे। पूर्वजन्मों का स्मरण करने वाले इन महाभाग्यशालियों (विरक्तों)–का मन राज्यकार्य में नहीं लगा। अतः प्रियव्रत ने (अपने अन्य) उन सात पुत्रों को सात द्वीपों में अभिषिक्त कर दिया। राजा ने अग्नीध्र नामक पुत्र को

जम्बूद्वीप का स्वामी बनाया। उन्होंने मेधातिथि को लक्षद्वीप का राजा बनाया और वपुष्मान को शाल्मलि द्वीप में राजा के रूप में अभिषिक्त किया।"

प्रभु (प्रियव्रत)–ने ज्योतिष्मान को कुशद्वीप का राजा बनाया और द्युतिमान को क्रौंचद्वीप का राजा बनने का आदेश दिया। प्रजापति प्रियव्रत ने हव्य को शाकद्वीप का स्वामी बनाया और सवन को पुष्करद्वीप का अधिपति बनाया।

पुष्कर में सवन को महावीत तथा धातकि नामक दो पुत्र हुए। पुत्रवानों के पुत्रों में ये दोनों ही पुत्र श्रेष्ठ थे। उन महात्मा (महावीत)–के नाम से उस वर्ष को महावीत वर्ष कहा गया है और धातकि के भी नाम से धातकि खण्ड कहा जाता है। शाकद्वीप के राजा हव्य को जलद, कुमार, सुकुमार, मणीचक, कुसुमोत्तर तथा मोदाकि एवं सातवाँ महाद्रुम नामक पुत्र हुआ।

इन सात पुत्रों के राज्यक्षेत्र इनके नाम से एक–एक वर्ष कहलाये–इसीलिए जलद का जलद नामक प्रथम वर्ष कहा जाता है। कुमार का कौमार नामक वर्ष, इसी प्रकार तीसरा सुकुमारक (वर्ष), चौथा मणिचक, पाँचवाँ कुसुमोत्तर, छठा मोदाकि और सातवाँ महाद्रुम नामक वर्ष है। क्रौंचद्वीप के राजा द्युतिमान को भी पुत्र हुए। उनमें कुशल पहला, मनोहर दूसरा, उष्ण तीसरा पुत्र कहा गया है और चौथा पुत्र प्रवर नाम से जाना जाता है। इसी प्रकार अन्धकार (पाँचवाँ), मुनि (छठा) तथा दुदुम्भी सातवाँ पुत्र था। उनके (अपने ही) नाम से प्रसिद्ध सुन्दर देश क्रौंचद्वीप में स्थित है। कुशद्वीप में ज्योतिष्मान को महान ओजस्वी सात पुत्र हुए। उद्भेद, वेणुमान, अश्वरथ, लम्बन, धृति तथा छठा प्रभाकर और सातवाँ कपिल कहा गया है।

हे सुव्रतो! इस (कुशद्वीप)–में उनके नाम से युक्त वर्ष हैं। इसी प्रकार उन अन्य द्वीपों में भी स्थिति समझनी चाहिए। शाल्मलिद्वीप के स्वामी वपुष्मान के श्वेत, हरित, जीमूत, रोहित, वैद्युत और मानस तथा सातवें सुप्रभ नामक पुत्र थे।..."[26] और इसी क्रम में :

...हे श्रेष्ठ द्विजों! जम्बूद्वीप के अधिपति अग्नीध्र के भी महान बलशाली पुत्र थे, उनके नाम सुनो–

नाभि, किंपुरुष, हरि, इलावृत, रम्य, हिरण्वान, कुरु, भद्राश्व तथा केतुमाल नामक नौ पुत्र हुए।

जम्बूद्वीपेश्वर महामति उन राजा अग्नीध्र ने (जम्बूद्वीप को) नौ भागों में बाँटकर न्यायानुसार उन (पुत्रों)–को दे दिया। (अग्नीध्र ने) नाभि को दक्षिण दिशा में स्थित हिम नामक वर्ष प्रदान किया। तदनन्तर किंपुरुष को हेमकूट नामक वर्ष दिया।...[27]

इसी पुराण में भौगोलिक वर्णन के क्रम में भी किंपुरुष वर्ष का वर्णन आया है। "सात महाद्वीपों और सात महासागरों का परिमाण, जम्बूद्वीप तथा मेरुपर्वत की स्थिति, भारत तथा किंपुरुष आदि वर्षों का वर्णन, वर्षपर्वतों की स्थिति, जम्बूद्वीप के नाम पड़ने का कारण, जम्बूद्वीप के नदी एवं पर्वतों का और वहाँ के निवासियों का वर्णन"[28] नाम से अध्याय आता है।

किंपुरुष वर्ष का वर्णन **मत्स्य पुराण** में भी विस्तार से आता है। यहाँ के निवासियों का वर्णन करते हुए उनकी आयु दस हज़ार वर्ष बतायी गयी है और उन्हें सुवर्ण कान्ति से सम्पन्न बताया गया है।

किंपुरुष वर्ष की विवेचना अगर अग्नि पुराण और कूर्म इन दो पुराणों के आधार पर करते हैं तो यह भौगोलिक और वंशीय इन दो अर्थों में सामने आता है। वंशीय परम्परा में हम किसी सन्तान को तो किन्नर आसानी से मान सकते हैं। लेकिन भौगोलिक परम्परा में जैसे ही जायेंगे हमें सबसे प्राचीन पुराण मत्स्य पुराण के आधार पर भी विश्लेषण देखना होगा। **मत्स्य पुराण** में **'किंपुरुष शब्द' का प्रयोग 'किन्नर' के सन्दर्भ में भी किया गया है।** एक स्थान पर यह प्रयोग जहाँ लैंगिक सन्दर्भ में है वहीं दूसरे स्थान पर भोगौलिक क्षेत्र, जहाँ के निवासी सुवर्ण कान्ति सम्पन्न हैं।

ऐसे में किंपुरुष वर्ष एक तरफ़ हिजड़ा समुदाय के सन्दर्भ से भी जुड़ता है दूसरी तरफ़ जातीय सन्दर्भों में यह किन्नौर जाति की परम्परा के ज़्यादा क़रीब है। आधुनिक सन्दर्भों में यह भौगोलिक क्षेत्र

किन्नौर जाति की स्थान परम्परा से सम्बन्धित है। वहीं मत्स्य पुराण में किंपुरुष वर्ष के साथ बुद्ध और इला का प्रसंग भी आता है। जैसा कि प्रत्येक पुराण के साथ कहानी में थोड़ा परिवर्तन आता है वैसे यहाँ भी है लेकिन यहाँ एक महत्त्वपूर्ण तथ्य दिखता है जो हिजड़ा समुदाय के सन्दर्भ में तत्समय की स्पष्ट सामाजिक मान्यता को सामने रखता है। बहुत दिनों तक राजा इल के न लौटने पर उनके छोटे भाई मनु–पुत्र इक्ष्वाकु आदि राजा इल (सुद्युम्न)–का अन्वेषण करते हुए उसी शरवण के निकट जा पहुँचे। (शिव–पार्वती द्वारा वर्जित क्षेत्र) वहाँ राजा इल के घोड़े को घोड़ी के रूप में परिणत हुआ देखकर आश्चर्यचकित हो गये। फिर उन्हें शिव–उमा के सारे वृत्तान्तों का पता लगता है। फिर वसिष्ठ कहते हैं कि–"अब जिस प्रकार राजा इल कुबेर की भाँति पुनः पुरुषत्व को प्राप्त कर सकें, तुम लोगों को पिनाकधारी शंकर की आराधना करके वैसा ही प्रयत्न करना चाहिए।"[29] इसके बाद उन्होंने शंकर की आराधना की और प्रसन्न हुए शंकर कहते हैं कि–"यदि इक्ष्वाकु द्वारा किये गये अश्वमेध यज्ञ का जो भी फल हो, वह सारा का सारा हम दोनों को समर्पित कर दिया जाय तो राजा इल निःसन्देह किंपुरुष (किन्नर) हो जायेंगे।"

इक्ष्वाकोश्चाश्वमेधेन यत फलं स्यात् तदावयोः।
दत्वा किंपुरुषो वीरः स भविष्यत्यसंशयम।।10।।
तथेत्युक्तआस्ततस्ते तु जग्मुवैर्रवस्वातमजाः।
इक्ष्वाकोश्चाश्वमेधेन चेलः किंपुरुषोभवत।।11।।

वहाँ वे वीरवर एक मास पुरुष रूप में रहकर पुनः एक मास स्त्री हो जाते थे। बुद्ध के भवन में स्त्री रूप से रहते समय इल ने गर्भ धारण कर लिया था। उसी गर्भ से अनेक गुणों से सम्पन्न एक पुत्र उत्पन्न हुआ।"[30]

यहाँ पौराणिक ग्रन्थों में सबसे प्राचीन पुराण में स्पष्ट शब्दों में समाज में न केवल किन्नर की स्थिति को स्वीकार किया गया है बल्कि उसकी तरफ़ किसी भी प्रकार की घृणा, तिरस्कार या उपेक्षा के भाव का यहाँ अभाव दिखता है। वीरवर की संज्ञा सहज रूप से

प्रयुक्त हुई है। इस प्रसंग में घोड़े (जानवर) में भी इस प्रकार की स्थिति के होने की सम्भावना व्यक्त की गयी है। आधुनिक खोजों में तृतीय लिंग की उपस्थिति को सारी प्रजातियों और पेड़–पौधों में भी देखा गया है। साथ ही कुबेर के भी पुनः पुरुषत्व प्राप्त करने की चर्चा यहाँ की गयी है। (जैसा कि इन सबों के पद होने की सम्भावना विष्णु के प्रसंग में व्यक्त की जा चुकी है।) यानी उस समय किन्नरों की लैंगिकता सामाजिक पद या सामाजिक सम्मानजनक स्थिति पर कोई विशेष प्रभाव नहीं डालती थी। यहाँ एक सामान्य–सा प्रश्न उठाया जा सकता है कि अगर ऐसा था तो इनकी चर्चा इतनी कम क्यों मिलती है या फिर इनकी किसी परम्परा या रिवाज़ों का कोई उल्लेख क्यों नहीं है? तो इसका एक सामान्य–सा उत्तर इसकी जनसंख्या के सन्दर्भ में देखा जा सकता है। साथ ही पुराण सामान्य जनता का उल्लेख नहीं करते। यह मुख्य रूप से मुख्य पद या यूँ कहें कि राजकीय पुरुषों और उच्च पद या सामाजिक रूप से प्रतिष्ठित या चर्चित लोक व दन्तकथाओं के साथ शिक्षा, चिकित्सा, व्रत एवं ज्ञान की अलग–अलग शाखाओं की खोजों की मिथकीय अभिव्यक्ति से सम्बन्धित है। यहाँ और फिर एक ही कथा का थोड़े से हेर–फेर के साथ ज़्यादातर दुहराव हुआ है। लेकिन देखने वाली बात यह है कि वर्तमान परिदृश्य में तो ऐसे किसी भी नेतृत्वकारी पद पर हम किसी किन्नर के होने की कल्पना ही नहीं कर पाते हैं। शबनम मौसी व मधु किन्नर को अगर अपवाद मान लें तो यह भी उतना ही बड़ा तथ्य है कि ये एक बार के बाद दुबारा चुनाव जीत भी नहीं पाती हैं। और पौराणिक युग में राजा के पद पर ऐसी चर्चा आती है। एक दूसरा प्रश्न यह भी उठता है कि इनकी किसी अलग परम्परा या रिवाज़ का वर्णन भी पुराणों में नहीं मिलता है। यहाँ शिव की आराधना का ज़िक्र तो आता है लेकिन और किसी भी परम्परा का उल्लेख नहीं है और शिव में भी पिनाकधारी शिव महत्त्वपूर्ण हैं न कि अर्धनारीश्वर शिव। ऐसे में हम यही कह सकते हैं कि सम्भवतः समाज में

सम्माननीय और सामान्य रूप से स्वीकृत होने के कारण इनकी अलग परम्परा जैसी कोई व्यावहारिक परिपाटी प्रचलित ही न रही हो। बदलते समय के साथ धीरे–धीरे इन्हें समाज में अवहेलना मिलने लगी हो (क्योंकि मत्स्य पुराण के बाद आगे आने वाले पुराणों में इल के लिए 'किन्नर' शब्द का इस्तेमाल भी नहीं किया गया है। सिर्फ़ सुद्युम्न या इला के रूप में लैंगिक रूपान्तरण का ज़िक्र किया गया है, हो सकता है सामाजिक स्थिति बदलने से ऐसा हुआ हो), इनकी पूजा–परम्परा सब पृथक् होते चले गये हों क्योंकि जब मन्दिर और मस्जिदों में स्त्री और दलितों (दलितों का सन्दर्भ मस्जिद के सन्दर्भ में नहीं है) के प्रवेश पर वर्जनाएँ थीं तब इनके लिए स्थान होना तो और भी मुश्किल होता गया होगा। 'सेक्स' और 'धर्म' की गुत्थियों ने इन्हें 'सन्तुष्टि' और 'वीर्य' देने या गर्भधारण की सामान्य स्थितियों के न होने के कारण (क्योंकि गर्भधारण की असामान्य स्थितियों की सम्भावना इस अध्याय में व्यक्त की गयी है) समाज से अलग कर दिया। फलतः इनकी अलग परम्पराएँ विकसित हुई होंगी। महाभारत युग में इनका सम्बन्ध महाभारत के अरावन (इरावन) पात्र से जुड़ा और अरावन इनके देवता के रूप में स्वीकृत हो गये। अगर मत्स्य पुराण का समय पहले रहा हो जैसा कि पुराणकार भी मत व्यक्त करते हैं और महाभारत व कामशास्त्र के विकास का समय भी अन्तःसम्बन्धित हो तो किन्नरों के समाज से पृथक् और बाद के पुराणों में भी बिल्कुल स्पष्ट शब्दों में उनका उल्लेख न किये जाने के कारणों को आसानी से समझा जा सकता है। दरअसल विकसित होते कामशास्त्र में किन्नरों के लिए कोई जगह ही नहीं रह गयी। अगले अध्याय में इस पर विश्लेषण की कोशिश की गयी है कि कैसे वर्तमान सभ्यता के आरम्भिक दौर में ही ये समाज से दरकिनार होते गये होंगे और अन्ततः परिस्थितियों के लगातार गिरने के साथ ये समाज से बहिष्कृत होते गये। अंग्रेज़ी दौर में तो इन्हें अपराधी घोषित कर समाज से पूरी तरह से नकार दिया गया। फिर ये रहस्य बनते गये समाज के लिए। लेकिन आख़िर कैसे और किन परिस्थितियों में

ये समाज से दूर होते गये यह क्रमवार, व्यवस्थित और गहन शोध की माँग करता है।

मत्स्य पुराण के बाद अन्तिम दो पुराणों गरुड़ पुराण और ब्रह्माण्ड पुराण को यदि देखें तो गरुड़ पुराण में भुवन कोश वर्णन में राजा प्रियव्रत के वंश का निरूपण आता है। और यहाँ किंपुरुष वर्ष का वर्णन आता है। वहीं ब्रह्माण्ड पुराण में शिव और मोहिनी की उपरोक्त वर्णित कथा के साथ एक बार फिर से किंपुरुष वर्ष का वर्णन हमें देखने को मिलता है।

वास्तव में यदि हम आधुनिक चिन्तकों और मतानुसार पुराणों को नकारने की कोशिश करें और किसी एक विचारधारा के खूँटे से बँधकर 'थर्ड जेंडर' या कुछ ऐसे अस्तित्व जो कि धरती पर उतने ही पुराने हैं जितने कि हम, विचार देने की कोशिश करेंगे तो विचार–धारात्मक रूप से भले ही वह स्वीकृत, प्रशंसनीय और मान्य हो जाये लेकिन शोध के निष्पक्ष मापदण्डों पर वह खरा नहीं उतरेगा। दूसरा यह भी कि अध्ययन का एक ही पक्ष परिभाषित होगा, उसका एक बहुत बड़ा पक्ष विचारधारात्मक पूर्वाग्रह से प्रभावित हो छूट जायेगा या फिर जो निष्कर्ष हम देंगे वह भी प्रभावित, एकांगी और अधूरापन लिए होगा। यहाँ किन्नर या हिजड़ा समुदाय को पूरी तरह से समझने के लिए हमें एक बार इतिहास के साथ मिथकीय इतिहास के पन्नों को भी खँगालना ही होगा क्योंकि भारतीय ऐतिहासिक समाज व परिस्थितियों के बीज उन्हीं पन्नों में छिपे हैं। यह अलग बात है कि उन्हें पूरी तरह समझ पाने की पद्धति हमारे पास नहीं है। एक ही मिथक अन्तः संगुम्फित रूप में एक साथ कई विषयों व अर्थों को व्यक्त कर रहा होता है। समय के साथ उनमें इतने बदलाव आये हैं, इतना कुछ नष्ट हुआ है और अध्ययन की प्रणाली का भी क्षरण हुआ है और दूसरी प्रणालियों का विकास हुआ है कि वास्तविक सिरों को जोड़ना और खोजना काफ़ी मुश्किल है। लेकिन इसका अर्थ यह नहीं कि प्राचीन क्लासिक बिल्कुल ही निरर्थक है। ऐसा यहाँ इसलिए कह रही हूँ क्योंकि कल तक मेरा

मानना भी यही था, लेकिन जैसे–जैसे इन पन्नों को उलटती, समझ में आया कि इनमें बहुत–से तथ्य ऐसे हैं जो आधुनिक मेडिकल साइंस के सिद्धान्तों के बेहद क़रीब हैं। ऊपर उद्धरण भी दिये गये हैं। बहुत–से आधुनिक गणित के, बहुत–से आधुनिक ब्रांच ऑफ़ सेक्सोलॉजी के इसी प्रकार अलग–अलग अध्ययन के अनुशासनों से इनका जुड़ाव है। यहाँ जो कुछ भी है सूत्रात्मक और चित्रात्मक कहानियों के रूप में कहने की कोशिश की गयी है। हम आज किन्नर समुदाय पर बात कर रहे हैं और वात्स्यायन आज से लगभग दो हज़ार वर्ष (मत वैभिन्नता की स्थिति है) पूर्व इनके सम्बन्ध में विस्तार से चर्चा कर चुके हैं। उन्होंने किन्नरों के अंग–प्रत्यंग, प्रकार, इनके सेक्स, आजीविका, सामाजिक स्थिति आदि की चर्चा विस्तार से की है। 'सेक्स (जेंडर से इतर अर्थों में) और हिजड़ा समुदाय' अध्याय में इस पर विस्तार से चर्चा की गयी है।

यहाँ तो केवल श्रीअरविन्द की एक बात याद आती है जबकि दिव्य जीवन में वो लिखते हैं, "न केवल अपनी अन्तिम धारणा में, बल्कि ज्ञान के सामान्य परिणामों की एक बड़ी शृंखला में भी, हम चाहे जिस मार्ग से उसका अनुसरण करें, ज्ञान एक होने की ओर बढ़ रहा है। इससे बढ़कर देखने लायक और संकेतकारी कुछ भी नहीं है कि आधुनिक विज्ञान जड़ के प्रदेश में बड़ी हद तक उन्हीं धारणाओं और भाषा के उन्हीं सूत्रों को पुष्ट करता है जिन्हें एकदम भिन्न विधि से वेदान्त ने, तत्त्वदार्शनिक मतों के वेदान्त ने नहीं, मूल वेदान्त, उपनिषदों के वेदान्त ने पाया था। और दूसरी ओर वेदान्त की ये धारणाएँ अपना पूरा अर्थ, अपनी समृद्धि तभी प्रकट करती हैं जब उन्हें आधुनिक विज्ञान के द्वारा डाले गये नये प्रकाश में देखा जाये।"[31]

अध्याय चार

सेक्स (जेंडर से इतर अर्थों में) और हिजड़ा

सेक्स एक सहज प्राकृतिक शारीरिक प्रक्रिया है। यह जितना शारीरिक है उतना ही मनोवैज्ञानिक भी। जितना सामाजिक है उतना ही सांस्कृतिक भी। यह जितना कलात्मक है उतना ही दार्शनिक भी और इन सबसे ऊपर उतना ही मिथकीय भी। जेंडर से इतर अर्थों में यह समाज की जितनी बड़ी सच्चाई है उससे कहीं बड़ा मिथ भी–जितना इसे परिभाषित करना कठिन है उससे कहीं ज़्यादा यह निर्धारित करना कठिन है कि आख़िर क्यों सेक्स को लेकर आज तक समाज में (अगर हम सिनेमा और पोर्न की दुनिया छोड़ दें, यहाँ दूसरी तरह की सहजता है) सहजता नहीं है। वह भी तब जबकि प्रजनन एवं वंशवृद्धि एक अनिवार्य घटना है। यह समझ पाना बहुत मुश्किल है कि जिसकी समानता साहित्य में 'ब्रह्मानन्द सहोदर' और दर्शन में जिसे 'उच्च सत्य' तक पहुँचने का मार्ग बताया गया हो उस पर खुलकर बात कर पाना इतना असहज क्यों बना देता है सभ्य समाज को।

अगर समूची वैश्विक सभ्यता को देखें तो 'भूख' और 'सेक्स' ही इनकी जननी रही है। सभ्यता के प्रस्थानबिन्दु के साथ ही मनुष्य के संघर्षों में भी वृद्धि होती चली जाती है। संघर्ष भावों का विस्तार करते हैं और भाव आवश्यकताओं को जन्म देते हैं और अन्ततः ये आवश्यकताएँ (ये आवश्यकताएँ पुनः संघर्ष व भाव को जन्म देती हैं) आविष्कारों को जन्म देती हैं। सभ्यता के आरम्भ में कुछ बाह्य

भौतिक, अभौतिक आविष्कार स्वतः भी हुए होंगे लेकिन भूख और सेक्स मनुष्य के साथ ही जन्मा होगा। इससे बस थोड़ा–सा आगे जाने पर अकेले न रह पाने की स्थितियों ने लगाव और फिर प्रेम जैसी स्थिति को जन्म दिया होगा। एकान्त, अकेलेपन और प्रकृति के हाहाकार के बीच कभी आदम ने घबराकर खोजा होगा इव को और इव को भी आदम के मिलते ही एक सुरक्षा और आत्मीयता के अजनबी भाव ने घेर लिया होगा। उसमें अचानक पा जाने का उल्लास भी मिश्रित हो गया होगा। ऐसे जन्मा होगा हर्षातिरेक और फिर उल्लास। और फिर इनकी गर्माहट ने जन्म दिया होगा प्रेम को। घृणा शायद बहुत बाद में उपजी होगी, जब अधिकार और प्रभुत्व की भावना ने जन्म लिया होगा। फिर धीमे–धीमे वैचारिकी समृद्ध हुई होगी और मनुष्य के बीच सामर्थ्यहीनता और अपने बौनेपन की अनुभूतियों के बीच क्रमशः ईश्वर, पूजा पाठ, कर्मकाण्ड और अन्ततः धर्म ने अपनी जगह बनायी होगी।

सभ्यता ने जब लम्बा सफ़र तय कर लिया तब एक नयी और समूची सभ्यता को बदल देने वाले आविष्कार के रूप में विनिमय और क्रमशः बहुत बाद में मुद्रा का आविष्कार हुआ होगा। लेकिन घूमकर बात वहीं आ जाती है कि चाहे कितने भी बड़े भौतिक और अभौतिक आविष्कार (चाहे वे आधुनिक व वैज्ञानिक रहे हों या फिर दार्शनिक) क्यों न हुए हों यहाँ तक कि हम वर्तमान समाज तक की बात कर लें, 'भूख' और 'सेक्स' मनुष्य की जन्मजात आवश्यकताएँ हैं।

प्रकृति के सौन्दर्य की सर्वोत्तम अभिव्यक्ति उसके सृजन में ही है। मोर का नृत्य करना हो या फूल का खिलना, कोयल का कूकना हो या मंजरियों का बौराना, प्रजातियों का यौवन हो या मानवीय भावों का उद्दाम आवेग, ये सब सेक्स की ही अभिव्यक्ति हैं। इनसे वंचित होना वृद्धत्व को प्राप्त करना है। सौन्दर्य के इस स्वरूप का चिन्तन, सराहना और उसकी उद्दाम शक्तियों के आगे सम्पूर्ण विश्व नतमस्तक होता है। एक बच्चा भी खिलते फूल, नाचते मोर और कूकती कोयल को देख–सुनकर किलक उठता है। वृद्ध की झुर्रियों में भी खिंचाव

आने लगता है वसन्त के आगमन पर, फिर युवाओं का तो कहना ही क्या? रक्त में उठने वाले उष्ण प्रवाहों से कौन लड़ पाया है?

ऐसे में यदि प्रकृति के उत्सव से क़दमताल करते हुए उनके पैर थिरक उठते हैं तो इतना शोर क्यों? उनके प्रेम के प्रवाह पर इतना हंगामा क्यों? किसी युवती को प्रेम में पड़ते देखकर इतनी बान्दिशें और कानाफूसी क्यों? जबकि जड़ वृक्ष भी अपने को झाड़कर रक्तिम किसलयों के प्रसव पर आनन्द मनाने लगते हैं। न जाने किसका बीज प्रसव का कारण होता होगा लेकिन कोई द्वन्द्व नहीं, कोई लज्जा नहीं, कोई शोक नहीं, बस है तो केवल एकमात्र सृजनोत्सव और क्या यह आश्चर्य नहीं कि हम भी इस उत्सव में सोल्लास सम्मिलित होते हैं।

सम्पूर्ण प्रकृति में कहीं द्वन्द्व नहीं है सेक्स और सृजन को लेकर, है तो एकमात्र मनुष्य में। सेक्स का हमने इतना विरोध किया है कि सेक्स कुण्ठा बनकर हमारे भीतर कुण्डली मारकर फन फैलाकर बैठ गया और जब तब अपना ज़हर उगलने लगा। कुण्ठा ने कभी बलात्कार को उकसाया तो कभी स्त्री–पुरुष के सम्बन्धों की रसपूर्ण कहानियों, कविताओं में ही हम उलझकर रह गये। किताबें इस तरह से भरने लगीं कि हम उसकी शास्त्रीयता, उसकी आवश्यकता, व्यावहारिकता और सहजता की चर्चा न करके उसके उत्तेजक भावों में ही डूबे रह गये। उत्तेजना और रस भाव में डूबे रहने के नैरन्तर्य से सेक्स का प्राकृतिक स्वभाव नष्ट होता चला गया हालाँकि अन्य प्रजातियों में सेक्स ऋतु अनुसार या निश्चित समयावधि में बँधा रहा जबकि मनुष्य में यह पूरे वर्ष में फैल गया।

युवाओं का जो कर्म और उत्थान का समय है उसका अधिकांश भाग सेक्स और उससे सम्बन्धित क्षणों के विवेचन और कल्पना में ही गुज़रने लगा। सच तो यह है कि हम इसका अनुमान और गणना करने में बुरी तरह असफल सिद्ध हुए हैं। प्रत्येक पल जितने ही नियन्त्रण की बात की उतने ही अनियन्त्रित होते गये हैं हम। क्या हमने कभी सोचा है कि सभ्यता और संस्कृतियों के बोझ को ढोते–ढोते हम कितने कृत्रिम हो चुके हैं कि हम स्वयं से ही बिछड़ गये हैं।

कृत्रिमता के इतने लिहाफ़ हमने ओढ़े हैं कि अपनी नैसर्गिकता को ही खो दिया है। एक अकड़—मनुष्य होने की, सभ्य होने की हमेशा हमसे चिपकी रहती है। दम्भ है हमें अपने सभ्य और सुसंस्कृत होने पर और दिलचस्प यह है कि इस दम्भ ने हमें अपने ही समाज के अंगों को काटकर अलग कर देने पर मजबूर कर दिया है।

हिजड़ा वर्ग की व्युत्पत्ति, उनका अलगाव, उनका दर्द, तनाव, संघर्ष, उनके जीवन का अन्धकार, उनकी छटपटाहट का अधिकांश इसी सेक्स सम्बन्धी अनर्गल मानसिकताओं की देन है। हमने भूख को तो स्वीकार कर लिया, लेकिन सेक्स को लेकर असहजता बनी रही हमारे समाज में और बनी रही ऐसी ही असहजता हिजड़ा समुदाय या इस प्रकार की अन्य लैंगिकता को लेकर। हमने दो सीधी लकीरें खींच दीं। बना दिया एक स्त्री और बना दिया एक पुरुष। इससे दायें नहीं इससे बायें नहीं। क्योंकि सम्भवतः ये प्रकृति की श्रेष्ठ कृति थी।

जितना ज़्यादा सौन्दर्य उतनी ज़्यादा स्वीकृति और इन दोनों में भी स्त्री सर्वश्रेष्ठ कृति सिद्ध हुई इस प्रकृति की। सारी सभ्यता साष्टांग दण्डवत के भाव में आ गयी। इतना कि सौन्दर्य को पूजने के भाव जन्मे, आरम्भ हुआ पूजन, अर्चन और स्त्री बन गयी देवी। फिर क्या था हो गया सत्यानाश। स्त्री न मानवी रही न मानवता के प्रति आदरणीय, हो गयी पूजनीय। उसे आदत पड़ गयी पूजे जाने की, (देखिए न सिन्धु घटी की सभ्यता मातृसत्तात्मक थी), पूज्य होने के छद्म गर्व और छद्म पूजन में ही उसकी बुद्धि चली गयी। बचे रह गये सिर्फ़ हृदय और देह। सभ्यताकारों ने उसके हृदय को भी न छोड़ा। उसके हृदय को लेकर इतने कसीदे काढ़े कि वह उसे ही लेकर इतराने लगी और हर जगह हृदय ही लेकर डूब जाती। बुद्धि गयी, हृदय गया (वैदिक युग से मध्य युग) अब आया है आधुनिक युग—उपभोक्तावाद और बाज़ारवाद का दौर, बची रह गयी है देह। सो उसे भी चमकाया जा रहा है, गुण गाया जा रहा है, पूजा जा रहा है देखिए कब डूबती है यह देह। बुद्धिमान होकर हम देह पूजा कर रहे हैं। लेकिन देह के वास्तविक अर्थों से वाक़िफ़ भी नहीं हैं,

अब इसका भी जाना तय है फिर शुरू होगा कोई नया युग, ख़ैर तब जबकि यह पूजन–कीर्तन चल रहा था, प्रकृति की नैसर्गिकता पर बोझ लादे जा रहे थे। एक वर्ग था जो न स्त्री था न पुरुष, छूटा जा रहा था। वह खींची गयी दो लकीरों से अलग था इसलिए छूट गया। पुराणों के बिल्कुल आरम्भ में प्रजनन के आगे बढ़ने के समय ही सुद्युम्न या इला की बार–बार होने वाली चर्चा इनके अस्तित्व और इनके सम्मान पर मुहर लगाती है। फिर आख़िर ऐसा क्या, क्यों और कैसे हुआ कि ये छूटते चले गये।

हाँ यह वर्ग, हमारे जैसा था, हममें से था, सुद्युम्न या इला का राजपद बार–बार यही दुहराता है कि कहीं कोई दुराव नहीं था। लेकिन जैसे–जैसे सभ्यता के साँचों ने आकार लेना शुरू किया, संघर्ष ने जन्म लिया, भावों में विस्तार आना शुरू हुआ।... काम की दुनिया में भी नये–नये प्रयोग होने शुरू हुए। धर्म, अर्थ, काम, मोक्ष चार विभागों का जन्म हुआ।

कहते हैं, "प्रजापति ब्रह्मा ने मानव जीवन को नियमित और व्यवस्थित बनाने के उद्देश्य से, त्रिवर्ग के साधनभूत, एक लाख अध्यायों वाले एक शास्त्र का प्रवचन किया था। इस सुविशाल संविधान से मनु ने धर्मविषयक अंश को पृथक् कर 'मनुस्मृति' की रचना की, बृहस्पति ने अर्थविषयक अंश को पृथक् कर 'बार्हस्पत्य अर्थशास्त्र' की रचना की और महादेव के अनुचर नन्दी या नन्दकेश्वर ने कामविषयक अंश को पृथक् कर 'कामसूत्र' की रचना की।" फिर श्वेतकेतु, आचार्य बाभ्रव्य से होते हुए कामशास्त्र एक अखण्ड चिन्तन परम्परा के रूप में विकसित होता चला गया। वात्स्यायन के यहाँ तृतीय लिंग या तृतीय प्रकृति के रूप में इनकी चर्चा मिलती है। चूँकि वात्स्यायन ने काम चिन्तन को दो सम्प्रदायों के आचार्यों के विचारों के रूप में उल्लिेखित किया है इसलिए निश्चित है कि इनसे पहले के आचार्यों के यहाँ भी तृतीय लिंग की चर्चा निश्चित रही होगी। लेकिन बाभ्रव्य ने इस शास्त्र को अधिकरणों में विभक्त कर दिया। साधारण, साम्प्रयोगिक, कन्यासम्प्रयुक्तक, भार्याधिकारिक,

पारदारिक, वैशिक और औपनिषदिक। इन सात अधिकरणों में विभक्त करके उसका संक्षिप्तीकरण कर दिया तब बहुत कुछ ऐसा रहा होगा कि उसके छूटने की प्रक्रिया शुरू हुई होगी।

इसके बाद अलग–अलग अधिकरणों के माँग की परम्परा ने जन्म लिया। पाटलिपुत्र की वेश्याओं के अनुरोध पर आचार्य दत्तक ने वैशिक भाग का स्वतन्त्र सम्पादन किया। चारायण ने साधारण, आचार्य सुवर्णाभ ने साम्प्रयोगिक, आचार्य घोटकमुख ने कन्यासम्प्र्युक्तक को, आचार्य गोनर्दीय ने भार्याधिकारिक को, आचार्य गोनिकापुत्र ने पारदारिक को और आचार्य कुचुमार ने औपनिषदिक को बाभ्रव्य के शास्त्र से पृथक् कर उसका स्वतन्त्र विकास एवं सम्पादन किया। जहाँ वेश्याएँ वैशिक को महत्त्व देतीं तो अमर्यादित पुरुषों की रुचि पारदारिक में थी। जिस अधिकरण की माँग जितनी हुई उस पर उतना लिखा गया। अन्ततः कामसूत्र बिखर गया। जनसंख्या के आनुपातिक रूप और माँग की परिकल्पनाओं के बीच कामसूत्र का वास्तविक रूप सिमट गया और यहीं से सिमटना शुरू हुआ होगा बहुत कुछ।

दूसरी तरफ़ इन्हीं प्रयोगों के बीच जो मापदण्ड बनाये गये उन्होंने एक मनोविज्ञान को जन्म दिया। एक नैसर्गिक मानव के अन्दर काम सम्बन्धी मनोलोक का निर्माण हुआ होगा। एक तरफ़ उसकी अभिरुचियों को समझने की कोशिश की गयी तो दूसरी तरफ़ उसे निर्मित करने की प्रक्रिया को भी गति मिली।

प्रकृति की नैसर्गिक कामेच्छा ने कलात्मकता सीखनी शुरू की होगी। ऐसे नहीं इस तरह, फिर इस प्रकार और इस तरह की आवृत्ति ने आसनों को जन्म दिया होगा जो कामानन्द को शिखर प्रदान कर सके। ओशो लिखते हैं कि–मानव ने विषयानन्द के उत्कर्ष पर ही समझा होगा कि परमानन्द या परम शान्ति या विचार मुक्ति का आनन्द क्या होता है? लग गयी होगी समाधि। और तब उसने जानने की चेष्टा की होगी कि क्या काम से पृथक् होकर भी इस तरह के आनन्द को प्राप्त किया जा सकता है? इस विचार के जन्म से ही

शुरू हुआ होगा चिन्तन, कला, दर्शन अन्ततः ध्यान और योग। ऐसे काम ने पाया होगा अपना परिष्कार। कामानन्द ने की होगी यात्रा ब्रह्मानन्द की।

मापदण्ड उच्च से उच्च स्थापित किये जा रहे होंगे। कलात्मकता बढ़ती जा रही होगी। दर्शन घनीभूत होता जा रहा होगा लेकिन मापदण्डों की श्रेष्ठता, कला की उच्चता और दर्शन की घनीभूतता तनिक भी विक्षेप सहन नहीं करती। ऐसे में तृतीय प्रकृति ने सामंजस्य बिठाना चाहा होगा। उसकी देह पृथक् थी, भावनाएँ पृथक। पुरुष देह में स्त्री भावनाएँ छटपटाती होंगी। जब उसने पहली बार सम्भोग को छुआ होगा, हतप्रभ रह गया होगा वह। ये क्या? उभरा होगा अन्तर और बाह्य के बीच का द्वन्द्व। शरीर ने कुछ और किया होगा और मन ने कुछ और चाहा होगा या फिर कौन जाने इस स्थिति तक आने से कहीं पहले कई संघर्ष गुज़र चुके होंगे देह और मन के बीच। तो कुछ और ही चाहा होगा तृतीय प्रकृति ने।

पुरुष देह (हिजड़ा के सन्दर्भ में है हिजड़ी नहीं) में होते हुए भी उसने चाहा होगा पुरुष को लेकिन योनि कहाँ थी उसके पास, जहाँ पुरुष प्रविष्ट हो पाता और छू पाता उसके अन्दर के प्रेम को। लेकिन अभी समय था उसके पास। अभी काम को समझा जा रहा था। पुरुष और स्त्री भी अभी समझ ही रहे थे सब कुछ। इसलिए वह भी बना रहा। लेकिन ज्यों–ज्यों विकसित होता गया होगा कामशास्त्र, ज्यों–ज्यों काम कला के आसनों को समझा जा रहा होगा और गढ़ा जा रहा होगा दर्शन, त्यों–त्यों समझा जाने लगा होगा कि तृतीय प्रकृति का अधूरापन क्या, कहाँ और कैसे है? उसके पुरुष जननांग, अविकसित योनि कहाँ कामानन्द में बाधा बन रहे हैं। कहाँ पुरुषों के साथ सम्भोग में व्यवधान आ रहा है और कहाँ स्त्री के साथ। फिर पहली बार हल्की–सी उपेक्षा शुरू हुई होगी। जन्मा होगा बीजभाव उपेक्षा का, लिंगों के बीच। फिर गहराता चला गया होगा। अलग कर दिया गया होगा तृतीय लिंग समाज से। दो पूर्ण और समानान्तर लकीरों के बीच तीसरी लकीर के लिए स्थान ही नहीं रह गया होगा।

कामकला के परिष्कृत चौंसठ आसनों के बीच जगह ही शेष नहीं रह गयी होगी इनके लिए।

अधूरी रह गयी होगी काम से प्रेम तक की यात्रा। अधूरी रह गयी होगी कामाध्यात्म की यात्रा। एक छटपटाहट, पागल बना देने वाली बेचैनी उभरी होगी। जन्म लिया होगा अधूरेपन के भाव ने। चीत्कार कर उठा होगा उसका अन्तस, थोड़ा–सा भी विलगाव हमारे आनन्द पर हावी न हो इसलिए लिंग व संलग्न योनि को पूजने तथा सम्पूर्ण विश्व को स्त्री (शक्ति) का गर्भ मानने वाली (हम सब गर्भ के अन्दर हैं ऐसी परिकल्पना पौराणिक मिथकों में मिलती है) हमारी प्रजाति ने इन्हें बाहर का रास्ता दिखा दिया होगा। इस तरह कामसूत्र के 'औपरिष्टक प्रकरण' को रचा गया जहाँ तृतीय लिंग की प्रकृति, उसके सम्भोग सम्बन्धी स्थितियों और उसकी आजीविका के सम्बन्ध में विस्तार से निर्देश दिये गये हैं।

यह जानकर थोड़ा आश्चर्य भी होता है कि कैसे जबकि वर्तमान सभ्यता अपने विकास के बिल्कुल आरम्भिक दौर में थी गहन चिन्तन, विश्लेषण के द्वारा तृतीय लिंग के कर्म और आजीविका को निर्धारित कर दिया गया और उससे भी बड़ा आश्चर्य यह है कि सभ्यता ने इतनी यात्राएँ कीं, पड़ाव डाले और फिर आगे के सफ़र की ओर क़दम बढ़ाया, लेकिन इनके लिए निर्धारित कर्म में कोई तब्दीली नहीं आने पायी।

आर्य और कामसूत्र

पुराणों के साथ जैसे ही आपका साक्षात्कार होता है, मिथकीय स्वरूप में आप जीवन के रंगों का परिचय प्राप्त करते हैं। वैदिक ग्रन्थ जहाँ मन्त्रों और उनकी शक्ति के गूढ़ अर्थों और रहस्य पर केन्द्रित रहे वहीं पुराण साहित्यिक रूप में ऐतिहासिक चरित्रों के प्रयोग के साथ उन मन्त्रों और उनके अर्थ को मिथकीय व कथात्मक रूप में ढालते रहे। इस तरह आर्य जाति की एक विशाल वैचारिक परम्परा की कथात्मक शृंखला या यूँ कहें कि एक विलयित परम्परा (वैदिक सूत्रात्मक शृंखला का विलयन) का आरम्भ हुआ।

आर्य जाति प्रकृति के उच्छ्वास के बीच पलने वाली एक समृद्ध और जीवन के प्रति आशावादी दृष्टिकोण रखने वाली रागपूर्ण जाति थी। उसने अपने जीवनानुभवों से चिन्तन और विचार परम्परा को समृद्धि के सोपान तक पहुँचाया था। मन्त्र और उनकी शक्तियों का अन्वेषण करने वाले आर्य प्रकृति की शक्तियों में गहरा विश्वास रखते थे। उनके लिए जीवन उमंग, उल्लास और संगीत का प्रतिनिधि था। हास, अनुराग और मृदंग की थाप उनके जीवन में रंग भरते थे। जीवन के सौन्दर्य पक्ष में विश्वास रखने वाली इस जाति ने हर रंग को भरपूर जीने की कोशिश की। उसका अन्वेषण किया फिर विचारों की एक समृद्ध परम्परा को जन्म दिया। जीवन्तता और समावेश का उल्लास उस सभ्यता के प्रत्येक अंग से छलकता है। फलतः उसने धर्म और अर्थ के साथ काम का अन्वेषण करने में भी झिझक नहीं दिखायी। उसके आनन्द, उत्कर्ष, उसके उत्थान और उसके विध्वंस की शक्तियों को समझा फिर बाँध दिया उसे मर्यादा में। वे समझते थे कि काम की शक्तियों को अगर ठीक तरीक़े से नहीं समझा गया और सामान्य प्रवाह में ही अगर मनुष्य बह गया तो वह किन विध्वंसक परिस्थितियों को समाज में जन्म देगा। (वही आज हमारे समाज में दिख भी रहा है, क्योंकि सभी तरह की शिक्षा की व्यवस्था है बस नहीं है तो सेक्स की, परिणाम कुण्ठित समाज और दिन–पर–दिन बढ़ते बलात्कार और लैंगिक अपराध के आँकड़े) लेकिन सब समझते हुए भी आरम्भिक दौर में उन्होंने कुण्ठा को अपने भीतर आने नहीं दिया। काम उनके लिए चिन्तन का विषय था कुण्ठा का नहीं।

दरअसल भारतीय चिन्तन परम्परा के विकास के समय सेक्स एक ऐसा विचार नहीं रहा होगा जिसके साथ बहुत अलगाव की ज़रूरत रही हो और अगर अलगाव रहा भी होगा तो कम–से–कम ग्लानि का भाव इसके साथ नहीं जुड़ा होगा। अन्यथा आर्यों के धर्म, दर्शन और अध्यात्म को साधने का भाव इसके साथ कभी नहीं जुड़ पता। प्राचीन आर्यों की सभ्यता निवृत्ति नहीं बल्कि प्रवृत्ति मार्गी रही है। "वैदिक युग के आर्य मोक्ष के लिए चिन्तित नहीं थे,

न वे संसार को असार मानकर उससे भागना चाहते थे।"[32] आर्य हमेशा ये मंगलगान करने वाली प्रजाति थी कि–

हम सौ वर्षों तक जियें।
हम सौ वर्षों तक अपने ज्ञान को बढ़ाते रहें।
हम सौ वर्षों तक पुष्टि और दृढ़ता को प्राप्त करें।
हम सौ वर्षों तक आनन्दमय जीवन व्यतीत करें।

मैं इन्द्र हूँ, मेरी पराजय नहीं हो सकती।

मेरे आराध्य देव!
आप तेजःस्वरूप हैं, मुझमें तेज को धारण कीजिए।
आप वीर्य–रूप हैं, मुझे वीर्यवान कीजिए।
आप बल–रूप हैं, मुझे बलवान बनाइए।
आप ओज रूप हैं, मुझे ओजस्वी बनाइए।[33]

यह विरक्ति और मोक्ष की परिकल्पना उपनिषदों से शुरू होती है। संन्यास, मोक्ष और निवृत्ति की भावना तो उपनिषदों में ही प्रकट होने लगी थी। आर्यों की मौलिक भावनाएँ ऋग्वेद तक ही अक्षुण्ण रहीं। उपनिषद् मूल आर्यों के ग्रन्थ नहीं हैं। वे उन भारतीय आर्यों की रचनाएँ हैं, जो स्थानीय प्राग्वैदिक संस्कृति से भली–भाँति प्रभावित होने लगे थे।[34]

यह सच है कि संसार को सत्य मानकर पूरी कर्मठता के साथ कर्म में प्रवृत्त होने वाली आर्य जाति धीरे–धीरे प्राग्वैदिक प्रभावों में आती चली गयी। दरअसल, आर्यों के यहाँ दुःख, मोक्ष और नरक की परिकल्पना उदासीन बेहद निराशाजनक स्थिति में थी ही नहीं लेकिन स्वर्ग की कामना वे ज़रूर करते थे। वैदिक विद्वान डॉ. मंगलदेव शास्त्री स्पष्ट लिखते हैं कि "बहुत से विद्वानों को भी यह जानकर आश्चर्य होगा कि वैदिक संहिताओं में 'मुक्ति', 'मोक्ष' अथवा दुःख शब्द का प्रयोग हमको एक बार भी नहीं मिला और 'नारक' शब्द का प्रयोग बस एक बार अथर्ववेद संहिता में आता है" ऐसे में आख़िर कौन–सी स्थिति रही होगी जब आर्यों जैसी जीवन्त, कर्मठ,

सम्भावनाशील और रागात्मक वृत्ति रखने वाली जाति निवृत्ति की ओर उन्मुख हुई। एक सम्भावना यह भी व्यक्त की गयी है कि सम्भवतः आर्यों का उत्साह और प्रवृत्तिमार्गी दृष्टिकोण, कदाचित् महाभारत के पूर्व तक अक्षुण्ण रहा था। महाभारत की हिंसा ने भारत के मन को चूर कर दिया। वहीं से, शायद यह शंका उत्पन्न हुई कि यह सद्धर्म नहीं है, और जीवन का ध्येय सांसारिक विजय नहीं प्रत्युत मोक्ष होना चाहिए। महाभारत की लड़ाई पहले हुई है उपनिषद् कदाचित् बाद में बने हैं।"[35]

इन तथ्यों के साथ आर्यों के सम्बन्ध में एक और तथ्य का यहाँ ज़िक्र किया जाना ज़रूरी है कि आर्यों की जीवन्त जाति में नारी की स्थिति पराधीनता की मानी जाती रही है। इसके विपरीत प्राचीन जातियों में किरात (जिनका उल्लेख यजुर्वेद और अथर्ववेद में आता है) कहीं ज़्यादा उन्मुक्त जाति थी। किरातों का सम्बन्ध पूर्वी चीन से माना जाता रहा है। वहीं से ये लोग तिब्बत, नेपाल, बर्मा, असम, उत्तरी बंगाल और उत्तरी बिहार में आये। इस जाति की ख़ूबी यह थी कि इसने शाक्त–मत के विकास में बड़ी भूमिका निभायी। सम्भवतः असम और बंगाल की वाममार्गी साधना के मूल में यही जाति है। चूँकि इनका उल्लेख वैदिक वांग्मय में है इसलिए इतना तो कहा ही जा सकता है कि यह जाति आर्यों की समकालीन थी। ऐसे में आर्य इनके प्रभाव में आने से बच गयें हो यह भी नहीं माना जा सकता।

यहाँ यह भी सम्भावना बनती है कि आर्यों की जीवन्त और चिन्तन प्रधान सभ्यता का काम सम्बन्धी व्यावहारिक चिन्तन (क्योंकि सैद्धान्तिक चिन्तन की चर्चा ऋग्वेद में है) किरातों से ही प्रेरित हुआ हो। क्योंकि शिव के किरात रूप की चर्चा और आर्य अर्जुन के शिव से दीक्षा (हालाँकि वह धनुर्विद्या की चर्चा है) लेने का उल्लेख भी पुराणों, महाभारत, एवं प्राचीन संस्कृत साहित्य में मिलता है। शिव के सम्बन्ध में एक सामान्य मान्यता रही है कि शिव आर्येत्तर देवता थे। कभी उनके क़बीलाई होने तो कभी उनके द्रविड़ होने सम्बन्धी मान्यताएँ व्यक्त की जाती रही हैं और शिव का किरात रूप तो

परम्परा से मान्य है ही। ऐसे में अगर शिव एक पद या परम्परा रहा हो (जैसा कि पिछले अध्याय में विभिन्न देवताओं के सम्बन्ध में ऐसी सम्भावना व्यक्त की गयी है) तो यहाँ हम मान सकते हैं कि एक शिव किरात जाति से भी रहे हों और उन शिव के अनुचर (या पदानुक्रम के अनुरूप) नन्दीश्वर ने 'कामसूत्र' की रचना की हो। कहते तो यह भी हैं कि शिव और पार्वती हज़ार वर्षों तक रमण करते रहे और नन्दीश्वर उसी का वर्णन कामसूत्र के एक हज़ार अध्यायों में करते हैं। तत्पश्चात इसी कामसूत्र को उद्दालक ऋषि के पुत्र श्वेतकेतु ने पाँच सौ अध्यायों में संक्षिप्त किया और कामाध्ययन की परम्परा चल पड़ी।

यह सच है कि वैश्विक सभ्यताएँ तब इस पक्ष में खुला और निर्द्वन्द्व दृष्टिकोण रखती होंगी क्योंकि ऐसा नहीं होता तो एक ही समय में तब जबकि भारत में वात्स्यायन कामसूत्र की रचना कर रहे थे ठीक उसी समय चीन में इसे आराधना के सोपान के रूप में इस्तेमाल नहीं किया जा रहा होता या फिर सन्त ऑगस्टीन 'कनफेशंस' नहीं लिख रहे होते। हालाँकि यह भी उतना ही बड़ा तथ्य है कि आदम और हौव्वा की कहानी में सन्तति को एक अपराध से जन्मा बताया गया है और मिथकीय स्वरूप में गढ़ा जाने वाला बाग़ और सेब दरअसल सेक्स, उसके आनन्द और उसके विध्वंस की ओर ही संकेत कर रहा है। सम्भवतः यहाँ यह संकेत किया जा रहा है कि कैसे यह एक तरफ़ आनन्द का विषय हो सकता है और दूसरी तरफ़ विध्वंस का।

तब जबकि काम कला के साथ दर्शन के रूप में भी स्थापित हो गया। अध्ययन के चार पक्षों धर्म, अर्थ, काम, मोक्ष में इसे एक महत्त्वपूर्ण और स्वतन्त्र अध्ययन व शोध के विषय के रूप में स्थापित किया गया। यह कुछ–कुछ वैसे ही था जैसे आधुनिक काल में पश्चिमी सभ्यता ने जैसे–जैसे जीवन के बाह्य पक्षों को समझा, सेक्स की पड़ताल के लिए वे भी आगे बढ़े। हालाँकि वहाँ घटनाएँ दूसरे ही तरीक़े से घटित हुईं लेकिन परिणाम यह हुआ कि चिकित्सा शास्त्र की शाखा के रूप में ब्रांच ऑफ़ सेक्सोलॉजी की स्थापना की गयी।

सन् 1885 में होमोसुक्अलिटी को लेकर यूरोप में क्रिमिनल लॉ एक्ट लागू किया गया और जल्द ही यह समूचे यूरोप में फैल गया। इसी क़ानून के तहत महान आइरिश लेखक ऑस्कर वाइल्ड को कारावास की कड़ी सज़ा दी गयी। जिस कारण बहुत कम उम्र (46) में ही वाइल्ड साहब की मौत भी हो गयी थी।

यूरोप में इस अध्ययन की शुरुआत 19वीं सदी में हुई। वर्ष 1870 में अर्नेस्ट बौल्टन और फ्रेड फैनी के नाम पर ट्रांसवेसटाईट संगठन का निर्माण होता है और एक भयंकर आन्दोलन उठ खड़ा हुआ। इस घटना के बाद ही वहाँ हर्सफील्ड और क्राफ्ट एबिंग के द्वारा सेक्स के वैज्ञानिक अध्ययन की पहल की गयी और 'साइकोपैथिया सेक्सुलिस' नाम से पहली सेक्सुअल पैथोलॉजी की किताब आयी और इस तरह चिकित्सा शास्त्र के अन्तर्गत सेक्सोलॉजी के अनुशासन की स्थापना हुई। इसकी शुरुआत ही ट्रांसजेंडर पर अध्ययन से हुई।

ऐसे ही प्राचीन समय में जीवन के पक्षों को समझते हुए 'मोक्ष' (वैदिक और औपनिषदिक अर्थों में न जाते हुए) यानी मानसिक शान्ति या फिर जीवन के सन्तुलन को बनाये रखने के लिए काम चिन्तन को अध्ययन के एक स्वतन्त्र और अन्तर्विषयक स्तम्भ के रूप में स्थापित किया गया था। जैसा कि इस अध्याय में इसके आरम्भ और विकास की थोड़ी चर्चा भी की गयी है। यहाँ विस्तार से चर्चा करते हुए हम कामसूत्र में हिजड़ा या हिजड़ी समुदाय के लिए निर्धारित औपरिष्टक प्रकरण के माध्यम से समझ सकेंगे कि कैसे इनके लिए निर्देश तैयार किये गये। पहले एक बार कामसूत्र की स्थितियों का मूल्यांकन देख लें।

भारतीय सभ्यता जैसे–जैसे आगे बढ़ी और अलग–अलग संस्कृतियों से इसका संस्पर्श हुआ। वैसे–वैसे इसकी अपनी संस्कृति और मान्यताओं में संक्रमण की स्थितियाँ उपजीं। कुछ परम्पराएँ, रस्म–रिवाज़ इससे जुड़े तो बहुत कुछ ऐसा था जो समय के साथ छूटता चला गया। कामसूत्र भी बिखरता हुआ लगभग–लगभग परिदृश्य से ग़ायब हो चुका था। हालाँकि खजुराहो, पुरी, कोणार्क

के शिल्प में इसकी झलक मिलती रही और मुग़ल दौर में भी क्षेत्रीय भाषाओं में इसके अनुवाद होते रहे फिर भी इसकी सामाजिक मान्यता लगभग–लगभग समाप्त होती चली गयी।

एक दौर ऐसा भी आया जब काम और कामसूत्र को लेकर बात करना चरित्रहीनता का पर्याय बनता चला गया और आज भी यह स्थिति बहुत अलग नहीं है। बन्द दरवाज़ों के भीतर हम अपनी कुण्ठा का हर पक्ष जीते हैं लेकिन इस पर अकादमिक रूप से खुलकर बात करने और शोध से कतराते हैं। नतीजतन सामाजिक विकृति हमारे सामने है। आधुनिक दौर में जब रिचर्ड फ्रांसिस बर्टन ने इसका अनुवाद विक्टोरियन राजनीतिक दबाव और सांस्कृतिक आभिजात्य के बिल्कुल विपरीत जाकर सन् 1883 में किया तब यह अंग्रेज़ी की सबसे ज़्यादा पायरेटेड किताबों में से एक बन गयी।

इसका प्रकाशन क़ानूनन मान्य नहीं था लेकिन यह सबसे ज़्यादा बिकने वाली किताबों में से एक हो गयी थी। बड़ी बात यह थी कि बर्टन ने बहुत सजगता और सावधानी के साथ इस शास्त्र को पुनर्जीवित किया था क्योंकि यह वह दौर था जब भारतीय संस्कृति के किसी भी पक्ष का गुणगान अंग्रेज़ी सरकार को मान्य नहीं था। फिर एक लम्बी परम्परा अनुवाद और पुनरुत्थान की चल पड़ी। यह कुछ वैसा ही था जैसे मैक्समूलर वेदों को जीवित कर रहे थे। हालाँकि मैक्समूलर भारत में भी मान्य हुए लेकिन बर्टन को खोजने के लिए आज भी थोड़ा प्रयास करना पड़ता है। आगे बीसवीं शताब्दी के अस्सी–नब्बे के दशक में इन्द्र सिन्हा फिर 2012 में वेंडी डोनेगर, सुधीर कक्कड़ आदि कुछ महत्त्वपूर्ण नाम आते हैं इस क्षेत्र में।

भारतीय पक्ष से हम आधुनिक दौर में ओशो का नाम यहाँ रख सकते हैं जिन्होंने सेक्स के दर्शन को समझा और आधुनिक दौर में उसे सामाजिक मान्यता दिलाने की कोशिश की। हालाँकि उनके यहाँ विश्लेषण सम्बन्धी कुछ विरोधाभास भी है। उन्होंने सेक्स को शरीर, मन और आत्मा (Spiritual) के स्तर पर मानते हुए यह भी लिखा है कि "पूरब की बजाय पश्चिम का सेक्स का अनुभव ज़्यादा गहरा है"[36]

और यह कि "वात्स्यायन से लेकर पंडित कोक तक जिन लोगों ने भी इस तरह के शास्त्र लिखे हैं वे शरीर के तल से गहरे नहीं जाते" और अन्त में वे तिलस्मी अहसास देती–सी यह घोषणा करते हैं कि "लेकिन मैं जिस सेक्स की बात कर रहा हूँ, वह तीसरा तल है। वह न आज तक पूरब में पैदा हुआ है, न पश्चिम में। वह तीसरा तल है–(Spiritual)। वह तीसरा तल है–आध्यात्मिक।"[37]

यहाँ यह कहना ग़लत न होगा कि वात्स्यायन भी इस क्षेत्र में तब उतरते हैं जब पहले का कामशास्त्र बिखर गया था। यानी वात्स्यायन के आने से पहले ही एक विशाल परम्परा मौजूद थी। वात्स्यायन की स्थिति कामशास्त्र के दो सम्प्रदायों और विविध अधिकरणों के संयोजक के रूप में आती है। यानी कामशास्त्र उससे कहीं पहले विकसित हो चुका था और तत्समय बिखराव और अराजकता की स्थिति में था। इससे भी बड़ी बात यह कि कामाध्ययन का एक पूरा–का–पूरा अनुशासन विकसित नहीं हुआ होगा जब तक कि काम दर्शन की उच्चता के रूप में परिणत न हो गया होगा और साधारण–सी बात यह है कि हम पोर्न देखकर शारीरिक भंगिमाएँ जान सकते हैं, प्रेम और इन सम्बन्धों के उच्च और आत्मिक भावों को नहीं। कोई भी व्यक्ति इन स्तरों पर जाकर उतना गहन निष्कर्ष तब तक नहीं दे सकता (जैसा वात्स्यायन देते हैं) जब तक कि उसकी मानसिक और वैचारिक स्थिति बहुत श्रेष्ठ न हो। अन्यथा हम पोर्न ही बना सकते हैं कामशास्त्र नहीं।

इससे भी बड़े आश्चर्य की बात है कि ओशो खजुराहो, कोणार्क, पुरी आदि के मन्दिरों और शिल्पकला पर भी मुग्ध हैं और उसके दर्शन पर भी और आगे जाकर यह भी स्वीकार करते हैं कि "जो मैं कह रहा हूँ वह कहाँ तक सच है, तो सिर्फ़ एक दिशा में खोज हो सकती है, वह दिशा है तन्त्र। और तन्त्र के बाबत हमने हज़ारों साल से सोचना बन्द कर दिया है।"[38] हमें यहाँ यह भी समझना होगा कि तन्त्र परम्परा का बृहद् रूप (बीजरूप नहीं) वात्स्यायन के बाद में विकसित होता है। लेकिन यहाँ काम के स्वतन्त्र चिन्तन की एक कड़ी किरात जाति के साथ ज़रूर जुड़ती है।

सम्भव है कि किरातों की परम्परा से ही कामसूत्र के आधार तत्त्वों का आर्य सभ्यता से संक्रमण हुआ होगा जो आगे चलकर तन्त्र साधना के विकास में सहयोग करती है। यानी कामशास्त्र की अध्ययन परम्परा और वात्स्यायन, किरात और तन्त्र परम्परा के बीच की कड़ी हैं।

कामसूत्र में अनुश्रुति है कि जगत्पिता ब्रह्मा ने मानव–जीवन को नियमित और व्यवस्थित बनाने के उद्देश्य से धर्म, अर्थ और काम के साधनभूत एक लाख अध्यायों का संविधान तैयार किया। इस विशाल संविधान से मनु ने धर्मविषयक अंश को अलग कर मनुस्मृति की रचना की। बृहस्पति ने अर्थविषयक अंश को लेकर बार्हस्पत्य अर्थशास्त्र की रचना की और महादेव के अनुचर नन्दी या नन्दिकेश्वर ने कामविषयक अंश को लेकर एक हज़ार अध्यायों वाले कामसूत्र की रचना की। इस प्रकार तीन अलग–अलग अध्ययनों की नींव पड़ी। नन्दिकेश्वर के कामसूत्र के एक हज़ार अध्यायों को फिर श्वेतकेतु ने पाँच सौ अध्यायों में संक्षिप्त किया। इसके पश्चात पांचाल निवासी बाभ्रव्य ने उसे डेढ़ सौ अध्यायों में संक्षिप्त किया और अधिकरणों में बाँट दिया। साधारण, साम्प्रयोगिक, कन्यासम्प्रयुक्तक, भार्याधिकारिक, पारदारिक, वैशिक और औपनिषदिक। इस प्रकार विषय विभाजन के साथ ही इस काल में काम चिन्तन की स्वतन्त्र परम्परा भी चल पड़ी।

कहते हैं वैशिक अधिकरण का सम्पादन करने वाले दत्तकाचार्य ने पाटलिपुत्र की वेश्याओं की कला को समझने का प्रयास किया और उनके पास आने–जाने लगे। फिर वेश्याओं ने यह आग्रह किया कि उन्हें पुरुषों को प्रसन्न करने के उपाय बतायें और इस आग्रह को ध्यान में रखते हुए ही दत्तकाचार्य ने वैशिक प्रकरण को सम्पादित किया था।

दत्तकाचार्य के सम्बन्ध में एक दन्तकथा यह थी कि वे जब गर्भ में थे, तब किसी शाप के कारण वे स्त्री हो गये थे। बाद में समय आने पर वर प्राप्त करके पुरुष हो गये। इसी कारण वे स्त्री और पुरुष दोनों के ही भावों को जानते थे, अतः उन्होंने दोनों के भावों को

अपनी दृष्टि में रखकर यह वैशिक अधिकरण अलग किया था। यह बात किस हद तक सही है, कह नहीं सकते। लेकिन जहाँ आचार्य बाभ्रव्य का कामशास्त्र बहुत विशाल होने के कारण अध्येताओं के लिए दुरूह बना रहा वहीं दत्तक एवं अन्य आचार्यों (इनकी चर्चा ऊपर की गयी है) का कामशास्त्र एकांगी विवेचन को लिए हुए था। फलतः आचार्य वात्स्यायन ने सर्वांगीण अध्ययन को ध्यान में रखकर कामसूत्र का प्रणयन किया। यद्यपि महर्षि वात्स्यायन वैयक्तिक स्वतन्त्रता के पक्षधर अवश्य हैं लेकिन उच्छृंखलता के नहीं। उन्होंने काम के ऊपर मर्यादित प्रतिबन्धों की अनिवार्यता को अवश्य स्वीकार किया है।

काम सम्बन्धों की एकनिष्ठता उन्हें मान्य रही है। सम्भवतः यह आर्य गुणों का प्रभाव था। हालाँकि ऋग्वेद में ऐसे भी मन्त्र मिलते हैं जो काम की प्रथम उत्पत्ति और उसके आधिपत्य की स्पष्ट घोषणा करते हैं। (13, रामानन्द शर्मा) जो भी हो अगर हम उतना पीछे न जायें और वात्स्यायन के समय से देखें (इसके पूर्व की संक्षिप्त चर्चा ऊपर की जा चुकी है) तो वात्स्यायन के सन्दर्भ में यह मान्यता भी रही है कि मगध सम्राट चन्द्रगुप्त मौर्य के महामन्त्री चाणक्य ने ही कौटिल्य के नाम से 'अर्थशास्त्र', चाणक्य के नाम से 'नीतिशास्त्र' और वात्स्यायन के नाम से 'कामसूत्र' की रचना की। रचनाकार के सम्बन्ध में जो भी मत स्थिर हो पर यह स्पष्ट है कि 'कामसूत्र' इस परम्परा का सर्वश्रेष्ठ ग्रन्थ है। न तो इसके पूर्व के ग्रन्थ इतने व्यवस्थित थे और न इसके बाद आने वाले। वात्स्यायन के बाद के कुछ ग्रन्थ जो आज भी उपलब्ध हैं उनमें कोक प्रणीत 'रतिरहस्य' ही स्थान बना सकी। इसके अलावा पद्मश्री प्रणीत 'नागरसर्वस्व', दामोदरगुप्त प्रणीत 'कुट्टनीमतं काव्यं', ज्योतिरीश्वर रचित 'पंचसायक', कल्याणमल्ल रचित 'अनंगरंग' तथा क्षेमेन्द्र प्रणीत 'समय मातृका' आदि प्रकाश में हैं।

कामसूत्र में निर्देशित औपरिष्टक प्रकरण

कामसूत्र में कुल सात अधिकरण, छत्तीस अध्याय, चौंसठ प्रकरण और एक हज़ार दो सौ पचास सूत्र हैं। कामसूत्र के सात अधिकरण क्रमशः

साधारण, सम्प्रयोग, कन्यासम्प्रयुक्त, भार्याधिकारिक, पारदारिक, वैशिक एवं औपनिषदिक हैं। प्रथम अधिकरण 'साधारण' है। इसमें पाँच अध्याय और पाँच प्रकरण हैं। यह अधिकरण कामसूत्र की पूर्वपीठिका है। दूसरा अधिकरण 'साम्प्रयोगिक' है। इस अधिकरण में दस अध्याय और सत्रह प्रकरण हैं। इसमें स्त्री–पुरुष सम्भोग की विधियाँ वर्णित हैं। इसी अधिकरण का नवाँ अध्याय 'औपरिष्टक प्रकरण' है जो मुख्यतः किन्नर समुदाय पर केन्द्रित है। कामसूत्र का तृतीय अधिकरण 'कन्यासम्प्रयुक्तक' है। इस अधिकरण में पाँच अध्याय और नौ प्रकरण हैं। इस अधिकरण में मूल रूप से अविवाहित कन्या के चुनाव से विवाह तक की स्थितियों का वर्णन है। चतुर्थ अधिकरण 'भार्याधिकारिक' है। इसमें पति के पत्नी और पत्नी के पति के प्रति कर्तव्यों की चर्चा की गयी है। पंचम अधिकरण पारदारिक है। इसमें छह अध्याय और दस प्रकरण हैं। इस अधिकरण में परस्त्री और परपुरुष के प्रेम सम्बन्धों की गहन विवेचना की गयी है। छठा अधिकरण वैशिक है। इसमें छः अध्याय और बारह प्रकरण हैं। इसमें वेश्याओं को मार्गदर्शन दिया गया है। सातवाँ और अन्तिम अधिकरण 'औपनिषदिक' है। इसमें दो अध्याय और छह प्रकरण हैं। यह कामसूत्र का परिशिष्ट मात्र है।

कामसूत्र के दूसरे अधिकरण के नवें अध्याय के रूप में औपरिष्टक प्रकरण की चर्चा की गयी है। औपरिष्टक का सामान्य रूप से अर्थ मुख मैथुन (ओरल सेक्स) होता है। यह एक जुगुप्सित मैथुन की प्रक्रिया मानी गयी है। इसका सम्बन्ध मुख्य रूप से तृतीय प्रकृति से बताया गया है। सामान्य स्त्री–पुरुषों के लिए इस प्रकार के सम्बन्ध को वर्जित बताया गया है। आलिंगन से लेकर विपरीत रति तक चारों प्रकार की नायिकाओं कन्या, पुनर्भु, वेश्या और परकीया के विषय में बताने के बाद वात्स्यायन तृतीय प्रकृति के लिए 'तृतीय प्रकृति : पंच्मीत्येके' अर्थात् नपुंसक को पाँचवीं नायिका के रूप में स्वीकार करते हैं।

वात्स्यायन लिखते हैं–

द्विविधा तृतीयाप्रकृतिः स्त्रीरूपिणीपुरुषरूपिणी च।

तृतीय प्रकृति के दो भेद हैं–एक स्त्री रूपधारी और दूसरा पुरुष रूपधारी। तृतीय प्रकृति को नपुंसक कहते हैं। एक स्तन आदि से युक्त होने के कारण स्त्री–जैसा होता है, दूसरा मूँछ–दाढ़ी आदि होने से पुरुष जैसा। इन दोनों की जीविका के लिए औपरिष्टक का विधान है। डॉ. रामानन्द शर्मा स्पष्टीकरण देते हुए लिखते हैं–"जो न पुरुष है और न स्त्री, उसे नपुंसक कहते हैं। वस्तुतः पुरुष या स्त्री होते हुए भी उपस्थ (लिंग) विषयक दोष के कारण ये नपुंसक कहलाते हैं। जिस पुरुष का शिश्न ही न हो, अथवा इतना छोटा हो कि वह समागम में असमर्थ रहे, वह नपुंसक है।

इसी प्रकार जिस स्त्री की योनि ही न हो अथवा इतनी छोटी हो कि समागम में असमर्थ रहे, वह नपुंसक है। महर्षि वात्स्यायन ने इन्हें ही क्रमशः पुरुषधारी और स्त्री रूपधारी नपुंसक कहा है। हिन्दी भाषा में इन्हें क्रमशः हिजड़ा और हिजड़ी कहते हैं।" (साम्प्रयोगिकं द्वितीयमधिकरणम् नवमोऽध्यायः कामसूत्रम् वात्स्यायन, हिन्दी टीकाकार डॉ. रामानन्द शर्मा, पृ. 510)

वात्स्यायन आगे लिखते हैं–

सा ततो रतिमाभिमानिकीं वृत्तिं च लिप्सेत।।4।। (पृ. 511)

स्त्रीरूपिणी नपुंसक नायिका औपरिष्टक कर्म अर्थात् मुखमैथुन से रतिसुख प्राप्त करती हैं और अपनी जीविका चलाती है। यहाँ वात्स्यायन इनकी जीविका के रूप में इस कर्म का उल्लेख करते हैं जबकि वात्स्यायन औपरिष्टक कर्म को वेश्याओं के अतिरिक्त पति–पत्नी के सम्बन्ध में वर्जित मानते हैं। इस प्रकार के कर्म करने वालों में वे परिचारक, दास, महावत, नागर व वेश्याओं का उल्लेख करते हैं। लेकिन सीधे–सीधे कहते हैं कि संसार में, समाज में कुछ ऐसे लोग भी होते हैं जो शुचि–अशुचि, उचित–अनुचित, कर्तव्य–अकर्तव्य का विचार नहीं करते और चुम्बन, औपरिष्टक (मुखमैथुन) और रतिक्रिया में प्रवृत्त रहते हैं। इसी प्रकार कुछ ऐसे देश हैं जहाँ इस प्रकार के कुकर्म करने की परम्परा है। हालाँकि उस समय भी समाज में हिजड़ा समुदाय के लिए आजीविका की कोई अन्य वृत्ति नहीं थी। इसलिए वे हिजड़ा समुदाय के लिए इस प्रकार से जीवनयापन को सही मानते हैं।

स्त्री रूपधारी नपुंसक (हिजड़ी)

ऊपर स्त्री रूपधारी और पुरुष रूपधारी नपुंसक की चर्चा की गयी है। स्त्री रूपधारी नपुंसक के सम्बन्ध में वात्स्यायन लिखते हैं–

इनमें जो स्त्री रूपधारी नपुंसक (हिजड़ी) है, उसे स्त्रियों की वेशभूषा, बोलचाल, लीला, भाव, मृदुता, भीरुता, मुग्धता, असहिष्णुता, और सज्जलत्ता का अनुकरण करना चाहिए।। 2।।

इनमें जो स्त्री रूपधारी हैं, उसे अपना स्त्रीत्व दिखाने के लिए सभी स्त्री धर्मों का अनुकरण करना चाहिए। उसे स्त्रियों के समान ही केशसज्जा करनी चाहिए और उसी प्रकार वस्त्र धारण एवं श्रृंगार करना चाहिए, स्त्रियों के समान ही धीमी आवाज़ में बोलना चाहिए, उन्हीं के समान मन्द–मन्द गमन और हाव–भावों का प्रदर्शन करना चाहिए। स्त्रियों के ही समान सुकुमारता, भीरुता, सरलता, असहिष्णुता और सलज्जता धारण करनी चाहिए।

औपरिष्टक का स्वरूप

औपरिष्टक का स्वरूप विवेचन करते हुए वात्स्यायन लिखते हैं–

तस्या वदने जघनकर्म। तदौपरिष्टकमाचक्षते।।3।। (पृ. 511)

नपुंसक के मुख में जो मैथुन किया जाता है, उसे ही औपरिष्टक कहते हैं।

पुरुष लिंग और स्त्री योनि सम्भोग के दौरान जो कर्म करता है, वह कर्म स्त्री रूपधारी नपुंसक (हिजड़ी) के मुख में करना ही औपरिष्टक कहलाता है। ऊर्ध्व होकर जो कर्म मुख में सम्पन्न किया जाये, वह औपरिष्टक है।

औपरिष्टक का फल

सा ततो रतिमाभिमानिकीं वृत्तिं च लिप्सेत।।4।। (पृ. 512)

ऐसी हिजड़ी आलिंगन, चुम्बन, कुचमर्दन आदि उपक्रियाओं से अभिमानिकी (संकल्प मात्र से होने वाली) रति का सुख प्राप्त करे और औपरिष्टक कर्म द्वारा अपनी जीविका भी चलाये, यानी आलिंगन

आदि उसकी सुखानुभूति के साधन हैं और औपरिष्टक कर्म जीविका का साधन है।

जो स्त्री रूपधारी नपुंसक (हिजड़ी) है, वह आलिंगन, चुम्बन, कुचमर्दन आदि उपक्रियाओं से रतिसुख प्राप्त करे। अभिमानिकी प्रीति को दर्शाये। औपरिष्टक कर्म से आजीविका चलानी चाहिए। इससे जो भी धन मिल जाये, वही जीवनयापन का साधन बने।

वात्स्यायन लिखते हैं–

वेश्यवच्चरितं प्रकाशयेत। इति स्त्री रूपिणी।। 5।। (पृ. 512)

उसे वेश्या के समान ही आचरण करना चाहिए।

यह स्त्री रूपधारी (हिजड़ी) वेश्या के समान ही आचरण करती हुई, गम्यों के साथ औपरिष्टक कर्म में प्रवृत्त होती हुई रति और धृति को प्राप्त करती है।

पुरुष रूपधारी नपुंसक (हिजड़ा)

पुरुष रूपधारी (हिजड़ा, जिनके दाढ़ी–मूँछ होते हैं) तृतीय प्रकृति पुरुष जैसी आकृति होने के कारण अपनी कामनाओं को छिपाये रखता है, किन्तु रति के लिए चाहता पुरुष को ही है अतएव उसे मर्दन और संवाहन–मालिश और हाथ–पैर दबाने का कार्य करना चाहिए।

नपुंसक स्त्री रूपधारी हो या पुरुष रूपधारी, रतिरूप औपरिष्टक दोनों में समान है परन्तु दोनों के चरित्र में अन्तर है। वह भी आलिंगन, चुम्बन आदि के सुख को चाहता है, लेकिन उसकी कामनाएँ छिपी हुई ही रहती हैं। पुरुष के समान आकृति होने के कारण उसके साथ कोई सहसा सम्प्रयोग नहीं कर सकता, अतः वह रति सुख प्राप्ति की इच्छा करते हुए भी कह नहीं पाता। अतः उसे मर्दन और संवाहन (मालिश और हाथ–पैर दबाना) से अपनी आजीविका चलानी चाहिए।

इसके बाद वात्स्यायन उसकी परिस्थितियों का विचार करते हुए कहते हैं कि संवाहन कर्म करने पर भी विश्वास के अभाव में रति कैसे प्राप्त करेगा, अतः विश्वास प्राप्त करने की रीति कहते हैं–

संवाहने परिष्वजमानेव गात्रैरूरू नायकस्य मृदनीयात।।4।।

संवाहन कर्म में अपने शरीर से लगाते हुए ही नायक की जाँघें दबानी चाहिए। संवाहन कर्म में, लेटे हुए नायक की जाँघों को अपने शरीर से लगाते हुए ही दबाना चाहिए। चूँकि अभी विशेष परिचय नहीं हुआ है, इसलिए अपनी भावनाओं को छिपाते हुए अधिक नहीं करना चाहिए।

इस प्रकार धीमे–धीमे विश्वास में लेने के बाद ही वात्स्यायन पुरुष रूपधारी नपुंसक को औपरिष्टक कर्म में प्रवृत्त होने की अनुमति देते हैं। साथ में यह भी निर्देश देते हैं कि तृतीय प्रकृति को मुखमैथुन के पहले नायक से विवाद करना चाहिए और फिर बहुत ही कठिनाई से औपरिष्टक के लिए तैयार होना चाहिए। भले ही नायक ने यह समझ लिया हो कि यह नपुंसक मुखमैथुन कराता है और नायक इसके लिए कहे फिर भी उसे आसानी से सहमति नहीं देनी चाहिए। लेकिन यहाँ वात्स्यायन यह भी निर्देश देते हैं कि यदि नपुंसक स्त्री रूपधारी है तो वह काम का प्रकट चिह्न है, इसलिए उसे तो बिना प्रेरित हुए भी सभी उपक्रम प्रारम्भ कर देने चाहिए।

इसके बाद वात्स्यायन औपरिष्टक के आठ भेदों की चर्चा करते हैं और यह निर्देश देते हैं कि इन आठों क्रियाओं को नपुंसक अपनी मनोवृत्ति के अनुरूप नहीं बल्कि नायक के अभिप्राय के अनुरूप ही करे।

ये आठ भेद इस प्रकार हैं–

निमित

पार्श्वतोदष्ट

बहिर्सन्दंश

अन्तःसन्दंश

चुम्बितक

परिमृष्टक

आम्रचूषितक

संगर

आठों प्रकारों के विशद विवेचन के साथ ही कामसूत्र का 'औपरिष्टक प्रकरण' समाप्त हो जाता है और बहुत सारे प्रश्न हमारे सामने छोड़ जाता है। सबसे पहले तो यह कि सेक्स सभ्यता की आधारभूमि है लेकिन क्या सिर्फ़ इस वजह से ही एक पूरी–की–पूरी मानवीय स्थिति को नकार देना किस हद तक सही है? आगे आने वाले शोधकर्ता कई प्रकार के निष्कर्ष दे सकते हैं कि हिजड़ा समुदाय को समाज से बहिष्कृत करने के और भी कई कारण हैं। तमाम कारणों की संख्याएँ गिनवायी जा सकती हैं। लेकिन पूरे दावे के साथ कहा जा सकता है कि 'तृतीय प्रकृति' को समाज से बहिष्कृत करने का आधार कारण 'सेक्स' ही है। वात्स्यायन यह निर्णय तो देते हैं कि जो इस कर्म में लिप्त हैं उन्हें अपनी आजीविका इसी प्रकार चलानी चाहिए लेकिन प्रकारान्तर से 'आजीविका' इस प्रकार से चलाये जाने की सम्भावना व्यक्त करना भी अपने आप में बड़े सवालों को खड़ा करता है। वर्तमान सभ्यता के आरम्भिक दौर में ही इस तरह की चर्चा आना और जिसकी परिणति हम आज तक की ट्रांसजेंडर सम्बन्धी जड़ स्थितियों में देखते हैं कितना सही है? क्या स्त्री और पुरुष जब सम्भोग करते हैं तो यह उनकी आजीविका की शर्तों तक पहुँचता है–नहीं। यह सभ्यता, संस्कृति और परम्परा के महान आदर्शों के साथ जुड़ जाता है। वेश्यावृत्ति को यहाँ आप कह सकते हैं लेकिन आप और हम सभी जानते हैं कि वेश्यावृत्ति भी सामान्य परिस्थितियों में नहीं पनपती है। स्वेच्छा का तो वेश्यावृत्ति से कोई सम्बन्ध ही नहीं है। फिर केवल यौनांग सम्बन्धी दोषों या यौनांग से विपरीत सेक्स मान्यताओं के कारण एक बड़ी जनसंख्या (वर्तमान भारत में जनसंख्या सम्बन्धी सेन्सस 2011 के आंकड़ों के अनुसार 4.88 लाख) को समाज से बहिष्कृत कर देना किस हद तक उचित है, हमें एक बार समझना होगा।

(यह सम्पूर्ण अध्याय वात्स्यायन के कामसूत्र की टीका–डॉ. रामानन्द शर्मा, चौखम्बा कृष्णादास अकादमी, द्वि.सं., वाराणसी के आधार पर लिखा गया है।)

अध्याय पाँच

किन्नर : सामाजिक संघर्ष एवं स्वीकार्यता

दरअसल लगातार संघर्ष के बाद 15 अप्रैल 2014 को सुप्रीम कोर्ट के के. एस. राधाकृष्णन और ए. के. सीकरी की खण्डपीठ ने हिजड़ा समुदाय को लेकर ऐतिहासिक फ़ैसला दिया। संविधान के अनुच्छेद 19 (1) के तहत केन्द्र और राज्य सरकारों को किन्नरों की निजता और वैयक्तिक स्वतन्त्रता को बनाये रखने की हिदायत दी गयी। वास्तव में सुप्रीम कोर्ट का यह फ़ैसला हिजड़ा समुदाय को एक नयी ज़िन्दगी देने जैसा था।

बी.बी.सी. की योगिता लिमये ने कोर्ट के इस महत्त्वपूर्ण फ़ैसले के कुछ बिन्दुओं को अपनी रिपोर्ट (India Court recognizes transgender people as third gender–BBC) में इस प्रकार शामिल किया है–

"जस्टिस के.एस. राधाकृष्णन के अनुसार ट्रांसजेंडर को तीसरी प्रकृति के रूप में मान्यता देना एक सामाजिक और चिकित्सकीय मुद्दा नहीं बल्कि मानवीय मुद्दा है।"

"संविधान की आत्मा प्रत्येक नागरिक को जाति, धर्म और लिंग का विचार किये बिना उनकी ऊर्जा के विकास को समान अवसर प्रदान करती है।"

वास्तव में इस पूरे प्रकरण में शुरू से अन्त तक संघर्षरत लक्ष्मीनारायण त्रिपाठी ख़ुद भी किन्नर थीं। यह सच है कि नालसा मामले में सुप्रीम कोर्ट के इस फ़ैसले से किन्नर समाज को लेकर

दिशा और दशा में कई बदलाव लाये हैं। फिर 6 सितम्बर 2018 को सुप्रीम कोर्ट की ही धारा 377 के तहत LGBTQ के पक्ष में दिये गये फ़ैसले ने पूरी की पूरी दिशा को एकबारगी मोड़ने की कोशिश की। लेकिन क्या सुप्रीम कोर्ट के इस फ़ैसले के बाद सामाजिक सच्चाई में कोई फ़र्क़ पड़ा है? भारत की मुख्यधारा की जनसंख्या ने इन्हें कितना अपनाया है? क्या कोर्ट का फ़ैसला सिर्फ़ फ़ैसला भर है या इसने सामान्य जन के जीवन, सोच और उनकी मान्यताओं पर कोई असर भी डाला है? या आज भी सब कुछ पहले जैसा ही है। क्या यह अभी शिक्षित समाज के सिर्फ़ बातचीत के दायरे तक सीमित है या सच में लोगों में इस समाज को लेकर कुछ जागरूकता आयी है? ख़ुद किन्नर समाज इस फ़ैसले से कहाँ तक प्रभावित हुआ? क्या उन्हें इन बातों से कोई फ़र्क़ पड़ा? उनकी मान्यताओं और विश्वासों में कोई बदलाव आया? उनके जीवन में बदलाव आया या उनकी रोज़मर्रा की ज़िन्दगी आज भी पहले जैसी ही है? क्या आज वर्तमान समाज के प्रति इनके अन्दर कोई विश्वसनीयता आ पायी है? या अभी भी सब कुछ पहले जैसा ही है?

अभी तक के अध्यायों में हमने लिंग सम्बन्धी अवधारणा, किन्नर समुदाय के जीववैज्ञानिक, पौराणिक एवं कामशास्त्रीय अध्ययन के माध्यम से हिजड़ा समुदाय की उत्पत्ति, जुड़ाव, उसके विलगाव और संघर्षों को देखा। इस अध्याय में हम उनके सामाजिक संघर्ष और स्वीकार्यता को एक सर्वेक्षण के माध्यम से समझने की कोशिश करेंगे। यह सर्वेक्षण मुख्य रुप से दो भागों में बँटा है और फिर उसके कई छोटे–छोटे उपभाग हैं–

1. समाज

(क) शिक्षित युवा
(ख) शिक्षित युवती
(ग) अशिक्षित समाज (युवा व प्रौढ़)
(घ) शिक्षित समाज (चालीस से ऊपर)

2. हिजड़ा समाज

(क) शिक्षित हिजड़ा

(ख) अशिक्षित किन्नर

क्षेत्र–उत्तर प्रदेश (वाराणसी और आसपास), बिहार

सबसे पहले हम सामाजिक मान्यताओं को देखें। सुप्रीम कोर्ट या उच्चतम न्यायालय जब भी कोई फ़ैसला देती है सामान्य जनता उस पर पूरा भरोसा दिखाती है। एकाएक कोई मुद्दा बहस के घेरे से ऊपर जाकर निर्णायक रूप से स्वीकृत हो जाता है। वह फ़ैसला बहुत हद तक सही–ग़लत के दायरे से बाहर बस स्वीकृति के दायरे में होता है। आज भी राजनीतिक अविश्वसनीयता और विरोधाभास के दौर में भी न केवल बड़े राजनीतिक गलियारों बल्कि सामान्य जन का सहज विश्वास सुप्रीम कोर्ट और न्यायपालिका के निर्णय के प्रति पूरा–पूरा होता है। ऐसे में यह बड़ा सवाल है कि थर्ड जेंडर को जब सुप्रीम कोर्ट ने सामाजिक स्वीकृति दी तब सामान्य जन और ख़ुद किन्नर समाज की उसके प्रति क्या प्रतिक्रियाएँ हैं? इस तथ्य को ध्यान में रखते हुए इस सर्वेक्षण में 90 लोगों को शामिल किया गया। इनमें तीस युवाओं को सम्मिलित किया गया, जिनकी उम्र 20–35 वर्ष के बीच रही है। इसमें 15 युवक और 15 युवतियाँ थी। 20 ऐसे लोगों को भी शामिल किया गया है जो रिक्शा, ठेला चलाते हैं, चाय बेचते हैं, खेतों में काम करते हैं, वैसी स्त्रियाँ भी हैं जो दूसरे के घरों में बर्तन माँजने का काम करती हैं। इसमें युवा और प्रौढ़ दोनों हैं।

फिर इसमें तीसरा वर्ग उन लोगों का है जिनकी उम्र 40 से ऊपर रही है। इनकी संख्या 15 थी। इनमें कुछ विश्वविद्यालयों से आते हैं और कुछ सामान्य नौकरीपेशा लोग हैं। इसके बाद चौथा वर्ग हिजड़ा समुदाय और थर्ड जेंडर से अन्य लोगों का है। नाम न लेने की शर्त पर ख़ुद किन्नर समुदाय से 5 की संख्या में शिक्षित किन्नर हैं (क्योंकि इसमें ऐसे लोग हैं जो सामान्य समाज में रह रहे हैं लेकिन अपनी लैंगिकता को ज़ाहिर नहीं करते हैं और कुछ ऐसे

भी हैं जिनकी लैंगिकता तो ज़ाहिर है लेकिन वे खुलकर बात करने के मामलों में बचते हैं) और लगभग इतनी ही संख्या में ऐसे किन्नर हैं जिन्हें समाज से निकाल दिया गया है, शामिल किया गया है। उनसे हुई बातचीत के आधार पर हम विभिन्न पहलुओं को समझने की कोशिश करेंगे।

शिक्षित युवा वर्ग	शिक्षित युवतियाँ
1. राजा रामचन्द्र पाठक	आकांक्षा कुशवाहा
2. साकेत बिहारी पाण्डेय	अंकिता उपाध्याय
3. अवनीश कुमार	आस्था सिंह
4. पुष्पेश कश्यप	निकिता श्रीवास्तव
5. राजीव कुमार वर्मा	नताशा सिन्हा
6. चन्द्रकान्त सिंह	स्पृहा सिंह
7. पवन मुलानी	प्रज्ञा चतुर्वेदी
8. मनीष जैन	नेहा सिंह
9. संजीव कुमार	नेहा श्रीवास्तव
10. अमित सिंह	रोहिणी सिंह
11. रजनीश कुमार	नेहा कुमारी
12. वरुण कुमार	
13. इन्द्रजीत पाण्डेय	
14. राजीव पाण्डेय	
15. अरविन्द	
16. संजीव कुमार	
17.	
18.	
19.	
20.	

40 से ऊपर

1. प्रो. चन्द्रकला त्रिपाठी	9. शशि शेखर
2. प्रो. वसिष्ठ नारायण त्रिपाठी	10. सतीश कुमार श्रीवास्तव
3. प्रो. बलिराज पाण्डेय	11. जयराम सिंह
4. प्रो. ध्रुव सिंह	12. स्मृता राय
5. प्रो. के. जी. चौधरी	13. सन्तोष राय
6. सीमा सिंह	14. नीरज श्रीवास्तव
7. संजय सिंह	15.नीरज कुमार
8. सुषमा सिंह	

नोट : कुछ नामों को निर्दिष्ट नहीं किया गया है लेकिन इनकी प्रतिक्रियाओं से अवगत कराया जायेगा क्योंकि इनकी प्रतिक्रिया बेहद नकारात्मक और अपमानजनक थी। लेकिन वह भी एक सामाजिक विचार है इसलिए तथ्यात्मक रुप से हम इनका विश्लेषण करेंगे।

1. समाज

शिक्षित युवक/युवती (क और ख)

कोर्ट के फ़ैसले के बाद युवाओं के इस वर्ग से जब यह पूछा गया कि आप LGBTQ और उनके मामलों से किस हद तक परिचित हैं तो यह जानकर अच्छा लगा कि युवाओं का समूह औसतन उनके बारे में और उनकी समस्याओं से परिचित था। हालाँकि कुछ एक ऐसे युवा और युवतियाँ जो विश्वविद्यालय से जुड़े हुए थे, उन्हें इस शब्द के बारे में कुछ भी पता नहीं था। लेकिन हिजड़ा या किन्नर समुदाय का नाम लेने पर उन्हें बातें ज़रूर समझ में आयीं फिर भी वे उनके लिए दूसरी दुनिया के लोगों जैसे थे। ऐसी दुनिया के लोग जिन्हें उन लोगों ने सिर्फ़ जन्मोत्सवों पर बधाई गाने वाले या भीख माँगने वाले के तौर पर कभी देखा है। इसके अलावा उनके लिए समाज में कोई जगह भी है, होनी चाहिए या मानवीय रूप में उनका कोई

अस्तित्व भी होता है, इन सब प्रश्नों से उनका कोई सरोकार नहीं था। ऐसे सवाल उनके लिए उलझन पैदा करते हैं और वे चेहरे पर प्रश्नवाचक और विस्मयादिबोधक के साथ आँखें फाड़कर देखने लगते हैं। इससे एक बात तो स्पष्ट हुई कि बड़े से बड़े विश्वविद्यालय में भी विद्यार्थियों का कुछ वर्ग ऐसा होता है जिन्हें समकालीन मुद्दों और समस्याओं से कोई लेना–देना नहीं होता। उनके सोचने, समझने और जीने का दायरा काफ़ी छोटा होता है जिसमें वे सन्तुष्ट भी होते हैं और ख़ुश भी।

इससे इतर जब विश्वविद्यालय के जागरूक समूह से इस मामले पर पड़ताल हुई तो उनकी प्रतिक्रियाएँ सकारात्मक और नकारात्मक दोनों का मिला–जुला रूप लेकर सामने आयीं। उनकी प्रतिक्रियाओं से एक बीच का चेहरा हमारे सामने उभरकर आता है लेकिन स्वीकार्यता के मामले को हम अभी आगे समझने की कोशिश करेंगे। इन युवाओं को LGBTQ के बारे में न केवल जानकारी थी बल्कि ये इस पर अपनी स्पष्ट राय भी रखते हैं। समूह के बारे में पूछने पर आकांक्षा कुशवाहा जो कि जीवविज्ञान में शोध कर रही हैं साफ़–साफ़ कहती हैं कि यह एक बायोलॉजिकल असन्तुलन है जिसे हमारे समाज ने पूरी तरीक़े से नकार दिया है। समाज इसे सामाजिक विषमता व एक असामान्य घटना के रूप में लेता है जो इस समुदाय के लिए सही नहीं है। इनके हाव–भाव को लेकर भी इनका यही कहना है कि कुछ तो यह हार्मोनल असन्तुलन का परिणाम होता है और बहुत हद तक यह इन्हें समाज से काट दिये जाने या कट जाने, उपेक्षित कर दिये जाने और इनकी अशिक्षा का परिणाम है। आकांक्षा की इस बात से कमोबेश सभी सहमत थे। समाज विज्ञान विभाग से सम्बन्धित चन्द्रकान्त इस सन्दर्भ में कहते हैं कि "हिजड़ा होने का मेडिकल साइंस के पास कारण है लेकिन लेस्बियन, बाईसेक्सुअल या गे के बारे में अभी और भी शोध चल ही रहे हैं। हालाँकि हिजड़ा समुदाय पर भी यह शोध जारी है लेकिन इन्हें मानसिक रोगी कहना अन्याय करना होगा।" स्पृहा भी चन्द्रकान्त की बातों से सहमत हैं और उनका

भी मानना है कि समाज में ग़लत जानकारियों और मान्यताओं की मौजूदगी, सामाजिक उपेक्षा और अशिक्षा इनकी अलग भाव–भंगिमा को बढ़ावा देती है, नहीं तो ये भी हमारे जैसे ही सामान्य लोग हैं। इस मामले में अंकिता खुलकर यह स्वीकार करती हैं कि "जब से सुप्रीम कोर्ट का भारतीय दण्ड संहिता (IPC) की धारा 377 के सम्बन्ध में निर्णय आया है, असल में LGBTQ की धारणा अब जाकर समझी हैं।" वहीं हाव–भाव को लेकर मानना है कि "वे अपनी आजीविका के लिए ऐसा करते हैं और लोग उनके इस तरह के क्रियाकलापों से अपना मनोरंजन करते हैं।" वे उन्हें मानसिक रोगी मानने से इनकार करती हुई कहती हैं कि जब से काशी हिन्दू विश्वविद्यालय में हुए सेमिनार में मैंने मानोबी जी को सुना और उनसे मुलाक़ात की मेरी सारी धारणा ही बदल गयी।

जर्मनी में रहने वाले पुष्पेश कश्यप और उनकी पत्नी अंजू पुष्पेश कश्यप, जो मूलतः बिहार से हैं (पुष्पेश इंजीनियरिंग के छात्र रहे हैं और उनकी पत्नी बैंकर रही हैं।) इस मामले पर बातचीत होती है तो ये दम्पति भी सीधे–सीधे इनके अधिकारों के मिलने पर सहमति व्यक्त करते हैं लेकिन उनके प्रति अपनी असहज स्थितियों से इनकार भी नहीं करते हैं। जब उनसे यह पूछा जाता है कि अगर एक किन्नर आपके बगल में बैठा हो तो आप कैसा महसूस करेंगे? तो वे स्पष्ट कहते हैं कि यह स्थिति अगर जर्मनी में मेरे साथ होती है तो कुछ बहुत ऐसा–वैसा महसूस नहीं करूँगा क्योंकि यहाँ इनका रहन–सहन सामान्य है लेकिन यही स्थिति यदि मेरे साथ बिहार में होती है तो मैं असहज हो जाऊँगा। वे कहते हैं कि बिहार या इन क्षेत्रों में थर्ड जेंडर या तो सामने आते नहीं हैं या जो समुदाय रूप में जैसे हिजड़ा समुदाय है विवाह–त्योहार के मौक़ों पर बधाई गाने आते हैं। असल में ये स्थितियाँ अभी इतनी भी सामान्य नहीं हुई हैं कि जो बचपन से और लम्बे समय से हमें सिखाया गया है वह सिर्फ़ फ़ैसला आ जाने भर से एक झटके में बदल जायेगा। हम सहज होने की कोशिश तो ज़रूर कर सकते हैं लेकिन ढल चुकी मानसिक स्थितियों की वजह

से असहजता तो बनी ही रहेगी। हाँ, हो सकता है कि थोड़ा और समय गुज़रने पर चीजें और बदलेंगी। बैंकर अंजू भी उनकी इस बात से पूरी तरह सहमत हैं और कहती हैं कि सच है कि एकाएक सब कुछ नहीं बदल जायेगा। अभी थोड़ा वक़्त दीजिए। हालाँकि पुष्पेश की बातों के ठीक उलट राजा रामचन्द्र पाठक और साकेत बिहारी जैसे शोध छात्र और छात्राएँ कहते हैं कि हमें ऐसी कोई असहजता नहीं होगी यदि कोई किन्नर हमारे बगल की सीट पर बैठा हो। राजा रामचन्द्र एक ऐसे शख़्स हैं जिनके निःशुल्क अध्यापन से अभी तक कई विद्यार्थियों ने सफलता प्राप्त की है। हो सकता है कि राजा राम समाज सेवा से जुड़े हैं, सामाजिक ज़िन्दगी जीने वाली शख़्सियत हैं तो उनके विचारों में यह खुलापन हो। वहीं साकेत दार्शनिक विचारधाराओं के ज़्यादा करीब हैं और फक्कड़ ज़िन्दगी जीने में यक़ीन करते हैं। इसी प्रश्न पर आई. आई. टी. के शोध छात्र पवन भी अपनी असहजता को छुपा नहीं पाते लेकिन वे उनको स्वीकार करने और उन्हें उनके अधिकारों से वंचित करने को भी सही नहीं मानते। इसी प्रश्न पर आकांक्षा कहती हैं कि चूँकि उनका व्यवहार अलग होता है इसलिए मैं असहज तो महसूस करूँगी ही साथ ही मैं ख़ुद को असुरक्षित भी महसूस करूँगी। आकांक्षा की इस बात से आस्था व प्रज्ञा चतुर्वेदी ने भी अपनी सहमति दर्ज करायी वहीं निकिता का कहना है कि चूँकि आज मैं उनके बीच काम कर रही हूँ इसलिए मेरे अन्दर का डर समाप्त हो गया है लेकिन दो वर्ष पहले तक ज़रूर मैं भी ऐसी ही स्थितियों को महसूस करती थी। रिमोट सेंसिंग पर काम कर रही नताशा का भी यही कहना है कि जब से मैंने थर्ड जेंडर पर आयोजित कार्यक्रमों में भाग लेना और आना–जाना शुरू किया है मेरी असहजता और डर में कमी आयी है। का.हि.वि. में आयोजित 'किन्नर : समाज और साहित्य' कार्यक्रम से जुड़ने और मानोबी जी के सम्पर्क में आने से बहुत–सी बातें बदलीं।

का.हि.वि., वाराणसी में कार्यरत डॉ. राजीव कुमार वर्मा भी युवाओं की इन बातों से सहमत दिखते हैं और कहते हैं कि हाँ

स्थितियाँ धीमे तो नहीं लेकिन बहुत धीमे बदलाव की ओर बढ़ रही हैं। पहले जब मैं इन्हें देखता था तो बस देख भर लेता था लेकिन आज सोचने पर मजबूर हो जाता हूँ। दिमाग़ में एक बार कौंध ज़रूर होती है। अमित सिंह, रजनीश कुमार भी इन बातों पर सहमति दिखाते हैं लेकिन इनके बीच में मनीष जैन का पक्ष थोड़ा अजीब है। वे किसी भी बात पर जवाब देने की जगह मुस्कुरा देते हैं और वैसे सवालों से बचते हैं। मनीष की तरह अरविन्द भी सवालों का जवाब देने की जगह वहाँ से उठकर चले जाना पसन्द करते हैं।

कुल मिलाकर अगर हम युवाओं की इस बातचीत को देखें तो हमारे अन्दर एक ऐसी तस्वीर उभरती है जो सकारात्मक तो है लेकिन नकारात्मकता की परछाईं इसके पीछे छायी रहती है। यहाँ थोड़े डर और थोड़ी सहम के साथ जागरूकता तो ज़रूर ही दिखती है। घृणा नहीं है लेकिन सहजता भी नहीं है। लेकिन इतना तो तय है कि इन युवाओं के लिए थर्ड जेंडर या इसके अन्तर्गत आने वाला किन्नर समुदाय एवं उसकी समस्याएँ दूसरी दुनिया के तथ्य नहीं हैं। औसतन ये मानते हैं कि ये हमारी ही दुनिया और हमारे ही बीच के लोग हैं लेकिन इस शुरुआती स्वीकार्यता के बाद यदि हम अगले चरण में आयें यानी कुछ निजी प्रश्नों की तरफ़ बढ़ें तब इनका रुझान और भी स्पष्ट होगा फिर थर्ड जेंडर के आने वाले भविष्य की तस्वीर हमारे सामने ज़्यादा साफ़ उभरेगी।

अगले चरण में हम इन युवाओं के सामने ये सवाल रखते हैं कि एक किन्नर के साथ अगर बलात्कार होता है तो आप या समाज उसे कितनी गम्भीरता से लेते हैं? इस प्रश्न के उत्तर में सभी युवा एकमत दिखे और उन्होंने एक स्वर में कहा कि बलात्कार चाहे वह स्त्री के साथ हो, पुरुष के साथ हो या किन्नर के साथ, बलात्कार बलात्कार है। यह एक निहायत ही घृणित अपराध है और इसके लिए दोषी को सख़्त से सख़्त सज़ा दी जानी चाहिए। यह कभी नहीं सोचना चाहिए कि किन्नर है तो यह आम घटना है और वे तो इसके लिए ही बने हैं। आख़िर बधाई और भीख के बाद उनकी देह ही तो है जिसे

समाज अपने विकृत उपयोग में ला सकता है; इस तरह की सोच के साथ उनके साथ होने वाली ऐसी अपमानजनक घटनाओं पर चुप्पी साध लेना मानवता को शर्मशार करने वाली स्थिति है।

इस चरण में ही जब हम थोड़ा और आगे बढ़ते हुए यह प्रश्न करते हैं कि क्या किसी हिजड़ा या इस तरह के समुदाय के साथ यौनिक बातचीत में आपने हिस्सा लिया है? उनके साथ यौन सम्बन्धों को आप किस रूप में लेते हैं? अगर ये यौन सम्बन्ध आप ख़ुद बनाते हैं और पता चलता है कि सामने वाले का प्रेम या किसी तरह की भावनाएँ आपसे जुड़ रही हैं तो उस समय आप क्या रवैया अपनायेंगे? वहीं युवतियों से यह प्रश्न पूछा गया कि अगर आपका भाई या कोई रिश्तेदार इस तरह के प्रेम सम्बन्ध में पड़ता है और विवाह तक की स्थिति बनने लगती है तो आप क्या करेंगी? क्या आप और आपका परिवार इसे स्वीकार करेगा?

अब तक चले आ रहे उत्तरों के बाद इन प्रश्नों के जवाब थोड़े चौंकाने वाले रहे। अधिकांश युवाओं ने कहा कि नहीं उन्होंने इस प्रकार की किसी यौनिक बातचीत में हिस्सा नहीं लिया है। जिन लड़कियों से बातचीत हुई उनमें से किसी ने भी इस तरह की किसी भी बातचीत में हिस्सा नहीं लिया है लेकिन लड़कों में चन्द्रकान्त कहते हैं कि उन्होंने किन्नरों से तो नहीं लेकिन लेस्बियन, गे और बाई–सेक्सुअल से बातचीत में हिस्सा लिया है। वहीं साकेत कहते हैं कि किन्नरों के प्रति उत्सुकता के कारण मैंने उनसे एक बार ट्रेन में बातचीत की है। अपना अनुभव साझा करते हुए वे कहते हैं कि उनसे बात करते हुए मुझे अपनी भाषा को थोड़ा नीचे लाना पड़ा था लेकिन असल में इसमें उनकी कोई ग़लती नहीं थी बल्कि यह उन्हें समाज से काटने और उनकी अशिक्षा का परिणाम था। हालाँकि उनके साथ सम्बन्ध बनाने के बारे में सारे युवाओं ने यही कहा कि अभी तक ऐसी किसी परिस्थिति से सामना नहीं हुआ है और आगे भी ऐसी किसी सम्भावना के बारे में सोचा नहीं। लेकिन प्रेम सम्बन्ध पर चन्द्रकान्त और रजनीश साफ़ कहते हैं कि यह बेहद निजी मामला है और यह

भावनाओं का प्रश्न है। देह यहाँ बहुत महत्त्व नहीं रखती। देह दूसरी कड़ी है लेकिन जिस तरह की सामाजिक परिस्थितियाँ और परिवेश हमारा निर्माण करते हैं उसमें वर्तमान में किन्नर समुदाय हमारे सामने पड़ता ही नहीं ऐसे में प्रेम या इस तरह के भावनात्मक सम्बन्धों के लिए जगह कहाँ बचती है? हाँ, शारीरिक सम्बन्धों के लिए अब तक कोई सम्भावना ही नहीं बनी है तो कुछ भी कह देना सही नहीं है। यहाँ एक बात हम कह सकते हैं कि ये युवा उच्च शिक्षा से जुड़े हैं और अभी जीवन के आरम्भिक दौर में हैं। इनके अन्दर सेक्स को लेकर न तो कोई असमंजस है न तो किसी भी प्रकार की विकृति। विश्वविद्यालयी जीवन में या उससे बाहर के भी जो युवा हैं वे अपने निजी सम्बन्धों में सन्तुष्ट हैं ऐसे में सस्ते दर पर उपलब्ध किन्नरों के साथ सेक्स कोई मायने नहीं रखता लेकिन यही सेक्स समाज के निम्न तबक़े व अशिक्षित समुदाय या उम्रदराज पुरुषों के लिए कितना मायने रखता है यह हम आगे देखेंगे।

इसी चरण में जब युवतियों के सामने ये प्रश्न आते हैं तब उनकी असहजता थोड़ी गहरी हो जाती है। जहाँ युवक इस तरह के सम्बन्धों को बनाने से इनकार करते हैं वहीं युवतियाँ इस तरह के सम्बन्धों पर औसतन असहमति व्यक्त करती हैं। हालाँकि एक स्वर यह भी उभरता है कि इस तरह के सम्बन्ध व्यक्तिगत होते हैं और अगर दो व्यक्ति आपसी सहमति से ये सम्बन्ध बनाते हैं तो उस पर आपत्ति नहीं की जानी चाहिए। लेकिन जैसे ही ये सम्बन्ध पारिवारिक दायरे के भीतर आने लगते हैं उनकी स्वीकार्यता घटती चली जाती है। आकांक्षा तो साफ़ शब्दों में कहती हैं कि परिस्थितियों से पलायन मेरे लिए ज़्यादा सुविधाजनक होगा। अंकिता भी कहती हैं कि अगर मैं बिल्कुल सच कहूँ तो इस तरह के सम्बन्ध से मुझे कोई बहुत ख़ुशी नहीं होगी। हाँ, अगर मेरा भाई इस सम्बन्ध से ख़ुश होगा तो मैं भी स्वीकार कर लूँगी। यहाँ रोहिणी जो धीरे–धीरे समाज सेवा के क्षेत्र में क़दम रखने का सोच रही हैं, बिना किसी हिचक के कहती हैं कि सार्वजनिक जगहों पर स्वीकार करना मेरे लिए अलग बात है।

मेरी तरफ़ से सम्मान या उनके लिए बात रखने में कोई झिझक नहीं होगी लेकिन पूरी ईमानदारी से कहूँ तो इस तरह के सम्बन्ध को व्यक्तिगत रूप से भाई की पत्नी या बेटे की पत्नी के रूप में स्वीकार कर पाना अचानक से मेरे लिए भी सम्भव नहीं होगा। हो सकता है कि सामाजिक स्वीकृति बढ़ते जाने के बाद भविष्य में मेरी भी सोच बदले लेकिन अभी इसमें बहुत समय है। सुप्रीम कोर्ट का फ़ैसला या दो–चार कार्यक्रम अभी अचानक से इनकी स्वीकार्यता नहीं बना देंगे और वह भी पारिवारिक दायरे में तो वर्तमान परिस्थितियों में बहुत मुश्किल है। अभी हमें इस पर गम्भीरता से काम करना होगा वह भी बिना किसी फ़ैंटेसी, रूमानी ख़यालों या विवाद के बिल्कुल यथार्थ के धरातल पर। रोहिणी की इन बातों से नेहा सिंह, नेहा श्रीवास्तव भी पूरी तरह सहमत दिखीं। यहाँ निकिता और नताशा भी असमंजस की स्थिति में रहीं।

इन प्रश्नों के उत्तर से हम समझ सकते हैं कि वास्तविक आईना क्या है? निष्कर्ष पर बात करने से पहले हमारा कुछ और प्रश्नों को समझ लेना ज़रूरी है। इस चरण में इनसे ये प्रश्न किये गये कि अगर आपका अपना बच्चा ट्रांसजेंडर हो तो आप क्या करेंगे? क्या बच्चा न होने की स्थिति में आप किसी ट्रांसजेंडर बच्चे को गोद लेना पसन्द करेंगे? क्या इस लगभग–लगभग कटे हुए समुदाय को वैश्वीकरण के इस दौर में आप अपना पायेंगे तब जबकि अब सेक्स या जेंडर को लेकर पूर्वाग्रह थोड़े ढीले पड़ रहे हैं वैश्विक स्तर पर?

जब युवाओं के सामने ये प्रश्न आये तो सभी का एक ही जवाब होता है कि ट्रांसजेंडर बच्चा अगर ख़ुद का पैदा होता है तो सब उन्हें आज की परिस्थिति में स्वीकारने और उनकी अच्छी शिक्षा की बात करते हैं। चाहे वह लड़कियों का वर्ग हो या लड़कों का सभी उन्हें खुलकर अपनाने की बात करते हैं और कहते हैं कि हम उनके साथ सामान्य व्यवहार करेंगे और उन्हें उच्च शिक्षा और जीवन की सुविधाएँ मुहैया कराने की कोशिश करेंगे लेकिन जैसे ही ट्रांसजेंडर बच्चा गोद लेने की बात आती है एकमत से सभी अस्वीकार कर देते हैं।

अपने तर्कों के साथ वे कहते हैं कि सबसे पहले तो यह समुदाय ही इन्हें गोद लिया जाना पसन्द नहीं करेगा और अगर परिस्थितियों से लड़कर ले भी लें तो समाज उन्हें नकार देगा। अगर बच्चा अपना हो तो बदलती हुई स्थितियों में हम अब धीमे–धीमे उन्हें स्वीकार करने के लिए मजबूर कर सकते हैं लेकिन जानबूझकर चुनौती कौन अपने सर उठायेगा?

और अन्तिम चरण में जब ये तीन प्रश्न इनके सामने रखे जाते हैं कि क्या आप इनके शिक्षित होने की स्थिति में इनके साथ सम्मानजनक रवैया अपना पायेंगे? और भविष्य में आप अपने कार्यस्थल पर किसी किन्नर को अधिकारी के रूप में स्वीकार कर पायेंगे और आख़िरी प्रश्न कि एक पुरुष होने पर क्या पत्नी के रूप में उन्हें दर्जा और परिवार देना पसन्द करेंगे?

सम्मानजनक रवैया अपनाये जाने के प्रश्न पर सभी सहमत दिखे और कार्यस्थल पर अधिकारी के रूप में स्वीकृत किये जाने के प्रश्न पर भी सबकी समान रूप से सहमति बनी रही। लेकिन आख़िरी प्रश्न जो ख़ासकर लड़कों से था उसमें चन्द्रकान्त कहते हैं कि हाँ, अगर मौक़ा मिला तो वहीं राजा राम बीच–बीच की स्थितियों में कहते हैं कि हाँ, अगर मुझे अच्छा लगा तो साकेत स्पष्ट कहते हैं नहीं, सम्भव नहीं है। साकेत की तरह ही पवन, पुष्पेश, अमित, रजनीश और अन्य युवाओं का भी मानना रहा है कि पत्नी के रूप में स्वीकार कर पाना बिल्कुल भी सम्भव नहीं है।

यहाँ ऊपर के विश्लेषण से एक तस्वीर हमारे सामने साफ़ उभर रही है। पहली तो यह कि आज के युवाओं का थर्ड जेंडर और उनकी समस्याओं से सरोकार है। इस मामले से शैक्षणिक परिवेश में उन्हीं अध्येताओं का सरोकार नहीं दिखता है जो अन्य तो रहने दें अपने ही भविष्य के प्रति भी कोई सरोकार नहीं रखते। किसी तरह एक नौकरी हो या न हो जीवन चल भर जाये, चन्द रुपयों का जुगाड़ भर हो जाये, ऐसा वर्ग अपनी ज़िम्मेवारियाँ उठा ले वही बहुत है लेकिन जो संवेदनशील हैं वो वाक़ई इस मुद्दे को गम्भीरता से ले रहे हैं।

थोड़ी असहजता, थोड़े डर के साथ लेकिन उपेक्षा या घृणा यहाँ नहीं दिखेगी। एकदम से निजी स्तर की स्वीकार्यता भले न दिखे लेकिन उनकी भावनाओं व समस्याओं के प्रति सहानुभूति और परिस्थिति आने पर उनके लिए सही तरीक़े से आगे आने का निर्णय ज़रूर दिखता है। ऊपर की सूची के अलावा जब हम बाज़ार या चौराहों पर खड़े युवाओं से इस तरह के प्रश्नों को पूछते हैं तो पहली बार में तो कुछ लापरवाही से मुस्कुराते हैं, एक–दूसरे को कुहनी मारने लगते हैं, मुस्कुराती हुई आँखों में कुछ इशारों में बातें शुरू होती हैं और इशारों में ही ख़त्म भी हो जाती हैं फिर जुबान खुलती है–'छक्का' कहकर मज़ाक़ बनाया जाता है, आपस में हल्की छेड़छाड़ करते हैं, लापरवाही दिखाते हैं लेकिन थोड़े समय बाद जब सारी बातें समझते हैं तो एक आश्चर्यजनक गम्भीरता उनके चेहरे पर स्पष्ट दिखने लगती है। अपनी फ़बतियों पर झेंपते भी हैं। एक शर्मिन्दगी उनके चेहरे पर साफ़ नज़र आती है। लाल हो रहे गालों के साथ उनकी झुकी हुई नज़र बहुत कुछ कह जाती है।

कह सकते हैं कि युवाओं में अभी इस तरह की हलचल वाली स्थिति है। लहर उठ रही है, गिर रही है।

समस्याओं के प्रति झेंप है, आश्चर्य है, उत्साह है, कुछ कर गुज़रने की ललक भी है लेकिन अभी एक प्रौढ़ की स्थिरता या स्थायित्व जैसी बात नहीं है। इनका उत्साह और इनकी सकारात्मक दृष्टि सराहने योग्य ज़रूर है लेकिन यह भी समझने वाला पहलू है कि इनमें से किसी एक का भी अभी तक इस तरह की समस्या से निजी तौर पर कोई आमना–सामना नहीं हुआ है। अगर ये युवा अपनी सोच को आगे आने वाले समय में सामाजिक दाँव–पेंच, सभ्यता–संस्कृति, परम्परा, नैतिकता, मान–मर्यादा के दावों और वादों के बीच बनाये रख पायेंगे तो निश्चित ही 'तृतीय प्रकृति' के लिए स्थितियाँ पूरी तरह से तो नहीं लेकिन सुधरी हुई ज़रूर मिलेंगी। 'तृतीय प्रकृति' पत्नी या प्रेमिका के तौर पर अपनायी जायेगी या नहीं लेकिन इतना तो तय है कि कम–से–कम एक स्वतन्त्र इज़्ज़तदार ज़िन्दगी इनको

ज़रूर मुहैया हो सकती है लेकिन यह सब कुछ निर्भर इस बात पर करता है कि आज के युवा जब कल के प्रौढ़ बनें तब भी इनकी सोच सामाजिक दबावों में टूटे नहीं। उन्हें समाज के सामने दृढ़ता और बेहद ताक़त के साथ अपने निर्णयों पर अड़ना होगा।

(ग) अशिक्षित समाज (युवा और प्रौढ़)

दूसरी बात यहाँ हमें यह भी समझनी होगी कि यह युवाओं का वो वर्ग है जो उच्च शिक्षा प्राप्त किये हुए है या उच्च शिक्षा प्राप्त कर रहा है। इसी आयु वर्ग के जब उन युवा प्रौढ़ों से बात होती है जिनके पास अध्ययन नहीं है, जिनके पास जीवन में दो समय की रोटी के लिए भी जुगाड़ नहीं है तो रंग थोड़े अलग उभरते हैं।

---

1. राजेश कुशवाहा	2. मुन्ना राउत
3. राजू पासवान	4. पवन
5. जीतेन्द्र	6. ब्रजेश
7. मनोज	8. दुरूखन
9. लल्लन ठाकुर	10. धनंजय सिंह
11. विभांशु सिंह	12. सरस्वती
13....................	14................
15.....................	16..................................

इनसे बात करते समय हम बहुत विस्तार से प्रश्न नहीं करते हैं लेकिन जैसे ही हम इनसे यह पूछते हैं कि क्या आप 'किन्नर समुदाय' के बारे में जानते हैं? वे पहले तो एक–दूसरे का मुँह देखने लगते हैं फिर थोड़ी देर तक सन्नाटा छा जाता है। दुबारा मैं जब समझाती हुई यह पूछती हूँ कि क्या आप 'हिजड़ा' लोगों के बारे जानते हैं तब ये आश्चर्य से मेरी तरफ़ देखने लगते हैं एक बार और पूछने पर ये थोड़ा मुस्कुराते हैं और कहते हैं कि "हाँ, वो उधर बस्ती में रहते हैं। जानते हैं उनको। क्या काम है कहिए?" अपनी भाषा में वे मुझे समझाते हैं, बीच–बीच में मुझे भी समझने की कोशिश करते हैं।

इस वर्ग की चाहे वे महिलाएँ रही हों या पुरुष—दो बातें स्पष्ट रूप से सामने आयीं। पहली यह कि उनके लिए हिजड़ा समुदाय के लोग उस स्तर के घृणित लोग नहीं थे जितना सभ्य समाज के लोगों के लिए हैं न ही उनके अन्दर वो दूरियाँ दिख रही थीं जो सभ्य समाज और किन्नर समाज के बीच हैं। इस तथ्य का दूसरा पहलू यह है कि यहाँ 'आर्थिक समानता' की स्थितियाँ हैं यानी यहाँ एक पक्ष और उभरता है—वो है 'आर्थिक समानता' का। ये वो ज़मीन है जहाँ निम्न तबक़ा और किन्नर समाज दोनों साथ खड़े हैं। इसलिए उपेक्षा या घृणा तो नहीं दिखती लेकिन इस वर्ग से बात करने पर एक कुतूहल ज़रूर दिखाई देता है कि आख़िर पूछा क्यों जा रहा है? वो भी उनके बारे में... ये कौन—सा नया शगल है। कल तक तो कोई योजना, घोषणा, प्रपंच हमारे लिए आती थी अब इनकी गिनती क्यों होने लगी? उनमें से एक जो थोड़े अगुआ और समझदार थे कहते हैं—"क्या बात है मैडम? कौनों योजना—ओजना आयी है क्या सरकार की तरफ़ से?"

वाराणसी में दुलारी से, जो कि घरों में बर्तन माँजने का काम करती हैं, जब मैंने बात की तो वो मुस्कुराते हुए बोलीं कि "अरे ऊ तो हमरे घरे के बगलिया में ही रहते थे। बाकी काम अच्छा नहीं करत हैं। इसी वजह से उन्हें वहाँ से हटा दिया गया। आपको का काम पड़ गया बबनी उनसे?" (अरे वो तो हमारे घर के बगल में ही रहते हैं लेकिन काम अच्छा नहीं करते, आपको उनसे क्या काम पड़ गया बेटा?)

मैंने कहा कि "कुछ नहीं अम्मा...बस मिलना था। कुछ पढ़ने—लिखने का काम है।" इसके बाद वो पूरी ख़ुशी के साथ अपनी बस्ती में ले गयीं। हालाँकि तब तक ये समुदाय इनकी बस्ती से आधे किलोमीटर दूर कुछ गलियों के पार दूसरी तरफ़ की सड़क पर रहने लगा था। वहाँ उनका एक अँधेरा ऑफ़िसनुमा कमरा था जिसमें दो या तीन कमरे थे जहाँ ये लोग आते और काम करने निकलते एक साथ। इस बारे में अभी आगे बात होगी। हाँ, तो जब पहली बार जाने

पर इन लोगों से मुलाक़ात नहीं हो पायी तो दुलारी के बेटे ने न जाने कब से खड़ी अपनी स्कूटर को झाड़ा। उस दिन काम से छुट्टी ले ली और फिर बनारस की पंचक्रोशी परिधि में ऊबड़–खाबड़ रास्ते से होते हुए किन्नर अन्दाज़ गुरु के घर मुझे लेकर गये।

यहाँ एकबारगी यह उलझन हुई कि यह इस वर्ग का मेरे प्रति प्यार और सम्मान है। लेकिन जब बातचीत होने लगी तो मेरा यह भ्रम भी टूटा कि यह सब सिर्फ़ मेरे प्रति प्यार का ही फल है। रास्ते में जब बातचीत होने लगी तब दुलारी के बेटे ने बात–बात में बताया कि अन्दाज़ गुरु मुझे बहुत मानती हैं। मैं तो बचपन से इनके साथ पला–बढ़ा हूँ। उनकी गोद में खेलता था। वो मुझे अपने बेटे की तरह मानती हैं। यह बातें सुनकर मुझे समझ में आया कि नहीं इस वर्ग के लिए कुछ स्थानों पर दूरियाँ हैं लेकिन आर्थिक और सामाजिक समानता ने इनकी ज़िन्दगी को थोड़ा–बहुत ही सही लेकिन भावनात्मक स्तर पर पास–पास ज़रूर खड़ा किया है। ये कम–से–कम इतना तो समझते हैं कि वो भी हमारी तरह ही इन्सान हैं। इनके लिए किन्नर समुदाय के ग़लत काम का अर्थ उनके देह व्यापार से है। लेकिन यह भी सच है कि यह वर्ग इस देह व्यापार के पीछे की संस्कृति, परम्परा, मिथक, इतिहास, सामाजिक उपेक्षा और कड़वाहटों को पूरा–पूरा कहाँ समझ पाता है। यह वर्ग तो इस लोकतान्त्रिक भारत में ख़ुद ही अपनी समस्याओं और उपेक्षाओं से आज तक मुक्त नहीं हो पाया है। इस वर्ग में अशिक्षा और भूख आज भी बनी हुई है बावजूद इसके ये इन्सानियत की समझ रखते हैं क्या यही कम है? शायद यह वर्ग अपमान और उपेक्षा का अर्थ भी अच्छे से जानता है इसलिए भी इस वर्ग के अन्दर किन्नर समुदाय को लेकर कौतूहल है लेकिन घृणा नहीं। उच्च और मध्य वर्ग की तरह यहाँ दूरियाँ नहीं दिखती हैं।

इस वर्ग के किसी भी व्यक्ति का व्यक्तिगत रूप से नाम लिए बिना लिख रही हूँ कि इनके बीच से कुछ ऐसे भी हैं जो यौन सम्बन्धों के लिए हिजड़ा समुदाय के पास जाते हैं और जब हम यह प्रश्न

करते हैं कि ऐसा क्यों? तो यही जवाब देते हैं कि बस जब मन करता है या बीवी नहीं रहती है तो कभी–कभी इधर चले आते हैं और यह पूछने पर कि वे ही क्यों? लड़कियों के पास क्यों नहीं? जवाब मिलता है–दीदी जी हमेशा इतने पैसे कहाँ रहते हैं हमारे पास और फिर ज़रूरतें मानती नहीं। इनमें कुछ ऐसे भी थे जो थोड़ी–बहुत गालियों के साथ बात कर रहे थे लेकिन समानता का भाव बना हुआ था कि हिजड़ा लोग थोड़े ग़लत हैं, ग़लत काम करते हैं लेकिन हमारे पड़ोस वाले ठिकाने पर रहते हैं।

इससे ज़्यादा पड़ताल यहाँ करना मेरे लिए सम्भव नहीं हो सका लेकिन इस वर्ग में हिजड़ा समुदाय के लिए जो मान्यताएँ हैं वो यहाँ स्पष्ट दिख रही हैं।

(घ) शिक्षित समाज (40 से ऊपर)

तीसरे वर्ग में उन्हें रखा गया है जिनकी उम्र चालीस से ऊपर है। इसके अन्तर्गत कुछ विश्वविद्यालय के शिक्षक हैं और कुछ सामान्य नौकरीपेशा लोग। इस वर्ग के अध्ययन से आये नतीजे तो अनुमान के अनुसार ही रहे लेकिन विश्वविद्यालय के शिक्षकों पर किया गया अध्ययन दिलचस्प और चौंकाने वाला रहा। विश्वविद्यालय के शिक्षकों के पास जब ये प्रश्न भेजे गये तो उनमें से अधिकांश ने हतोत्साहित करने वाला रवैया दिखाया। अधिकांश शिक्षकों के पास समय नहीं था। इनमें से एक शिक्षक ऐसे थे जिन्होंने व्यंग्यात्मक रवैया दिखाते हुए साफ़–साफ़ कहा कि "मान्य प्रियंका जी! इस विषय में मैं अज्ञ हूँ। आप तो जानती ही होंगी। आपने मुझे याद किया इसके लिए धन्यवाद।" प्रबुद्धता और प्रगतिशीलता का ढोंग रचने में ये कभी पीछे नहीं रहते लेकिन जब वास्तविक काम करने की बात आती है तब ये सबसे पीछे दिखते हैं। लबादे को ओढ़कर मंच पर बोलने और संवेदनशील मुद्दों पर कटने का ये अनोखा उदाहरण है जो भारतीय विश्वविद्यालयों की कमोबेश पहचान–सी बनती जा रही है। तभी समझ में आता है कि क्यों भारतीय संस्थान आज भी बहुत पीछे हैं।

एक शिक्षक ने तो यहाँ तक कहा कि दलित–दलित और स्त्री–स्त्री कम हो रहा था कि आप एक नया झमेला खड़ा कर रही हैं। दरअसल, ये स्थितियाँ काशी हिन्दू विश्वविद्यालय, उत्तर प्रदेश के शिक्षकों की हैं। कुछ ऐसी शिक्षिकाएँ भी मिलीं जिनके लिए ट्रांसजेंडर पर बात करना फ़ैशन और स्टेटस का मामला है। ऐसा इसलिए क्योंकि मंच से उतरने के बाद सामान्य विद्यार्थियों तक से इनका व्यवहार सही नहीं होता। विद्यार्थी इनके लिए 'चलिए–चलिए परे हटिए' वाली स्थिति में हैं। लेकिन इसमें कम–से–कम एक बात लगी कि चलिए कम–से–कम इस बहाने ही सही थर्ड जेंडर की बात तो शुरू हुई। फ़ैशन तो चले, आम लोग अपना ही लेंगे। जैसे भारत में आज लोकतन्त्र को जनता उत्सव के रूप में लेने लगी है। ऐसे में एक उम्मीद तो की ही जा सकती है कि आने वाले समय में थर्ड जेंडर के लिए भी लोग आगे आयेंगे।

विश्वविद्यालय के शिक्षकों में प्रो. चन्द्रकला त्रिपाठी, प्रो. वशिष्ठ नारायण त्रिपाठी, प्रो. बलिराज पाण्डेय, प्रो. ध्रुव सिंह, प्रो. अरुण सिंह, प्रो. पद्मिनी रवीन्द्रनाथ, प्रो. सोमा दत्ता, प्रो. सुषमा त्रिपाठी, प्रो. गीता राय, डॉ. सीमा तिवारी आदि का रवैया काफ़ी उत्साहजनक दिखा। ये शिक्षक ट्रांसजेंडर्स के लिए होने वाले कार्यक्रमों से भी जुड़ते देखे गये और भविष्य में भी इनकी मदद के लिए तैयार रहने का संकेत किया। हालाँकि भूगोल विभाग के प्रो. अरुण और अर्थशास्त्र से जुड़ी पद्मिनी रवीन्द्रनाथ कहती हैं कि "ये मुद्दे काफ़ी गम्भीर और संवेदनशील हैं। इस पर काम भी पूरी गम्भीरता से होना चाहिए। जल्दबाज़ी में किया गया कोई भी काम या इन पर दिया गया कोई भी निष्कर्ष इनके लिए बहुत बड़ी समस्या खड़ी कर सकता है और खुद व्यक्ति विशेष जो इस काम से जुड़ रहे हैं उनके लिए भी समस्याएँ हो सकती हैं इसलिए जो भी करना होगा सोच–समझ कर करना होगा।"

विश्वविद्यालय से बाहर जब हम सामान्य पेशा लोगों से इस मुद्दे पर बात करना शुरू करते हैं तो पटना की सीमा सिंह–संजय सिंह (दम्पत्ति) बड़े सकारात्मक रुझान के साथ सामने आते हैं।

हालाँकि संजय सिंह कहीं–कहीं थोड़े बचते भी हैं लेकिन सीमा सिंह उनके साथ हर स्थिति में खड़े रहने को प्रतिबद्ध दिखती हैं। जब इनसे यह पूछा जाता है कि अगर आपका बच्चा ट्रांसजेंडर होता तो आप क्या करतीं? इसके जवाब में सीमा एकदम सहज रहती हैं। कहती हैं "बच्चा, बच्चा है, चाहे उसका लिंग कुछ भी हो, मैं उसे अच्छी से अच्छी शिक्षा दिलाती और आगे चलकर उसके जीवन के लिए जो भी ज़रूरी क़दम होता, उठाती। उसकी सर्जरी या ऑपरेशन जो भी ज़रूरी होता करवाती। जब उनसे यह पूछा गया कि यदि उनका भाई या कोई भी इस तरह के सम्बन्ध में हो तो क्या आप उसे परिवार में स्वीकार करेंगी? सीमा का जवाब यहाँ भी सुनकर थोड़ा आश्चर्य हुआ और अच्छा भी लगा। वो सीधे कहती हैं–"कि अगर मेरे भाई या बेटे को दिक़्क़त नहीं होती है तब मेरा तो इस तरफ़ सोचना ही बेकार है। ये उसकी व्यक्तिगत ज़िन्दगी होगी, इसमें किसी का, मेरा, उसका या समाज का कुछ भी बोलना या सोचना बेवकूफ़ी है। ये बेहद निजी रिश्ते हैं इसमें दो के अलावा तीसरे की दखलन्दाज़ी हमेशा ग़लत होती है।" अन्त में वे यह कहना नहीं भूलती कि "अगर ज़रूरत पड़ेगी तो तो उनकी अंदरूनी समस्याओं पर ज़रूर साथ दूँगी।" हालाँकि सीमा सिंह की तरह संजय सिंह इतने बेबाक़ नहीं दिखते और जिरह होने पर अन्त में मानते हुए–से कहते हैं कि "हाँ, जब दो लोग मानेंगे तो हमें भी मानना चाहिए और बीच में नहीं पड़ना चाहिए।" लेकिन संजय भी बच्चे और उसकी परवरिश के मामले में सीमा सिंह की बातों से सहमत दिखे। दरअसल सीमा सिंह एक ऐसी महिला हैं जो आज अपने दम पर संघर्ष कर बिल्कुल विपरीत परिस्थितियों में अपनी बेटियों को मेडिकल और इंजीनियरिंग की शिक्षा दिला रही हैं। आर्थिक तंगी के बीच इनका जज़्बा सलाम करने लायक है और यह भी दिखाता है कि अगर महिलाएँ चाहें तो आगे आने वाली पीढ़ियों की ज़िन्दगी बहुत आसान हो सकती है। शायद ये उनकी निजी ज़िन्दगी का संघर्ष ही है कि वो थर्ड जेंडर की दिक़्क़तों को भी ठीक–ठीक समझ पा रही हैं।

इन्हीं सब प्रश्नों को लेकर जब सन्तोष राय और स्मृता राय (दम्पति) से बात होती है तो स्मृता और सन्तोष दोनों के मुँह से जो पहली बात निकलती है वो यह कि "हाँ, वे मेरे बच्चे के जन्म में आये थे और हमने उन्हें पैसे भी दिये।" लेकिन जब बातें विस्तार से होने लगीं तब सन्तोष राय प्रश्नों का जवाब देने की जगह कहते हैं कि "पहले आप हमें इनके बारे में विस्तार से बताइए। ये क्या हैं? इनकी स्थितियाँ क्या हैं? इनकी समस्याएँ क्या हैं?" और फिर जवाब देने के बदले ये उत्सुकता के साथ इनके बारे में सुनने लगते हैं और समाप्त होने के बाद बस चुप बैठ जाते हैं। थोड़ी देर बाद ये कहते हैं कि "आप जो संस्था स्थापित कर रही हैं क्या मैं उससे जुड़कर कोई काम कर सकता हूँ इनके लिए?" इतना ही नहीं आगे चलकर स्मृता राय किन्नर समुदाय से मिलवाने में भी मदद करती हैं। और एक बात ज़रूर कहती हैं–"अभी वक़्त लगेगा"।

ऐसे ही बिहार के सतीश कुमार श्रीवास्तव और जयराम सिंह भी सामने आते हैं। न्याय कार्य से जुड़े सतीश जी भी यही कहते हैं, "अभी अचानक से सब नहीं बदलेगा। समय दीजिए। अभी तो लोगों को पता तक नहीं है सही बातें क्या हैं? हम उच्च शिक्षा वाले लोग भले ही समझ लें लेकिन अभी समाज को समझने में समय लगेगा और जहाँ तक स्वीकार करने की बात है, इतनी जल्दी इतना आसान भी नहीं है यह। वहीं जयराम सिंह इन बातों पर पहले मुस्कुरा देते हैं और फिर लापरवाही से निकल लेते हैं।

कमोबेश इसी तरह की बातें, सहमतियाँ और प्रतिक्रियाएँ बिहार के शशि शेखर, सुषमा सिंह और नीरज जी की भी मिलती हैं।

यानी इस वर्ग का जब हम विश्लेषण करते हैं तो एक स्पष्ट तस्वीर हमारे सामने है। विश्वविद्यालय के स्तर पर निष्कर्ष थोड़े नकारात्मक माने जायेंगे क्योंकि इस स्तर पर एक नकार भी बड़ा सवाल पैदा कर देता है कि अगर भविष्य में कोई ट्रांसजेंडर विद्यार्थी इनके बीच आता है फिर इनका व्यव्हार उसके साथ क्या होगा? क्या सार्वजनिक रूप से अपनी पहचान ज़ाहिर करना उनके लिए आसान

होगा और ऐसे शिक्षक अपने अहंकार में आने वाली पीढ़ियों को क्या सन्देश देना चाहते हैं? ये किस प्रकार के युवाओं का गठन करेंगे? भविष्य में सरकार यदि विश्वविद्यालयों में थर्ड जेंडर के लिए कोई विशेष योजना लाती है तब ये क्या करेंगे? और इसमें भी चिन्ताजनक तथ्य यह है कि ये जवाब बीच के उम्र के शिक्षकों के थे। हालाँकि इनके व्यवहार के बाद शिक्षकों के दूसरे वर्ग को देखकर थोड़ी तसल्ली होती है। एक बड़ा कुनबा है शिक्षकों का जो आगे आने के लिए तैयार है लेकिन इसमें अधिकांश वे शिक्षक थे जो निकट भविष्य में अवकाश ग्रहण करेंगे। ऐसे में विश्वविद्यालयों के आगामी भविष्य के लिए ये ख़तरे का सूचक होगा। सम्भवतः सरकार को नियुक्ति के समय इन तथ्यों पर विशेष ध्यान देना होगा या कुछ ज़रूरी नियम बनाने होंगे।

इसके बाद सामान्य नौकरीपेशा लोगों की बात करें। यहाँ सबसे पहली बात जो समझ में आयी वह यह कि इनके लिए थर्डजेंडर का अर्थ अधिकांशतः समझ से बाहर है। जब आप 'हिजड़ा' नाम लेते हैं तब ये समझते हैं कि किनकी बात हो रही है और फिर जो इनके मुँह से निकलता है वह एक पारम्परिक मानस की तस्वीर होती है। हिजड़ा समुदाय या थर्ड जेंडर के किसी भी अन्य तथ्य के बारे में सामान्यतया इनकी जानकारी काफ़ी कम है। बात चलने पर इनमें उत्सुकता दिखती है। थोड़े समय का उत्साह पनपता है। कहीं–कहीं यह उत्साह थोड़ी देर तक ठहरता है, कहीं पानी की तरह बह जाता है। कुछ हृदय बस संवेदित होकर रह जाते हैं तो कुछ हाथ मदद के लिए आगे भी बढ़ते हैं। कुछ सुनने और समझने की कोशिश करते हैं। कुछ को फिर भी कुछ भी समझ में नहीं आता कि क्या हो रहा है? किसके बारे में और क्यों बात हो रही है? लेकिन सामने वाले पर बस एक विश्वास है कि 'जो कह रही हैं...सही ही कह रही हैं।' चेहरे पर एक विस्मय के साथ बस सुनते हैं। बोलते कुछ नहीं। ज़्यादा ज़ोर देने पर झेंप कर मुस्कुरा भर देते हैं क्योंकि इनके लिए हिजड़ा शब्द का ख़ास ख़ाका इनके दिमाग़ में खिंचा हुआ है।

कह सकते हैं कि इस वर्ग में विरोध और विरोधाभास तो होंगे ही, क्योंकि यह वर्ग जीवन के साथ–साथ सामाजिक मूल्यों, संस्कारों, मर्यादाओं व नैतिकताओं का बोझ सबसे ज़्यादा ढोता है, (विरोध इसलिए क्योंकि शायद एक शिष्ट दिखने वाली लड़की की छवि ने इन्हें बोलने और विरोध करने से रोक लिया और अन्दर की बातें झेंप में बदल गयीं।) लेकिन इतना तो कह सकते हैं कि यह एक पोली ज़मीन है जिसे जागरूकता अभियानों के द्वारा आगे की फ़सल के लिए तैयार किया जा सकता है। अगर यह कहें कि शुरुआत यहीं से करनी होगी तो ज़्यादा सही होगा क्योंकि यह सबसे बड़ा ज़मीनी वर्ग है जहाँ भारत अपने ठेठ रूप में दिखता है।

चौथा वर्ग : किन्नर समाज

(क) परिवार के साथ रह रहे किन्नर/थर्ड जेंडर

(ख) परिवार से बहिष्कृत किन्नर

इस अध्याय ही नहीं बल्कि इस पूरी किताब में कहें तो यह एक महत्त्वपूर्ण भाग है क्योंकि अब जिनके विचारों को हमें समझना है वह ख़ुद किन्नर समुदाय है। इसमें वो लोग भी हैं जो परिवार के साथ रह रहे हैं छद्म तरीक़े से। उनके अन्दर की भावनाएँ स्त्रियों की हैं और ऊपर से वे पुरुषों की तरह रहते हैं। इनमें से कुछ ने ख़ुद सोशल मीडिया के द्वारा हमसे सम्पर्क करने की कोशिश की और कुछ तक मैंने पहुँचने की कोशिश की है लेकिन ये बेहद गोपनीय है। इनमें एक पेशे–से शिक्षक हैं और सरकारी स्कूल में हैं। इनसे जब भी बात होती है तब ये यही कहती हैं कि–"मैं लड़कों की तरह रहती हूँ पर मेरा बहुत मन होता है कि मैं लड़कियों की तरह रहूँ। मन होता है कि साड़ी पहनूँ। तैयार होऊँ औरतों की तरह लेकिन कुछ नहीं कर पाती हूँ बहन। क्या आप मुझे एक मौक़ा दिला सकती हैं? मैं कुछ दिन ऐसे रहना चाहती हूँ।" जितनी भी बार बात हो वे अपनी इस बात को बार–बार दुहराती हैं।

दूसरी शख़्स हैं–उनसे बात हुई तो उन्होंने कहा कि वे कोचिंग में पढ़ाती हैं। कहती हैं, "बहुत ख़राब लगता है। घुटन महसूस होती है।

चाहती हूँ कुछ, करना कुछ पड़ता है। हमेशा इस शरीर और इस कपड़े के अन्दर की सच्चाई हर पल, हर समय मुझे तोड़ती रहती है। कभी मन करता है कि आत्महत्या कर लूँ लेकिन वो भी नहीं कर पाती हूँ। देखिए कभी वो भी दिन आ ही जायेगा।" मैंने कहा–परिवार से बात क्यों नहीं करतीं? एक उदासी खिंच जाती है उनके चेहरे पर। कहती हैं–"कुछ नहीं होगा उलटे मुझे घर से निकाल दिया जायेगा। बहुत मुश्किल है एक–एक सेकंड अपने ऊपर नियन्त्रण रखना। अपनी ख़्वाहिशों को छुपाकर रखना लेकिन परिवार को खोना तो उससे भी ज़्यादा मुश्किल है।" मैंने कहा–बातें तो बदल रही हैं लोग तो अब आपको सुनना चाहते हैं। आपको क्या लगता है? "इस बात पर थोड़ी–सी झल्ला उठती हैं–"आप सब विश्वविद्यालयी जीवन जीने वाले चार कार्यक्रम करके, अख़बार पढ़कर या दो–चार लेख, पत्रिका निकालकर या लिखकर क्यों सोचने लगते हैं कि समाज बदल गया है, बदल रहा है। बाहर निकलिए अपने घर में किसी हिजड़े को लेकर आइए, रखिए, हिजड़े बच्चे को जन्म दीजिए, अपनाइए उसे...फिर जब गालियाँ और उपेक्षा सहकर भी उसकी ज़िन्दगी बना लीजिएगा तब कहिएगा।"

उनके इस जवाब के बाद सच में मेरे पास पूछने को कुछ नहीं था। सन्नाटे में झूल गयी थी एक बार। ज़िन्दगी की कड़वाहट और सच्चाई सब मेरे सामने एक साथ थी और समाज का एक बेहद विद्रूप चेहरा। कैसे वह अपने ढकोसलों की आड़ में दूसरे का रक्त चूसता है।

इसके बाद मेरी बातचीत सलमा परवेज़ और पश्चिम बंगाल की ही सुमना प्रमानिक से हुई। सुमना भारत की पहली ट्रांसजेंडर गोल्ड मेडलिस्ट है एम.एससी. गणित में। लेकिन यहाँ थोड़ा–सा अफ़सोस है कि सुमना ने एक बार बात की और फिर उसके बाद फिर कोई उत्तर नहीं दिया। हो सकता है उनके जीवन के अनुभवों ने उन्हें ऐसा करने की इजाज़त न दी हो। ऐसे में मुझे दुबारा सम्पर्क करना और जानबूझकर निजी सवाल करना सही नहीं लगा।

सलमा से जब बात होती है तो उनके अन्दर भी वही दर्द दिखता है जो इस समाज का है।

स्वीकार न किये जाने का यह दर्द इस समाज के लिए कितना घातक है हम कल्पना भी नहीं कर सकते। मजबूरियाँ इनसे क्या नहीं करवातीं, फिर भी हम इन पर हँसने और इनके अस्तित्व को गाली बनाने का एक मौक़ा नहीं छोड़ते। हम कभी यह सोच ही नहीं पाते कि ये हमारे ही जैसे किसी परिवार में जन्मा बच्चा है जो अपने दुर्भाग्य और समाज की क्रूरता को जी रहा है। कभी सोचते ही नहीं कि यह हमारे घर में भी पैदा हो सकता है और वैसे भी सच्चाई तो यह है कि जब पैदा हो जाता है तो हम उसे घर से निकालकर अपना कॉलर सफ़ेद कर लेते हैं। लेकिन अपने ही बच्चे को घर से निकालना कौन–सा पुण्य और कौन–सी प्रतिष्ठा हैं?' समझ में नहीं आता। यक़ीन मानिए जब शहर के गन्दगी के अम्बार और नालों से अँटी उन बस्तियों में घुसेंगे, उन अँधेरी गलियों, डिम लाइट वाले कमरों से होते हुए उन तक पहुचेंगे तब आपके लिए वहाँ 2–3 मिनट भी खड़ा होना मुश्किल हो जायेगा, लेकिन यह समाज वहाँ रहता है। यह सुनकर 'सभ्य समाज' को थोड़ी ठण्डक पड़े कि वहाँ भी वे स्थायी रूप से नहीं रह पाते, उन्हें थोड़े समय बाद वहाँ से भी हटा दिया जाता है। कारण–वो देह बेचते हैं लेकिन हम कभी यह सोच ही नहीं पाते कि हमने उनके लिए रास्ता ही क्या छोड़ा है? वेश्याओं के पास भी एक कारण होता है कि वे अमुक कारण से वेश्या हैं लेकिन इनकी तो पैदाइश ही सवालिया होती है और उसके बाद हमारा योगदान यह होता है कि हम उनके अस्तित्व को ही सवालिया बना देते हैं।

अन्दाज़ गुरु की अनुमति और आशीर्वाद मिलने के बाद इस बस्ती में मुलाक़ात होती है–टीना, चाँदनी, सानिया, मनीषा, रेणु, नैना से। किन्नर समुदाय से और भी बहुत लोग थे जो अन्दर के कमरों में अपने दिन का कार्यक्रम बनाने में व्यस्त थे कि उन्हें कहाँ–कहाँ और कब–कब जाना है?

पहली बार तो ये बात करने से साफ़ मना कर देते हैं। टीना जो बारहवीं तक पढ़ी हुई है, बहुत अच्छी पेंटिंग बनाती है। हेयर डिज़ाइनर का भी काम देख लेती है लेकिन उसके परिवार वालों ने उसे घर से निकाल दिया था। वो जब सात–आठ साल की थी तब महसूस होने लगा कि मैं कुछ अलग हूँ। लोग मेरा मज़ाक़ उड़ाते थे। मैंने पूछा कि आपकी पढ़ाई–लिखाई? वह कहती है हाँ मेरे हाव–भाव लड़कियों वाले थे। इसे देखकर सभी ताना देते थे। फिर भी मैं रह लेती थी लेकिन एक दिन भाभी ने जब ताना देना शुरू किया और कह दिया कि अगर ये रहेंगे तो मैं इस घर में नहीं रह सकती। बस घर छोड़ दिया।

यही सवाल चाँदनी, सानिया, मनीषा, सभी से होता है और सबका जवाब लगभग इसी तरह का होता है। चाँदनी तो एक बार मुझ पर भड़क जाती है कहती है–"आपके सवालों से हमें क्या मिलेगा और क्यों व्यक्तिगत ज़िन्दगी उधेड़ रही हैं?" लेकिन थोड़े समय में ही वो सौम्य हो जाती है और अपने घर वालों की याद से घिर जाती है। कहती है जिन्हें हमारी याद ही नहीं आती उनको क्या याद करना? थोड़ी धीमी, सहमी और रुँधी हुई आवाज़ में सानिया कहती है, "मैं तो मरने जा रही थी।" फिर चाँदनी की तरफ़ इशारा करती हुई कहती हैं, "इन्होंने बचाया।" आगे कुछ नहीं बोल पाती। सबकी आँखें नम हो रही थीं सुबह–सुबह और उन्हें काम पर जाना था। मेरे लिए यह सर्वे था, उनके तो जीवन के घाव उघड़ रहे थे। न बोल पाने और बता पाने की स्थितियों में उन्होंने मुझे कल आने को कहा।

कल गयी तो परसों और फिर कल...। ये सिलसिला चला और फिर एक दिन दुबारा बात हो पायी। टीना, चाँदनी, मनीषा फिर रू–ब–रू हुईं। जब हमने कहा समाज में क्यों नहीं मिलते? कहते हैं जब समाज ही आज तक नहीं स्वीकार कर पाया तो हम क्या कर सकते? हम लाख कुछ भी करें लेकिन अन्त में हमें किन्नरों के साथ ही मिलकर काम करना पड़ता है।

जब मैं पार्टी में जाती थी, शादी–ब्याह में जाती थी, मैं बीच में खड़ी होती थी तब लोग कहते थे–"हाँ मैं आ रही हूँ थोड़ी देर में... ठहरिए मैं अभी आ रही हूँ कहकर चले जाते थे फिर लौट कर नहीं आते थे। लगता था लोग क्यों चले जाते हैं?" रेणु कहती हैं–"जब काम पर जाती थी लोग अपना टिफिन लेकर अलग चले जाते थे। मैं खा ही नहीं पाती थी। अन्त में जाना ही छोड़ दिया।" कुछ इसी तरह के अनुभव मनीषा के भी थे। सबका दर्द एक जैसा। एक बार फिर इनके काम पर जाने का समय हो जाता है और एक बार कहती भी हैं कि हमें क्या मिलेगा? हमारा समय जाता है।

–मेरे पास कोई जवाब नहीं था। देना तो समाज को है। अब फिर से जाने की हिम्मत नहीं पड़ी। लेकिन भविष्य में जाना तो है ही।

अध्याय छह

हिजड़ा समुदाय की कुछ महत्त्वपूर्ण सफलताएँ

1. शबनम मौसी : (मध्य प्रदेश)

'शबनम मौसी' के नाम से फ़िल्म बनायी जा चुकी है। जिसमें मुख्य भूमिका आशुतोष राणा ने निभायी। शबनम मौसी भारत की पहली ट्रांसजेंडर विधायक रहीं। इन्होंने शहडोल–अनूपपुर ज़िले के सोहागपुर विधानसभा सीट, मध्य प्रदेश से चुनाव जीता। ये सन् 1998 से 2003 तक राज्य विधानसभा की सदस्य रहीं। इनकी स्कूली शिक्षा पूरी नहीं हो पायी लेकिन इन्होंने अपने अनुभव और यात्राओं के दौरान बारह भाषाओं का ज्ञान प्राप्त किया। इनके जीवन पर एक फ़िल्म का निर्देशन योगेश भारद्वाज ने किया।

2. नर्तकी नटराज : (तमिलनाडु)

28 जनवरी 2019 को 54 वर्षीया नर्तकी नटराज को भारत के विशेष (तीसरा बड़ा सम्मान) सम्मान पद्मश्री से सम्मानित किया गया। तमिलनाडु से सम्बन्ध रखने वाली नटराज इससे पहले भी संगीत नाटक अकादमी पुरस्कार से सम्मानित हो चुकी हैं। उन्हें तमिलनाडु सरकार के सर्वोच्च सम्मान, 'कालीमणि पुरस्कार' और 2009 में श्रीकृष्ण गण सभा की 'नृत्य चूड़ामणि' से भी सम्मानित किया गया है।

नटराज का जन्म जुलाई 1964 में तमिलनाडु के मदुरै में एक पुरुष के रूप में हुआ था। 12 वर्ष की उम्र में अपने व्यक्तित्व की

पहचान हो जाने के बाद और परिवार, समाज द्वारा न स्वीकार किये जाने पर घर से दूर चली आयी। नटराज का कहना है कि यह सब इतना आसान नहीं था। उन्हें सामाजिक बहिष्कार को बहुत ज़्यादा झेलना पड़ा। लेकिन अन्ततः कुछ कर गुज़रने के जुनून ने मुझे इस जगह तक पहुँचाया। आज नर्तकी नटराज तमिलनाडु स्कूल के सिलेबस का हिस्सा हैं।

उन्होंने श्री के.पी. किटप्पा पिल्लई से भरतनाट्यम की शिक्षा ली। आज तमिलनाडु में वे डांस स्कूल चलाती हैं। 'वेलिआम्ब्लम स्कूल ऑफ़ डांस' के नाम से चलने वाले इस स्कूल की शाखाएँ संयुक्त राज्य अमेरिका, यूनाइटेड किंगडम और नार्वे में भी हैं।

3. लक्ष्मीनारायण त्रिपाठी : (महाराष्ट्र, उत्तर प्रदेश)

लक्ष्मीनारायण त्रिपाठी वर्तमान किन्नर समुदाय के हक़ की लड़ाई लड़ने वाली महत्त्वपूर्ण ट्रांसजेंडर सामाजिक कार्यकर्ता हैं। इनका जन्म वर्ष 1979 में ठाणे (महाराष्ट्र) में हुआ था। मीठीबाई कॉलेज, मुम्बई से इन्होंने बी.कॉम की पढ़ाई की। मूल रूप से इनका सम्बन्ध उत्तर प्रदेश से है लेकिन ये मुम्बई में पलीं–बढ़ीं। वे भरतनाट्यम् नृत्यांगना एवं टीवी कलाकार भी हैं। बिग बॉस, दस का दम, सच का सामना, राज़ पिछले जन्म का जैसे टीवी शो कर चुकी हैं। हिन्दी में इनकी आत्मकथा 'मैं हिजड़ा...मैं लक्ष्मी!' नाम से प्रकाशित हो चुकी है। कैंसर और एच.आई.वी. पीड़ितों के लिए इन्होंने विशेष रूप से काम किया है। ये कई वैश्विक मंचों पर व संयुक्त राष्ट्र में भारतीय हिजड़ा समुदाय का प्रतिनिधित्व करने वाली पहली ट्रांसजेंडर हैं। वर्तमान में ये किन्नर अखाड़े की पहली महामण्डलेश्वर बनायी गयी हैं।

4. मानोबी बन्द्योपाध्याय : (पश्चिम बंगाल)

मानोबी बन्द्योपाध्याय भारत की पहली ट्रांसजेंडर प्रिंसिपल हैं। ये 9 जून 2015 को कलकत्ता के नदिया ज़िले में कृष्णा नगर विमेंस

कॉलेज की प्राचार्या बनायी गयीं। मानोबी वर्तमान में पश्चिम बंगाल ट्रांसजेंडर विकास बोर्ड की प्रमुख हैं।

मानोबी ने वर्ष 1995 में ट्रांसजेंडर को लेकर पहली बांग्ला पत्रिका 'अबोमनोब (शुभुमन)' की शुरुआत की। उन्होंने ट्रांसजेंडर को लेकर दो महत्त्वपूर्ण किताबें भी लिखी है–जो 'अन्तहीन' (Ontohin Ontorin Prositovortika–Endles Bondage) और 'बांग्ला साहित्य में थर्ड जेंडर' के नाम से प्रकाशित हो चुकी हैं।

मानोबी सोमनाथ के नाम से जानी जाती रहीं। लेकिन इनका अन्तर्मन बराबर अपने को स्त्री के रूप में देखता रहा। उनकी आत्मकथा 'ए गिफ़्ट ऑफ़ गॉडेस लक्ष्मी' के नाम से आ चुकी है जो अभी हाल ही में 'पुरुष तन में फँसा नारी मन' के नाम से हिन्दी में भी प्रकाशित हो चुकी है। मानोबी का जन्म सोमनाथ के रूप में हुआ था। लेकिन बचपन में ही उन्हें यह अहसास होने लगा कि वो इन सबसे अलग हैं। धीरे–धीरे उन्हें यह महसूस होने लगा कि उन्हें लड़कियों की तरह रहना पसन्द है। उनके स्त्रैण हाव–भाव (feminine nature) के कारण वे एक तरफ़ आकर्षण का केन्द्र बनीं तो वहीं दूसरी तरफ़ सेक्सुअली काफ़ी शोषित भी हुईं। जीवन में परिवार की इच्छा रखने वाली मानोबी शिक्षिका, लेखिका, सामाजिक कार्यकर्ता के रूप में चाहे जितनी भी सफल और प्रसिद्ध हों निजी तौर पर वे ख़ुद को अकेला ही महसूस करती हैं।

11 सितम्बर 2018 को 'किन्नर : समाज और साहित्य' नाम से महिला महाविद्यालय (बी.एच.यू., वाराणसी) में संगोष्ठी आयोजित की गयी। इस संगोष्ठी को मानोबी बन्द्योपाध्याय ने सम्बोधित किया। विश्वविद्यालय के सौ वर्षों के इतिहास की यह पहली संगोष्ठी थी। इस संगोष्ठी में श्रोताओं की संख्या हज़ार के आसपास थी और श्रोताओं की प्रतिक्रिया भी काफ़ी सकारात्मक रही। यह कोशिश की गयी कि किन्नर समुदाय पर जीववैज्ञानिक, मिथकीय, ऐतिहासिक, मनोवैज्ञानिक, सामाजिक और साहित्यिक पक्षों पर एक साथ बात रखी जा सके। इसे केन्द्र में रखकर प्रियंका ने विषय स्थापना

दी थी और मानोबी जी ने इस संगोष्ठी को सम्बोधित किया था। प्रो. चन्द्रकला त्रिपाठी इस संगोष्ठी की मज़बूत कड़ी की तरह शुरू से अन्त तक खड़ी रहीं और उनकी जीवटता थी कि उन्होंने इस आयोजन को कराने की अनुमति दी वह भी उत्तर प्रदेश के विपरीत पुरुषवादी वर्चस्व वाले माहौल में।

5. कल्कि सुब्रमण्यम : (तमिलनाडु)

कल्कि का जन्म तमिलनाडु के पोल्लाची शहर में हुआ था। कल्कि वर्तमान में ट्रांसजेंडर अधिकारों के लिए लड़ने वाली एक्टिविस्ट, कलाकार, अभिनेत्री, लेखिका और उद्यमी हैं।

मध्यवर्गीय परिवार में जन्मी कल्कि एक अच्छी विद्यार्थी रहीं और अपनी कक्षा की टॉपर बनीं। कल्कि ने एम.ए. की दो–दो डिग्रियाँ लीं। उन्होंने मास कॉम में एम.ए. किया और साथ ही इंटरनेशनल रिलेशनशिप में भी एम.ए. की डिग्री ली। अपनी पोस्ट ग्रेजुएट डिग्री लेने के दौरान ही उन्होंने 'सहोदरी' (बहनें) नाम से मासिक पत्रिका निकालना शुरू किया। यह ट्रांसजेंडर के लिए तमिलनाडु से निकलने वाली पहली पत्रिका है।

कल्कि ने वर्ष 2008 में सहोदरी फ़ाउंडेशन की भी स्थापना की जो ट्रांसजेंडर्स के हक़ की लड़ाई लड़ता है। वर्ष 2017 में उन्होंने ट्रांसजेंडर्स के लिए 'सहज इंटरनेशनल' नाम से कोच्ची, केरल में भारत का पहला ट्रांसजेंडर स्कूल खोला।

वर्ष 2011 में ट्रांसजेंडर के ऊपर आधारित तमिल फ़िल्म 'Narthagi' में उन्होंने काम किया। 2018 में उन्होंने तमिल फ़िल्म सरकार में स्पेशल अपीयरेंस दिया। इसके साथ ही कल्कि अपनी चित्र प्रदर्शनी के लिए विदेशों में भी आमन्त्रित हो चुकी हैं।

6. पद्मिनी प्रकाश : (तमिलनाडु)

अगस्त 2014 में पद्मिनी भारत की पहली ट्रांसजेंडर टीवी एंकर बनीं जिन्होंने टेलीविज़न न्यूज़ शो की एंकरिंग शुरू की। 15 अगस्त 2015

से तमिल–तेलुगु के लोटस चैनल पर उन्हें यह सुनहरा मौक़ा मिला और इस तरह उन्होंने इतिहास रच दिया। शाम 7 बजे के प्राइम टाइम शो को प्रसारित करना यह पूरे ट्रांसजेंडर समुदाय के लिए गर्व की बात है।

पद्मिनी का जन्म कोयम्बटूर, तमिलनाडु में हुआ था। उन्हें भी परिवार और समाज की उपेक्षा झेलनी पड़ी। अन्त में 13 वर्ष की उम्र में उन्होंने घर छोड़ दिया। घर छोड़ने के बाद उन्होंने आत्महत्या की कोशिश की लेकिन कुछ लोगों के द्वारा बचा ली गयीं। इसके बाद उन्होंने स्कूली शिक्षा फिर दूरस्थ शिक्षा के माध्यम से बी.कॉम. की पढ़ाई पूरी की। आगे चलकर सर्जरी के बाद वे विवाह बन्धन में भी बँधीं। पति के प्रोत्साहन से उन्होंने आगे अपनी राह बनायी।

पद्मिनी भरतनाट्यम में प्रशिक्षित हैं और उन्होंने ट्रांसजेंडर ब्यूटी कांटेस्ट में भी भाग लिया।

7. पृथिका याशिनी : (तमिलनाडु)

छब्बीस वर्षीय (तत्समय) पृथिका याशिनी का सम्बन्ध चेन्नई से है। पृथिका का जन्म सेलम ज़िले में प्रदीप कुमार के रूप में हुआ था। कम्प्यूटर में उन्होंने अपना अंडरग्रेजुएशन पूरा किया। इसके बाद लिंग परिवर्तन करा कर उन्होंने पृथिका याशिनी का नाम अपना लिया। पृथिका ने जब उपनिरीक्षक के पद के लिए आवेदन किया तब उनका आवेदन स्वीकृत नहीं किया गया क्योंकि लिंग के स्थान पर वहाँ दो ही कॉलम थे–स्त्री और पुरुष का। इसके बाद याशिका ने उच्च न्यायलय में आवेदन दिया। कोर्ट ने याशिका के पक्ष में फ़ैसला सुनाया और वर्ष 2016 में कोर्ट के दिये गये निर्णय के आधार पर उन्होंने तमिलनाडु के धर्मापुरी ज़िले में उपनिरीक्षक के पद पर अपना कार्यभार सँभाला। इस तरह वे भारत की पहली ट्रांसजेंडर सब–इंस्पेक्टर बन गयीं।

8. रोज़ वेंकटेसन : (तमिलनाडु)

रोज़ वेंकटेसन का सम्बन्ध भी चेन्नई, तमिलनाडु से है। इन्होंने वर्ष 1996 में श्री रामकृष्ण मिशन हायर सेकेंडरी (दक्षिण), चेन्नई से अपनी स्कूली शिक्षा पूरी की। आगे मैकेनिकल इंजीनियरिंग की पढ़ाई पूरी की। संयुक्त राज्य के लुसिआना टेक विश्वविद्यालय से बायो मेडिकल इंजीनियरिंग की पढ़ाई पूरी कर उन्होंने वेबसाइट डिज़ाइनर के रूप में भी काम किया।

टेलीविज़न टॉक शो होस्ट करने वाली वे पहली ट्रांसजेंडर बनीं और विजय टीवी पर आये 'आईपैडिकुक रोज' नाम से टीवी शो का संचालन किया। इन्होंने रेडियो जॉकी के रूप में भी काम किया है।

9. अक्काई पद्मशाली : (कर्नाटक)

अक्काई पद्मशाली का सम्बन्ध बेंगलुरु से है। इनका जन्म जगदीश अक्काई (लड़के) के रूप में हुआ था। इनके पिता एयरफोर्स में थे और माँ गृहिणी। लैंगिक विरोधाभास की वजह से इन्होंने आत्महत्या तक का मन बनाया। लेकिन आगे चलकर इन्होंने जेंडर चेंज किया। हिजड़ा समुदाय की विसंगतियों को समझते हुए इन्होंने 'संगमा' नाम की संस्था के साथ मिलकर सेक्सुअल अल्पसंख्यकों के लिए काम किया।

अक्काई पहली ट्रांसजेंडर हैं जिन्होंने कर्नाटक का प्रतिष्ठित 'राज्योत्सव पुरस्कार' जीता। इस पुरस्कार के लिए क्रिकेटर विनय कुमार, फ़िल्म अभिनेता स्वोकार, जानकी सदाशिव ब्रह्मवार, शानी महादेवप्पा, साधु कोकिला, इंडियन स्पेस रिसर्च ऑर्गनाइज़ेशन के चेयरमैन ए. एस.किरण कुमार और थिएटर एक्टर एच.जी. सोमाशेखर राव के भी नाम थे।

10. मधु बाई किन्नर : (छत्तीसगढ़)

7 जनवरी 2015 को रायगढ़ (छत्तीसगढ़) के महापौर के तौर पर मधु किन्नर ने पद एवं गोपनीयता की शपथ ली। सुप्रीम कोर्ट के नालसा

मामले पर निर्णय आने के नौ महीने बाद ये निर्दलीय मेयर बनीं। मधु बिना किसी पार्टी की सदस्य बने स्वतन्त्र राजनेता के रूप में कार्य करना चाहती हैं। 'द गार्डियन' में भी इस सन्दर्भ में रिपोर्ट प्रकाशित हो चुकी है।

11. सोनिया मौसी : (गुजरात)

7 दिसम्बर 2007(12:39) को बीबीसी. हिन्दी.कॉम पर विनोद वर्मा की एक रिपोर्ट आयी। इस रिपोर्ट में कहा गया कि "सोनिया चाहती हैं कि गुजरात की जनता को एक किन्नर को जिताना चाहिए जिससे कि यदि कॉंग्रेस–भाजपा जनता का काम न करें तो वे 'अपनी वाली' करके जनता का काम करवा सकें।"

सोनिया इस तरह गुजरात किन्नर समाज का चेहरा बन गयीं। सोनिया अहमदाबाद की शाहपुर विधानसभा में 'रिपब्लिकन पार्टी ऑफ़ इंडिया' की प्रत्याशी बनीं। उनका यह कहना है कि उनकी माँ आईएएस अधिकारी हैं और पिता भी किसी बड़े सरकारी पद पर हैं। सोनिया शबनम मौसी की ही तर्ज पर अपने को सोनिया मौसी कहलवाना पसन्द करती हैं।

12. मोनिका दास : (पटना)

मोनिका दास भारत की पहली ट्रांसजेंडर बैंकर हैं। इनके बचपन का नाम गोपाल था। पच्चीस वर्ष की उम्र में इन्होंने बैंकिंग की परीक्षा पास की। अक्टूबर 2015 में उन्होंने बैंक ज्वाइन किया। पटना लॉ कॉलेज से उन्होंने एल.एल.बी की डिग्री भी ली। उनकी स्कूली शिक्षा नवोदय विद्यालय से हुई जबकि ग्रेजुएशन पटना यूनिवर्सिटी से किया। अपने ट्रांसजेंडर होने की वजह से स्कूल के दिनों में वे अलग–थलग रहती थीं। पारिवारिक उपेक्षाओं के बीच उन्होंने अपना मुक़ाम हासिल किया।

13. सत्या श्री शर्मिला : (तमिलनाडु)

सत्य श्री शर्मिला का सम्बन्ध तमिलनाडु राज्य से है। तमिलनाडु के रामनाथपुरम ज़िले में रहने वाली शर्मिला छत्तीस वर्ष की उम्र में भारत की पहली ट्रांसजेंडर वकील बनीं। बार काउंसिल ऑफ़ तमिलनाडु तथा पुद्दुचेरी में उन्होंने अपना दाख़िला करवाया है। वर्ष 2004–2007 के दौरान उन्होंने क़ानून का अध्ययन किया।

14. जोयिता मण्डल : (पश्चिम बंगाल)

जोयिता मण्डल का जन्म कलकत्ता, पश्चिम बंगाल में हुआ। उनतीस वर्ष की जोयिता भारत की पहली ट्रांसजेंडर जज हैं। उन्हें 8 जुलाई 2017 को पश्चिम बंगाल के इस्लामपुर की लोक अदालत में जज नियुक्त किया गया। जीवन के आरम्भिक दौर में उन्हें भी कई तरह की उपेक्षाएँ झेलनी पड़ीं। बचपन से ही ये लड़कियों की तरह रहना चाहती थीं। लगातार पारिवारिक और स्कूली उपेक्षाओं के बीच उन्होंने घर और स्कूल दोनों ही छोड़ दिया। भीख माँगने से लेकर कई तरह के काम उन्हें करने पड़े। फिर दूरस्थ शिक्षा के माध्यम से उन्होंने अपनी पढ़ाई पूरी की। वर्ष 2010 में अपने ज़िले से पहली वोटर आईडी पाने वाली ट्रांसजेंडर बनीं।

15. शाबी : (आन्ध्र प्रदेश)

शाबी भारत की पहली ट्रांसजेंडर हैं जो सेना में रहीं। ये पुरुष रूप में जन्मी थीं और एम. के. गिरि के नाम से जानी जाती थीं। वर्ष 2010 के आसपास इन्होंने नेवी ज्वाइन किया। शाबी मरीन इंजीनियरिंग विभाग से सम्बन्धित हैं। इन्होंने विशाखापट्नम के नेवल बेस को ज्वाइन किया था। वर्ष 2016 में उन्होंने सेक्स चेंज ऑपरेशन करवाया। हालाँकि इस ऑपरेशन के बाद अपनी नौकरी बचाने के लिए उन्हें नेवी से कड़ा संघर्ष करना पड़ रहा है। उन्होंने अपनी बात रखते हुए कहा है कि "मेरी क्षमता अभी ख़त्म नहीं हुई है और मैं अभी भी नेवी में काम करने के क़ाबिल हूँ। मैं अभी भी दुश्मन को

शूट करने के लिए ट्रिगर दबा सकती हूँ। मैं अपने देश की सेवा क्यों नहीं कर सकती? मैं उतनी ही भारतीय हूँ जितना कि कोई और। ...आख़िर नेवी एक फिट पुरुष को सिर्फ़ एक ऑर्गन चेंज कराने के बाद अचानक अनफिट करार कैसे दे सकती है?

16. जिया दास : (पश्चिम बंगाल)

जिया दास का सम्बन्ध पश्चिम बंगाल से है। कोलकाता के मालदा ज़िले की जिया दास पहली ट्रांसजेंडर हैं जो ऑपरेशन थिएटर तकनीशियन बनीं। इनका नाम जीशु दास था। जिया संस्कृत से ग्रेजुएट हैं। उनके परिवार में आर्थिक परेशानियाँ थीं। पिता के दिल के ऑपरेशन के समय उन्हें नाचना पड़ा और अश्लील टिप्पणियाँ भी सुननी पड़ीं। कई बार उन्हें गन पॉइंट पर नाचने को मजबूर होना पड़ा। लेकिन आज वो चिकित्सा क्षेत्र में कार्यरत हैं।

17. सिमरन : (मुम्बई)

सिमरन का जन्म मुम्बई की पारसी कॉलोनी में हुआ था। लड़कियों जैसा बनने के सपने देखने वाले सिमरन को अन्ततः चौदह वर्ष की उम्र में परिवार छोड़ देना पड़ा। जब इन्होंने घर छोड़ा इनकी जेब में मात्र सोलह रुपये थे। तीन दिन मुम्बई सेंट्रल स्टेशन पर बिताने के बाद अन्ततः उन्हें हिजड़ा समुदाय का साथ मिला।

धीरे–धीरे इन्होंने ख़ुद को ढालना शुरू किया। समुदाय के साथ ताली बजानी सीखी। सड़क पर खड़े होकर धन्धा करना सीखा। बाद में यह असुविधाजनक लगने पर उन्होंने बार में नाचने का काम शुरू किया और साईं बाबा की आरती के समय नाचकर बार में कमाना शुरू किया। ऐसे ही पैसे जमा कर उन्होंने बी.ए. तक की पढ़ाई की। इसके बाद ये एड्स से जुड़े एन.जी.ओ. से जुड़ीं और अन्ततः ये राष्ट्रीय स्तर पर सामाजिक कार्य कर रही हैं। 'सत्यमेव जयते' में सीजन–3 के तीसरे एपिसोड में ये आ चुकी हैं।

18. ग़ज़ल (पंजाब)

ग़ज़ल का सम्बन्ध पटियाला, पंजाब से है। ये बॉलीवुड में फ़िल्म लेखिका के तौर पर काम कर रही हैं। 'सत्यमेव जयते' में आमिर ख़ान से बात करते हुए कहती हैं मेरा जन्म एक ग़लत शरीर में हुआ था। मैं गुन्नू थी लेकिन मुझे लड़कियाँ और उनकी चीज़ें पसन्द थीं। मैं ज़्यादातर उन्हीं के साथ रहना पसन्द करती थी। पाँच साल की उम्र से मुझे यह अहसास होने लगा था जब एक आंटी ने मुझे मम्मी के कपड़े से खेलते हुए देखकर थप्पड़ मारा तब लगा कि कुछ है जो ग़लत है। मेरा शरीर अलग है और आत्मा अलग। स्कूल में मुझे चिढ़ाया जाता तो मैं अपनी पहचान छिपाने की कोशिश करती। अपने स्त्री सम्बन्धी हाव–भाव पर हर मिनट, हर सेकेण्ड नियन्त्रण करने लगी। जब 16 साल के आसपास पहुँची तब क्लास में हर किसी के रिलेशनशिप बन रहे थे, सभी डेट पर जा रहे थे लेकिन मुझे लगता कि मुझे अकेले रहना है।

डिप्रेशन में मैंने घर छोड़ दिया और दिल्ली चली गयी। पहली बार डर लगा क्योंकि हर जगह रिक्शे वाले, ऑटो वाले मिलते, कहते, हमारे साथ चलो। लेकिन मेरे पिता और घर के लोगों ने साथ दिया। वे मुझे वापस ले गये। फिर मैंने इंजीनियरिंग की पढ़ाई की। इंफोसिस में नौकरी की। लेकिन मुझे कुछ करना था जो परिवार के लिए हो, कुछ अलग हो। मेरा एक सपना था, बॉलीवुड से जुड़ने का। मैंने फ़िल्म मेकिंग का कोर्स किया और जब डॉक्यूमेंट्री बनाने का मौक़ा मिला तब मैंने जेंडर आइडेंटिटी पर ही डॉक्यूमेंट्री बनायी। शोध किया, कई लोगों से मिली, सारी दिक़्क़तों को समझा। फिर जब फ़िल्म ख़त्म हुई तब घर वालों ने मेरी तरफ़ देखा और कहा कि तुम कब करा रहे हो ये ऑपरेशन? ये टर्निंग पॉइंट था और इसके बाद सारे दोस्तों, रिश्तेदारों को मेल किया कि मैं लड़की हूँ। अच्छी बात यह रही कि सबने मुझे स्वीकार भी किया। ऑपरेशन के बाद पहली बार जब मुझे डॉक्टर ने मेरे पार्ट्स दिखाये और बताया तब मैं बहुत–बहुत शान्त थी। मेरे अन्दर कोई उत्तेजना या उत्साह नहीं था।

लगा यही तो होना चाहिए था। बस शान्ति थी। पहली बार रूह को जैसे शरीर मिल गया था। जैसे जेल ख़त्म हो गयी हो।

अन्त में आमिर कहते हैं कि 'जब माँ–बाप स्वीकार करते हैं तो आसपास के लोग और सब लोग स्वीकार कर लेते हैं।' सच में आज थर्ड जेंडर के लिए ये सबसे ज़रूरी है कि उन्हें स्वीकार किया जाये।

19. रिया दास : (केरल)

रिया दास का सम्बन्ध केरल से है। अगस्त 2017 में पश्चिम बंगाल की जोयिता मण्डल के बाद रिया दूसरी ट्रांसजेंडर हैं और केरल की पहली ट्रांसजेंडर जिन्होंने न्यायधीश पद को प्राप्त किया। रिया ट्रांसजेंडर एक्टिविस्ट के तौर पर भी काम करती रही हैं। मालाप्पुरम डिस्ट्रिक्ट लीगल सर्विसेज अथॉरिटी (DLSA) के तहत उन्होंने इस पद को ग्रहण किया।

20. विद्या : (तमिलनाडु)

विद्या का सम्बन्ध चेन्नई, तमिलनाडु से है। विद्या अभिनेत्री, असिस्टेंट डायरेक्टर, लेखिका और ट्रांसजेंडरर्स के अधिकारों के लिए लड़ने वाली सामाजिक कार्यकर्ता हैं। इनकी बायोग्राफ़ी 'आमी विद्या' नाम से तमिल भाषा में लिखी गयी और कई भाषाओं में अनूदित हो चुकी है।

विद्या ने तंजावर तमिल यूनिवर्सिटी से एप्लाइड लिंग्विस्टिक्स में पोस्ट ग्रेजुएट की डिग्री ली और अपना करियर इलेक्ट्रॉनिक डाटा प्रोसेसिंग असिस्टेंट के रूप में शुरू किया। उन्होंने कई शॉर्ट फ़िल्म, डॉक्यूमेंट्री और थिएटर में भी काम किया है।

मई 2015 में विद्या की ऑटोबायोग्राफ़ी 'आई एम विद्या' पर 'Naanu Avanalla...Avalu' नाम से फ़िल्म बन चुकी है। यह फ़िल्म 62वें राष्ट्रीय फ़िल्म महोत्सव में दिखायी गयी और बेस्ट एक्टर और बेस्ट मेकअप आर्टिस्ट के लिए पुरस्कृत हुई। यह फ़िल्म बी. एस. लिंगादेवारू के द्वारा निर्देशित की गयी। इसके साथ ही यह कर्नाटक राज्य फ़िल्म पुरस्कार, बेंगलुरु इंटरनेशनल फ़िल्म फेस्टिवल आदि से भी सम्मानित हो चुकी है।

किन्नर समुदाय की इन महत्त्वपूर्ण सफलताओं के साथ ही कई अन्य नाम हैं जो धीरे–धीरे हमारे सामने आ रहे हैं। राजस्थान की गंगा कुमारी, पश्चिम बंगाल की रिया सरकार, बंगाल की ही कल्याणी विश्वविद्यालय की सुमना प्रमाणिक (Sumana Pramanik) महत्त्वपूर्ण नाम हैं। सुमना पहली ट्रांसजेंडर हैं जो गोल्ड मेडलिस्ट बनीं और वह भी एम. एस सी. गणित में गोल्ड मेडलिस्ट। एक दौर वह भी था जब यह माना गया कि पुरुष ही केवल तकनीकी और गणितीय सवालों से उलझ सकते हैं और आज यह भी समय है कि अवसर मिलने पर हमारे समाज का सबसे बहिष्कृत वर्ग भी अपनी प्रतिभा साबित करने में पीछे नहीं है। ज़रूरत है बस समाज के आगे बढ़कर सहयोग करने की।

नोट : इस अध्याय में बहुत से नाम छूट भी गये होंगे। उम्मीद है कि आगे आने वाले और भी विस्तार से इन तथ्यों को खोलेंगे।

यह अध्याय विभिन्न पत्र–पत्रिकाओं, समाचार पत्रों, ब्लॉग से एकत्रित की गयी सूचनाओं के आधार पर लिखा गया है।

साक्षात्कार खण्ड

साहित्य अकादेमी पुरस्कार से सम्मानित चित्रा मुद्गल से साक्षात्कार

'पोस्ट बॉक्स न. 203 नाला सोपारा'–यहीं क्यों? कुछ और क्यों नहीं? मुम्बई की रक्तवाहिनी लोकल ट्रेन के वेस्टर्न उपनगर का लगभग आख़िरी स्टेशन...रोज़गार को सम्मान देने वाले लोग, सीधे–सादे बिन्दास...यही जगह और यहीं का विनोद उर्फ़ बिन्नी क्यों? कहीं और का क्यों नहीं?

दरअसल इसके पीछे एक कहानी है। बिन्नी की कहानी और उसके पीछे की कहानी उसके परिवार से जुड़ी हुई है। बिन्नी का परिवार कालबा देवी में रहता है। कालबा देवी मुम्बई के चर्च गेट स्टेशन से डेढ़–दो मील की दूरी पर पड़ता है। कालबा देवी में इनकी दुकानें थीं लेकिन जिस दिन थर्ड जेंडर बिन्नी के बारे में जानकारी हुई उन्होंने आकर कहना शुरू किया कि हमें बच्चा दे दो। लोगों ने जब पूछा कि क्यों आये थे तो पहले तो उन्होंने कहा कि बहू गर्भवती है इसलिए आये थे लेकिन फिर वे दुबारा, तिबारा और बार–बार आने लगे और कहना शुरू किया कि हमें बच्चा दे दो नहीं तो हम तुम्हारी इज़्ज़त उतार देंगे। यह तो उपन्यास में है लेकिन जब ये बिन्नी को ले जाते हैं तब उनके परिवार को झूठ रचना पड़ा कि पिकनिक पर गया और बस दुर्घटना में मारा गया। इसके बाद वे नाला सोपारा जैसी उजाड़ जगह पर जो अभी बस रहा था ज़मीन ख़रीद कर बस गये। लेकिन दरअसल ये इतना बड़ा मसला है हमारे

भारतीय समाज का कि अगर इस तरह की कोई बात किसी के घर के बारे में पता चलती है तो न केवल लोग उसकी बदनामी करते हैं बल्कि शादी–ब्याह जैसे मामलों में भी पीढ़ी–दर–पीढ़ी कोई खड़ा नहीं होता। असल में हमारे भारतीय परिवार बहुत 'धर्मपरायण' हैं...

मैम, जैसा आपने भी अभी कहा और उपन्यास में भी इसका ज़िक्र है कि हिजड़ा लोग आते हैं, बच्चों को ज़बरदस्ती माँगकर या छीनकर ले जाते हैं। लोगों के बीच भी यही धारणा है तो आप इस पर क्या कहेंगी? बहुत बार ऐसा होता है कि वो ख़ुद आगे बढ़कर आकर नहीं मिलना चाहते हैं, अब जबकि यह दौर बदल रहा है इस तरह से बच्चे को लेकर जाना किस हद तक सही है?

असल में हमने उन्हें ख़ुद कभी अपना नहीं माना है। उन्हें तीज–त्योहार से अलग कर दिया गया है। आपके भगवान उनके नहीं हैं। उनके भगवान तक अलग कर दिये गये हैं। उन्होंने अब ख़ुद ही भगवान बना लिया है। वो जो वंश नहीं चला सकता उसे समाज में रहने का कोई हक़ नहीं है ये बात उन पर कभी थोपी गयी है। इस सदी या उस सदी में। रामायण, महाभारत में उनके उदाहरण मिलते हैं लेकिन वहाँ भी किसी सामान्य या अच्छी स्थिति में नहीं हैं वो। कोई सम्पन्न परिवेश हो तब भी उन्हें चिह्नित किया जाता रहा है। यानी वो अब यह मानकर चलते हैं कि उन्हें अपने घर से निकाल दिया गया है इसलिए वे स्वीकार्य नहीं हैं। उन्हें दूर कर दिया गया है इसीलिए वो अपने तरह के हर बच्चे को लेने चले आते हैं कि ये तो हमारी बिरादरी का है। इनके साथ आज नहीं तो कल यही होना है। कल को ये उन्हें प्रताड़ित करके घर से निकालें क्यों न इससे पहले ही हम उन्हें सुरक्षा प्रदान करें ताकि जो हमने झेला है वो उन्हें न झेलना पड़े। वो अपनी संख्या बढ़ाते हैं। सुरक्षा और जीवनचर्या को ध्यान में रखकर वो आपके साथ ज़बरदस्ती करने के लिए मजबूर होते हैं। आप उन्हें शादी में नाचने के लिए बुलाते हैं, लेकिन उन्हें भी पता होता है कि आप मनोरंजन कर रहे हैं,

इज़्ज़त नहीं दे रहे, इसलिए वो भी अपने मनोरंजन की क़ीमत वसूल लेते हैं।

वर्ष 2016 में 'नाला सोपारा' प्रकाशित होती है और 27 सितम्बर 2016 को ममता कालिया नवभारत टाइम्स ब्लॉग पर लिखती हैं–

"नाला सोपारा मैं थोड़ा परहेज़ से शुरू करती हूँ। कहीं इसमें भी स्त्री–विमर्श के बासी मुद्दे न हों, जो अर्थहीन, अन्तहीन बहसों से दम तोड़ चुके हों। नहीं, बिल्कुल नहीं। नाला सोपारा नितान्त नयी कथावस्तु प्रस्तुत करता नये शिल्प का उपन्यास है। हम लेखकों ने हिजड़ा समुदाय पर यदा–कदा लिखा है। इन पर फ़िल्में भी कभी–कभी बनी हैं, किन्तु उनकी पीड़ा, परेशानी और प्रत्याशाओं को उठाने का तार्किक प्रयत्न नहीं किया गया है।"

ममता जी जैसी ज़िम्मेवार लेखिका इस तरह कह रही हैं तो क्या हमें यह मानना चाहिए कि हम सिर्फ़ 'रोमांच' और 'ताज़ेपन' के लिए लिखें, क्योंकि समस्याएँ तो आज भी समाप्त नहीं हुई हैं? क्या हमें सिर्फ़ इसीलिए हिजड़ा समुदाय पर लिखना चाहिए कि यह ताज़ा और रोमांचित करने वाला मुद्दा है? आप क्या सोचती हैं?

She is contradictory person. वो दुविधा में हैं। वो ख़ुद ही नहीं जान रही हैं कि उन्हें कहना क्या है? कुछ कहना है तो कहो। अरुण जो कलकत्ता विश्वविद्यालय में हैं देखिए वो कहते हैं कि ये 'ट्रेंड सेटर' उपन्यास होगा।

नहीं, यहाँ यह कहा जा रहा है कि स्त्री–विमर्श अब बासी हो चुका है और ट्रांसजेंडर का विमर्श ताज़ा है...

असल में उनका सोशल कनसर्न ज़ीरो है। वे शिक्षाविद् रही हैं। विद्यार्थिनें उनसे पढ़ने आती थीं लेकिन उन्हें कभी नहीं लगा कि जो ग़रीब विद्यार्थिनें हैं उनके लिए सेनेटरी पैड्स, टॉवेल्स दी जानी चाहिए। उन्होंने कभी इस तरह से काम ही नहीं किया है। हम लोगों ने किया है। सर्वोदय बालिका विद्यालय, शेरजंग गर्ग की पत्नी प्रिंसिपल थीं। हमने उनसे कहा कि चिह्नित कीजिए। तो स्त्री–विमर्श क्या है?

अधिकार मिलना चाहिए, पति से अधिकार मिलना चाहिए लेकिन उसकी बेसिक ज़रूरतें क्या हैं? बहुत बार ऐसी लड़कियाँ मिलीं जो कपड़ों में बालू भर–भर कर इस्तेमाल करती हैं। आदिवासियों में तो पूरी की पूरी अलग ही परम्परा है, इससे मिलती–जुलती। उनके पास कपड़े नहीं हैं। तो स्त्री–विमर्श का अर्थ यह है कि बेसिक मुद्दे क्या हैं? एक बच्ची को कैसे सँभलना है, यह बताया जाये। पहले नींव तो मज़बूत हो। लड़कियों की ज़िन्दगी किसी भी तरह से बाधित नहीं होनी चाहिए। हमने लड़कियों को वर्कशॉप कराया है कि उन्हें कैसे आगे बढ़ना चाहिए। क्या ममता कालिया ने सिखाया है ऐसे कभी? स्त्री–विमर्श के मुद्दे क्या हैं? पति ने छोड़ दिया तो स्त्री दोषी है। धर्म और समाज ने रूढ़ियों का निर्माण किया है। इसके आरम्भिक रूप कुछ और थे कि अगर स्त्री की यह समस्या है तो उसे आराम की सलाह दी जाती थी कि वह जांत न पीसे, चक्कियाँ न पीसे, आराम करे। तो वह बना तो अच्छे के लिए था लेकिन धर्म ने कहा कि इसमें कोई मंगल काम नहीं कर सकते। वह कौन–सा पहला बच्चा होगा जिसे घूरे पर फेंका गया होगा? लिंग पूजा तो इसलिए थी कि वीर्य का सृष्टि के निर्माण में योगदान था लेकिन धर्म ने बताया कि जो लिंगविहीन है, जो वीर्य नहीं दे सकता उसे बाहर फेंक दो। जब ये पण्डित मन्त्र पढ़ते हैं तो हम उसे सुनते नहीं कि वो क्या कह रहे हैं? समझते नहीं बस मान लेते हैं। संस्कृत को ही हम कितना जानते हैं? तो बिना समाज में उतरे या उसके सरोकारों को समझे ऐसे ही कुछ भी नहीं कह देना चाहिए। और इस तरह फेंके जाने के बाद कभी उनकी बात ही नहीं की गयी। उन पर लिखा ही नहीं गया। साहित्य में भी नहीं लिखा गया। साहित्य ने अगर उनकी बात उठायी होती, 'निर्मला' की तरह उन पर लिखा गया होता तो आज थर्ड जेंडर की स्थिति बहुत अलग होती। यहाँ साहित्यकारों ने अपने कर्तव्य को समझा ही नहीं। अभी भी दोनों मुद्दों पर ज़मीनी काम बाक़ी है। सिर्फ़ लिखकर अपने कर्तव्य की इतिश्री नहीं मान लेनी चाहिए। ज़मीन पर उतरिए।

जैसा ममता कालिया जी कहती हैं कि "स्त्री–विमर्श बासी मुद्दा है और ट्रांसजेंडर एक ताज़ा मुद्दा है" लेकिन कई अन्तरराष्ट्रीय शोध यह कह रहे हैं कि अगर हम किन्नर या ट्रांसजेंडर्स को स्त्री–विमर्श के दायरे में लाकर बात करें तो शायद एक बड़ा वर्ग इस पर बात करने में सहज हो पायेगा क्योंकि ट्रांसजेंडर्स के और पक्षों को छोड़ दें तो किन्नर या हिजड़ा समुदाय के लोग मूलतः अपने को 'स्त्री' ही महसूस करना चाहते हैं फिर हम उन्हें क्यों न अपनायें, अलग क्यों करके चलें? केवल शादी ही क्यों मुद्दा होना चाहिए?

नहीं, मैं इस बात से पूरी तरह इनकार करती हूँ कि स्त्री–विमर्श और ट्रांसजेंडर को एक साथ लाना चाहिए। अगर भविष्य में कभी शादी करोगी और अगर कोई बच्चा ऐसा होता है तो तुम उसके साथ ऐसा मत करना। धर्म ने इनके साथ विकट स्थितियाँ पैदा की हैं। जिनके घर में ऐसा बच्चा हो उसके लिए आज खड़े रहें आप। देखो सरकार भी क़ानून बना रही है। आगे आ रही है। देखिए एक समय विधवाओं की स्थिति देखिए। बंगाल की उस भयावह स्थिति और सती प्रथा को याद करिए। पूजा समारोहों में अभी भी गाँवों में विधवाओं को शुभ नहीं माना जाता है। उन्हें रस्म–रिवाज़ों से अलग रखा जाता है। 1823 में ये बातें उठीं। बेथुन साहब के, ईस्ट इंडिया कम्पनी के माध्यम से भी बातें उठीं। फिर भारतीय आगे आये। त्रिपुरा, बंगाल, आसाम को याद करिए। बंगाल में तो बहुत तेज़ी से बदलाव आया। अन्य जगहें भी धीरे–धीरे बदलीं। ये जो धर्मगत व्यवहार था, जो भय दिखाया गया था, सब बदला। सबके लिए क़ानून बना। ऐसे माँ–बाप जो दण्डनीय अपराध करते हैं अपने बच्चे के साथ, उन्हें कड़ी से कड़ी सज़ा दी जानी चाहिए। लेकिन सुप्रीम कोर्ट ने जो आरक्षण की बात कही है मैं उसका पूरा–पूरा विरोध करती हूँ। आरक्षण देकर तो आप उन्हें ऐसे ही रखना चाहते हैं जैसे–आप इन्हें कहीं चपरासी बना देंगे और उसके बाद कहेंगे कि देखिए ये हिजड़ा चपरासी है। शब्द उसके माथे से नहीं उतरेगा। थर्ड जेंडर को लेकर जो ये गालीनुमा शब्द है ये तभी हट सकता है जब नयी पीढ़ी अपनी

पीढ़ी के लिए सम्मानजनक प्रयास करेगी। जैसे लड़कियों को पैतृक सम्पत्ति में अधिकार मिला वैसे ही परिवार इन्हें भी सम्पत्ति और अधिकार से वंचित न करे। मैं क़ानून की माँग कर रही हूँ, आरक्षण देकर इन्हें पंगु मत बनाइए। ये फ़ैशन है–थर्ड जेंडर कविता, थर्ड जेंडर बैंड, इनकी सौन्दर्य प्रतियोगिताएँ, इनका फ़ैशन शो। उसी देह और सौन्दर्य के मानक पर इन्हें घसीटने की कोशिश है जिससे स्त्रियों को लम्बे समय तक लड़ना पड़ा है और आज भी लड़ रही हैं। इन्हें उसी दलदल में फँसाया जा रहा है। आप ज़रा सोचिए एक सामान्य फ़ैशन शो की टिकट अगर पाँच सौ में बिक रही है तो इनकी प्रतियोगिता की टिकटों की क़ीमत तीन हज़ार तक चली जाती है। मतलब जुगुप्सा है अभी भी थर्ड जेंडर को लेकर। कल तक आप दलितों को ही किस तरह अछूत मानते रहे हैं। मेरी एक कहानी है 'डोमिन काकी'। उसे पढ़िए और वहाँ परिवेश, विषय और शब्द देखिए। साहित्य में भी 'चमार' शब्द मिल जायेगा लेकिन आज आप इसका प्रयोग नहीं कर सकते क्योंकि यह असंसदीय हो चुका है। हाल ही में एक मुद्दे में इस तरह के शब्द के प्रयोग पर रामविलास पासवान से लेकर कई बड़े नेता खड़े हुए कि–आप इस तरह के शब्द प्रयोग में नहीं ला सकते हैं। दण्ड का प्रावधान आया। वह शब्द 'चर्म निकालने वाले' से सम्बन्धित था लेकिन समाज ने उसे गाली बना दिया। आज आप बोलकर देख लीजिए सीधे जेल पहुँचेंगे। वैसे ही प्रावधान बनाइए फिर निकल जायेगा ये–'साला हिजड़ा' शब्द। इसके पीछे घृणा की लम्बी परम्परा है। धर्म और उसके नियमों ने समाज को भी मजबूर किया और थर्ड जेंडर को भी। हालाँकि क़ानून बनने के बाद भी अभी एक लम्बी लड़ाई है।

आपके उपन्यास 'नाला सोपारा' का अन्त दुखान्त है। 'मुम्बई 27 नवम्बर। कुर्ला, कालीना कॉम्प्लेक्स से लगी हुई मीठी नदी से पुलिस ने एक किन्नर की फूली हुई लाश बरामद की है। शव की शिनाख़्त नहीं हो पायी है। सर बुरी तरह कुचला हुआ है।' आख़िर ऐसा क्यों?

यह उनकी समस्याओं की भयावहता या वास्तविकता को दिखाने के लिए है या औपन्यासिक शिल्प की विशिष्टता को दिखाने के लिए? क्योंकि बिन्नी तो अभी भी अध्ययन कर रही है...

असल में राजनीति के चारित्रिक रूप को उधेड़ा गया है। राजनीति उन्हें आरक्षण देना चाहती है लेकिन दरअसल बात वह भी नहीं है। जब उस नेता को यह पता लगता है कि यह तो सोच सकता है और अपने हक़ की माँग उठा रहा है। कह रहा है कि भीख क्यों माँगना? बधाई क्यों गाना? नाच–गाकर क्यों लुभाना? तब समझ में आता है कि अगर यह अपनी विकलांगता ख़ुद ही दूर कर लेगा तो हमारे लिए क्या बचेगा? जब मैंने रमोला कक्कड़ (मनोवैज्ञानिक) से बात की तो उन्होंने कहा कि चित्रा जी आप क्या हैं, क्या स्त्री हैं ...क्या आप मटक–मटक कर चलती हैं? आपको हाव–भाव, लटके–झटके दिखाने पड़ते हैं...? नहीं न? फिर? फिर यह तो अपना–अपना अन्दाज़ है। उन्होंने अडॉप्ट कर लिया है। उनके अन्दर स्त्री हार्मोन है क्या इसलिए ऐसा करते हैं? क्या इसीलिए ये नाचते हैं या मटक–मटक कर चलते हैं? लेकिन बात ये है कि हमारे समाज में यह हमेशा से रहा है कि चाहे औरतें नाचें, वेश्या नाचें और अगर इससे हटे तो हमारा समाज तो 'लौंडा' नाच भी पसन्द करता है। पुरुष भी जब घूँघट काढ़कर नाचने लगते हैं तो समाज वाह–वाह करने लगता है। यानी जहाँ कहीं भी उसे लालसा पूरी होती दिखती है वहीं...हाँ अख़्तरी बाई भी हैं जिनके गुण सभ्य समाज में पूजे जाते थे। उनके गुणों पर लोग 'नेग' उतारते थे लेकिन वह एक परम्परा रही है जिसमें गुणियों को आदर दिया जाता रहा है। उसे न्योछावर करना कहते थे। उसका भद्दा रूप अब जाकर आया है। यह इनको भी पता है कि ऐसा करने पर उन्हें ज़्यादा पैसे मिलेंगे। यह सिर्फ़ स्त्रैण होने भर का मुद्दा नहीं है। यह उनकी ज़रूरत का मामला है। जिन्हें बाईल्या कहते हैं, किसी अच्छे–ख़ासे मर्द की आवाज़ भी औरत जैसी हो सकती है, बहुतों की बोली पतली हो जाती है जैसे विष्णु खरे को ही देखिए।

ये जो बात कि चूँकि स्त्री–विमर्श घिस–पिट गया है इसलिए ये आपको चौंकाने वाला मुद्दा नहीं है ये आपको शर्मशार कर देने वाला मुद्दा है। लेखकों को तो ज़रूर आनी चाहिए इस पर शर्म कि उन्होंने कभी इस पर क़दम नहीं उठाया। इस विषय को चित्रा मुद्गल ने फ़ैशन के लिए नहीं उठाया था। ये विषय इनकी समस्याओं को देखकर उठाया गया। मैं समाज सुधारक विद्या जी की शिष्या रही हूँ। असल में जो कुछ भी है वह समस्या के वास्तविक स्वरूप को पकड़ने की कोशिश की गयी है। इनके लिए तो हाशिये में भी जगह नहीं रही है...

मैम, बस्तियों में काम करते वक़्त यह भी मिला बनारस में कि इन्होंने कुछ ज़मीन ख़रीदी है जो मरने के बाद इनकी श्मशान भूमि के रूप में काम आने वाली है मतलब यह स्थिति कि मरने के बाद भी इनके लिए ज़मीन नहीं है हमारे समाज के पास, क्या कहेंगी आप?

हाँ, ऐसा है। अगर जब पूछा जाये और ये अपनी पहचान छिपा ले जायें, तब तो ठीक है। शायद इन्हें जगह मिल भी जाये लेकिन पहचान ज़ाहिर करने की स्थिति में इन्हें कोई जगह नहीं मिलती है। तुम ठीक कह रही हो कि ऐसी स्थितियों में इन्होंने अपने लिए ज़मीन ख़रीद ली हो। कर भी क्या सकते हैं, जब हम उन्हें जलाने के लिए भी जगह नहीं देते हैं। ये रात के अँधेरे में जलाते थे। लेकिन अब तो मृत्यु का भी प्रमाण–पत्र चाहिए होता है तो इनके पहचान–पत्र को लेकर कितनी गम्भीर है सोसाइटी यह भी देखना होगा।

'आदमी की निगाह में औरत' तो हमने समझ ली है। आदमी की निगाह में किन्नर क्या है? आप क्या कहेंगी?

आदमी की निगाह में किन्नर भी उसका परवर्टेड सेक्स है। यहीं उसकी परवर्टेड चाहतें, उसकी परवर्टेड कामनाएँ हैं। आदमी की निगाह में किन्नर यहीं हैं कि वे उसे देखना चाहते हैं। लिंगविहीनता भी है तो आख़िर क्या है? अमेरिका में ऐसा करेंगे तब तो पकड़े जायेंगे लेकिन यहाँ तो ऐसा नहीं है। उपन्यास में 'पूनम' को ही देखिए। युवाओं को उत्सुकता होती है तो वे उसे पकड़ते हैं।

केवल छिद्र पाते हैं तो वो उसे बड़ा करते हैं, सेक्स करते हैं, स्खलित होते हैं। यथार्थ में भी कई बार उन्हें (किन्नरों को) होटलों में बुलाते हैं, पैसे देते हैं, उनके साथ अपनी सन्तुष्टि खोजते हैं। उपन्यास में कई बार अश्लीलता आने की वजह से मैंने इन्हें रहने दिया है लेकिन असल में वास्तविकता यही है कि ये पुरुषों की परवर्टेड चाहते हैं।

एक वर्ग वह भी है कि जो वेश्याओं के पास नहीं जाता या नहीं जा सकते। रेट्स तय होते हैं...इस किन्नर के पास जाना है, सौ रुपये देना है। उधारी भी चलती है। खिलवाड़ होता है। पहले पितृसत्तात्मक समाज ने उन्हें अलग करवाया और फिर वही उनका उपभोग भी करते हैं।

वेश्याओं के लिए भी वेश्यावृत्ति एक मजबूरी रही है, लेकिन उसके पीछे 'अमुक' कारण होता है, लेकिन इनकी तो पैदाइश ही सवालिया होती है और सिर्फ़ 'पैदाइश' की वजह से इन्हें सेक्स वर्क में उतरना पड़ता है, वह भी कोई सांगठनिक रूप से नहीं। फिर इनका शोषण भी दुगुना–तिगुना बढ़ जाता है। इसका हल क्या हो सकता है और साहित्यकारों की भूमिका ऐसे में केवल लिखने तक ही सीमित होनी चाहिए या उन्हें ज़मीन पर भी उतरना चाहिए। आप तो ऐसा करती रही हैं? युवा पीढ़ी के लिए आपकी इस पर क्या राय है?

देखिए, मैं तो सेक्स वर्क का ही विरोध करती हूँ। आख़िर उनमें कौन–सी लड़कियाँ आती हैं जो ह्यूमन ट्रैफ़िकिंग के माध्यम से यहाँ तक पहुँचती हैं। नेपाल, बिहार से ले जाकर शादी करने के नाम पर या नौकरी दिलाने के नाम पर लड़कियाँ बड़े शहरों में बेच दी जाती हैं। कई जगह तो माँ–बाप जानते हुए ऐसी शादियाँ कर देते हैं। एक सवाल है अगर ग़रीब आदमी के दो बेटे हैं और एक बेटी तो वह बेटियों को क्यों बेच देता है? बेटों को क्यों नहीं? वह किसी से शादी कर देता है और वह 'किसी' लड़की को ले जाकर बेच देता है। भूमिका, बिहार में मैं गयी थी, यू. एन. ओ. से जुड़ी हुई एक संस्था है जो मदद करती है, उसके पास से ये बात निकलकर आयी।

बोली–'बाबा ने हमको बेच दिया, मेरी बहन को भी बेच दिया।' एक ग़रीब रिक्शा वाला लेकर गया, एक को कुली लेकर गया। अब वह सोचता है इसे मैं क्यूँ पालूँ? इससे ज़्यादा तो मैं इसे सोनागाछी में कोठे पर बिठाकर कमा सकता हूँ। भारत–पाकिस्तान के विभाजन के समय ही क्या हुआ? एक बार उन्हें आप बचा भी लें तो लोग और उससे भी बढ़कर उनका परिवार ही उन्हें नहीं स्वीकार कर पाता।

मैम, फिर यही तो कहा जा रहा है कि क्या इनके शोषण को कम करने के लिए सांगठनिक रूप की आवश्यकता नहीं है ताकि ये अपनी भी बात रख सकें। दूसरी यह कि युवा पीढ़ी जिस तरह से सोशल मीडिया पर बड़ी–बड़ी बातें करती है, ज़मीनी स्तर पर कुछ भी नहीं है तो फिर इन सब पर आप क्या कहेंगी? जबकि आप ख़ुद इस स्तर पर काम करती रही हैं?

देखिए, जीवन के पास गये बिना जीवन को कैसे समझा जा सकता है? उसके दर्द को, उसकी पीड़ा को, उसकी टीस को समझने के लिए हमारा उसके पास जाना ज़रूरी है। आपको पता है जब किसी का देहावसान होता है और वह जब छाती पीट–पीट कर रो रहा होता है तो उसके पास बैठने वाला भी रो पड़ता है। तो वही है जब तक आप पीड़ा का प्रत्यक्षीकरण नहीं करेंगे, उस अनुभव को नहीं प्राप्त कर सकेंगे। फॉर्मूलाजन्य लेखन केवल कल्पना से नहीं हो सकता है। अमृतलाल नागर पर भी यह बात आती है कि जब 'खंजन नयन' लिखा तो आँखों पर पट्टी बाँधकर लिखते हैं। तो पीड़ा को समझने के लिए ज़मीन पर उतरना ही पड़ेगा। लेकिन ऐसे साहित्यकारों की स्थिति यही रही है कि उनके घर में तीन दिन से चूल्हा जलाने के लिए पैसे नहीं थे। उन्होंने प्रकाशक के पास पैसे लेने के लिए भेजा, लेकिन उन्होंने पैसे नहीं दिये। उस प्रकाशन को दुबारा मैंने अपनी कोई किताब नहीं दी। उन्होंने कहा भी कि हमारे यहाँ ममता जी, रवीन्द्र कालिया, दूधनाथ सिंह सभी लोग किताबें देते हैं। मैंने साफ़–साफ़ कहा कि मैं मामूली लेखिका हूँ, मुझे माफ़ कीजिए।

ऐसी स्थितियाँ भी आती हैं हमारे साथ। यह सब युवा पीढ़ी को समझना होगा। उन्हें जुड़ना होगा और उम्मीद है कि जुड़ेंगे भी। आप ही सब जुड़ रहे हैं जैसे।

वर्ष 2015 के आसपास सेक्स वर्कर नलिनी जमीला जब अपनी आत्मकथा लिखती हैं। मूलतः मलयालम में प्रकाशित इस आत्मकथा के सौ दिन के अन्दर ही छह संस्करण प्रकाशित हो गये। बाद में यह कई अन्य भाषाओं में प्रकाशित हुई है। वे यह लिखती हैं कि "'मैं नलिनी हूँ। मैं अम्बाल्लूर के पास काल्लूर में पैदा हुई। मैं उनचास साल की हूँ।' मैंने इतना कुछ अपनी नोटबुक में लिखा। वह नोटबुक मेरे एक ग्राहक के हाथ लग गयी। उसने पढ़ा और वह भाग खड़ा हुआ। इस घटना के बाद मेरे लिखने की पहली कोशिश बन्द हो गयी।"

मैम! क्या ऐसा तो नहीं है कि हमारी कोशिशें इनके भोजन पर भी आपत्ति ला दें। समाज उन्हें स्वीकार नहीं कर रहा और 'सेक्स वर्क', 'बधाई' और 'भीख' को छोड़ दें तो यही एक ऐसा पेशा है जो उन्हें सबसे ज़्यादा कमाई कराता है? एक पाकिस्तानी डॉक्यूमेंट्री Transgender : Pakistan's open secret (LGBT Documentary Real Stories)।

नहीं अपनायेगा! ज़रूर अपनायेगा। समाज क्या पहले तो परिवार को अपनाना होगा। दाम्पत्य को पहले यह स्वीकार करना होगा कि उनका बच्चा ऐसा होता है तो उन्हें क्या करना होगा? उन्हें तय करना होगा। समाज तो बाद में है। अगर उन्हें घर की हर इकाई स्वीकार कर लेती है तो उनकी ज़िन्दगी यह होगी ही नहीं। जैसे सेक्स वर्कर के लिए ही एम्सटर्डम का क़ानून है कि अगर वो मान लेते हैं और उनके पास कार्ड है कि वो सेक्स वर्कर हैं तो उनके इलाज की भी सुविधाएँ हैं, लेकिन जब यही वर्कर्स सामने आती हैं और हॉस्पिटल जाती हैं तो डॉक्टर और नम्बर लगाने वाले यह कहते हैं कि 'देखिए आपका इलाज हो जायेगा। अगर हम सोनागाछी आयें तो कैसा रहेगा?' तो क्या फ़र्क़ पड़ा? मजबूरी का यही फ़र्क़ पड़ा।

जिस औरत को घर में होना चाहिए उसका यह हाल होता है। उसकी मजबूरी उससे हर जगह यही करवा रही है। घर में पति की ज़्यादतियाँ हैं लेकिन वहाँ तो वह फिर भी थोड़ी सुरक्षित है लेकिन उन जगहों पर क्या? कोलकाता में तो कई जगह स्थितियाँ ये हैं कि घर में सब बेटी की कमाई खा रहे हैं। वह 1 बजे रात को घर आती है लेकिन कोई एक बार भी नहीं पूछता कि तुम अभी तक कहाँ थीं? उषा प्रियंवदा की 'पचपन खम्भे लाल दीवारें' की सुषमा। सुषमा की कमाई पर पूरा परिवार पलता है लेकिन किसी को उसकी थोड़ी–सी भी परवाह नहीं है कि उसके जीवन का क्या? लेकिन फिर भी बातें दूसरी हैं। अन्त में जब नील उससे कहता है कि 'तुम चलो मेरे साथ' तब उसके अन्दर कंडीशनिंग आ जाती है कि वह उससे उम्र में बड़ी है। यह है समाज और उसकी बनावट। वह स्त्री को आत्मनिर्भर भी देख सकता है लेकिन वह अपना चुनाव इस तरह करे यह सम्भव नहीं है। न तब था न आज, स्थितियाँ मध्य वर्ग में बहुत बदली हैं। यहाँ तो फिर भी दूसरी बात है लेकिन कोलकाता, वहाँ का तो मामला ही दूसरा है।

दरअसल इन सबके बीच अर्थ की भूमिका सबसे महत्त्वपूर्ण है। अर्थ के कारण ही बाप बेटी को, पति पत्नी को बेच दे रहा है। अर्थ की भूमिका इन सब में बहुत ज़्यादा है।

बात यही है कि हमें उन्हें परिवार और अर्थ की सुनिश्चितता प्रदान करनी होगी। हमें यह निश्चित करना होगा कि ट्रांसजेंडर अगर मुख्यधारा समाज में जुड़ रहे हैं तो उनके जीवन के लिए, उनकी सुविधाओं के लिए हम क्या कर रहे हैं? क्या हम उन्हें डिस्क्रिमिनेशन से बचा पाते हैं? इसके लिए नयी पीढ़ी को आगे आना होगा। हमें उन पर भरोसा करना होगा। उन्हें मज़बूती प्रदान करनी होगी।

हिजड़ा समुदाय या थर्ड जेंडर के साथ होने वाली हिंसा और अपमान पर आप क्या कहेंगी?

बहुत ग़लत है। एक–दो मामले तो ऐसे भी सामने आये जब शादी हो गयी और लड़की बहुत ख़ूबसूरत थी बाद में पता चला

तो सिर्फ़ इस वजह से उसकी शादी टूट गयी। लोग दस हज़ार रुपये देकर नौकरानी रख लेंगे लेकिन अगर पता चलता है कि वो 'ये' है तो इतनी घृणा है कि पत्नी होने पर भी उसे छोड़ देते हैं। एक नयी पीढ़ी की लड़की थी वह साफ़–साफ़ कहती है कि नहीं! क्यों रखना चाहिए? लेकिन धीरे–धीरे ख़त्म होंगी बातें। जैसे आज दो पीढ़ी के बाद आप दलित को दलित नहीं कह सकते। लोगों के मन में उनके आरक्षण के कारण आक्रोश भरा पड़ा है। तो कुछ तो सरकार और कुछ सरकार और क़ानून दोनों ही कारणों से लोगों की धारणाएँ बदली हैं। शिक्षा ने भी अपना असर डाला है। ऐसे ही इसमें भी सुधार तय है। आज बातें उठ रही हैं...धीरे–धीरे बातें ब़दलेंगी फिर धारणाएँ बदलेंगी, फिर व्यवहार।

यहाँ एक विरोधाभास यह भी है कि इनकी सेक्स समस्याओं और उससे भी बढ़कर जो 'संवेदनात्मक' और 'भावनात्मक' समस्याएँ हैं उनका क्या? अगर हम उन्हें स्त्रीत्व या जिस किसी भी जेंडर में उनके 'सेक्सुअल बिहेवियर' और ओरिएंटेशन' को ध्यान में रखते हुए स्वीकार लें? क्या पुरुष वर्ग उन्हें संगिनी के रूप में या बहन के रूप में स्वीकार करेगा? बहन' फिर भी मान ले लेकिन संगिनी के रूप में स्वीकार करेगा? फिर उनके अस्तित्व का अधूरापन बना ही रहेगा? हालाँकि 'रेडिकल फ़ेमिनिज़्म' परिवार को नकारता रहा है लेकिन यहाँ तो परिवार इनकी सबसे पहली और बड़ी ज़रूरत है?

देखिए, अभी यह नहीं दिखेगा लेकिन जिस दिन यह कंडीशनिंग बदलेगी, ये बातें बदलेंगी। आज जो विकलांग बच्चियाँ हैं, जिनके पैर नहीं हैं, आँखें नहीं हैं, उनकी भी पढ़ाई हो रही है। शादी हो रही है। प्रवक्ता भी बन रही है। माँ जब पहली दफ़ा उस पर ध्यान देती है तो उसका भाई यही कहता है कि सारा समय इसे ही क्यों लेकिन धीरे–धीरे बातें समझते हैं परिवार के लोग। ठीक ऐसे ही जिस दिन माँ अपने बच्चे को अपना लेगी। बातें तो उठती ही हैं, समाज के लोग कहते ही हैं कि तुम्हारा भाई ऐसा है या तुम्हारे घर में ऐसा है, धक्का पहुँचता है उसकी क्रूरता को देखकर। लेकिन फिर भी स्वीकार्यता

रहती है लेकिन जब माँ–बाप ही घृणा करते हैं फिर क्या? बच्चा भी वही सीखेगा। आज भी यह है कि कुछ नहीं है लेकिन बहन अगर देर रात आती है तो वह शक के घेरे में होती है। पुरुषों के साथ जबकि ऐसा नहीं होता। मतलब यह है कि मानसिक कंडीशनिंग इन सबके बीच बहुत बड़ी बात है।

कहते हैं मुग़ल दरबार या शाही हरमों के वक़्त भी इनकी स्थिति अच्छी थी लेकिन जब अंग्रेज़ आये तो 1877 के एक्ट के तहत इन्हें क्रिमिनल घोषित कर दिया गया और तब से इनकी स्थिति और भी ख़राब हाती गयी लेकिन आज आज़ादी के इतने वर्षों में भी हमें पहली किन्नर विधायक (1998 से 2003) या पहली एंकर, या पहली एक्टिविस्ट लक्ष्मीनारायण त्रिपाठी या पहली प्रिंसिपल मानोबी बन्द्योपाध्याय और भी सब पहले–पहले आ रही हैं। लोकतान्त्रिक भारत की इस स्थिति पर आप क्या कहेंगी?

हरम वाली बात तो इस पर निर्भर करती थी कि उनके हरम में, उनकी बेगमों के पास कोई न आ पाये लेकिन उन्हीं लोगों ने उन्हें क्रिमिनल बनाया। हरम में बेगमें थीं, उन्हें नशे की आदतें थीं। असल में उनका इस्तेमाल रियासतों में इस तरह से हुआ कि ये तो कोई अपराध कर ही नहीं सकते। इनकी छवि को भुनाया गया और इनका इस्तेमाल सच में अपराध के लिए किया गया। अंग्रेज़ों ने उन्हें इसी हालात में पकड़ा। रियासतों की छवि बनी रही और इनकी स्थिति गिरती गयी। इन्हें अपराधी घोषित कर दिया गया। तब उस एक्ट को लागू कर दिया गया। असल में आज जो पढ़े–लिखे दम्पति हैं जो धर्म और व्यर्थ की बातों को नहीं मानते तो वे उन्हें मौक़ा देते हैं। वे सोचते हैं कि शादी तो नहीं कर सकते लेकिन क्यों मानवीय अधिकारों से भी वंचित करना जैसे एक नाम तुमने लिया–मानोबी। मानोबी के परिवार ने सहन किया सामाजिक उपेक्षाओं को लेकिन सहन करके भी मानोबी के साथ खड़े रहे तो समाज ने उसे जितना भी झेलवाया हो लेकिन परिवार ने तो उसका जीवन नरक नहीं होने दिया।

लोग तो कहते ही हैं कि "ये हिजड़ा प्रिंसिपल है" लेकिन उसने हिम्मत तो की।

एक तो आप हम लिख रहे हैं और एक खुद वो भी अपने लिए लिख–लड़ रहे हैं लेकिन यहाँ बीच में 'पॉवर' और 'ग्लैमर' भी जुड़ जा रहा है। जैसे एक समय था जब कोई दलित सांसद या नेता पद पर पहुँच जाता था तो वह अपने आपको शेष समाज से काट लेता था। वह और लोगों को उन स्थितियों से बाहर निकालने की अपनी ज़िम्मेवारी से छुट्टी पा लेता था। ऐसे में कई स्तर बँट गये लेखन के क्षेत्र में। अलग तरह की गोलबन्दी हुई। इस पर क्या कहना है आपका? क्या ज़रूरतें और क्या सावधानियाँ होनी चाहिए और वैसे भी किन्नर समुदाय अपने रस्म–रिवाज सब अलग रखता है।

हाँ, ऐसा हो तो रहा है जो बड़े–बड़े फ़ैशन शो हो रहे हैं, दरअसल ये प्रतिक्रियाएँ हैं। शुरुआती दौर है लेकिन इस पर कुछ भी खुलकर कहना अभी विवाद तो बढ़ायेगा ही, जो लोग सही तरीक़े से इनके विकास के लिए आगे आ रहे हैं उन्हें भी पीछे कर देगा इसलिए ऐसा कोई भी वक्तव्य देना सही नहीं है। हमें थोड़ा समय देना होगा कि ये अपने अन्दर से ही स्थितियों को सुधार कर आगे बढ़ें।

इनकी शिक्षा और विश्वविद्यालयों में इनके लिए जगह और शिक्षा व्यवस्था की बनावट और संरचना पर आप क्या कहेंगी? क्या इनके लिए अलग विभागों की स्थापना की जानी चाहिए?

ऐसा है सरकार इस पर क़दम उठा रही है। इग्नू से ऐसा पत्र मुझे मिला है। अलग से विभाग नहीं बनाना चाहिए। अमेरिका जो इतनी बड़ी–बड़ी बातें करता है वही सब अलग करने की बात करता है। टॉयलेट सीट पर छींटें की शिकायत पर इन पर कार्यवाही होती है। आपके पास डिटॉल है आप पोंछो इनके इन्फ़ेक्शन। आप अलग–अलग चौंकाने वाली चीज़ें क्यों कर रहे हैं? एक अंडरवियर बेचना है तो पीछे एक नंगी लड़की खड़ी कर देंगे तो क्या मतलब है? अब आप सोच रहे हैं लड़कियों से ज़्यादा भीड़ इनके पल्ला

मटका–मटका कर चलने पर है तो जिस डिज़ाइनर के शो में कोई नहीं होता है ट्रांसजेंडर को लाकर खड़ा कर देते हैं...उसके बाद देखिए भीड़–खचाखच। तो फिर सहजता क्यों नहीं, ये चौंकाना क्यों? असल में ये सबको प्रोडक्ट बनाकर बेचते हैं और कुछ नहीं। ट्रांसजेंडर अभी ये समझ नहीं पा रहे।

लेकिन जब मैंने विश्वविद्यालय में बात की तो ज़्यादातर शिक्षकों का यही रिस्पॉन्स रहा कि साक्षात्कार नहीं देना है या व्यंग्य ही सुनने मिला तो इस पर क्या?

ये चिन्ताजनक है लेकिन उन्हें भी बदलना होगा। हमें तय करना होगा कि जब ये आयें तब ये सुरक्षित रहें। सरकार और समाज को इस पर गम्भीरता से बातें सुनिश्चित करनी होंगी।

मानोबी बन्द्योपाध्याय से बातचीत

सोमनाथ से मानोबी बन्द्योपाध्याय तक आपके अनुभव क्या रहे हैं? कैसा लगा मानोबी बनना और फिर उसके बाद के अनुभव?

सोमनाथ से मानोबी या मानोबी से सोमनाथ ऐसा मैं नहीं मानती। विज्ञान भी नहीं मानता क्योंकि गर्भ में तीन माह तक भ्रूण का निर्धारण नहीं होता है। तीन माह के बाद भ्रूण का निर्धारण होता है। तीन माह बाद 'y' क्रोमोसोम के कारण क्लिटोरिस और पेनिस का निर्धारण होता है, पुरुष या स्त्री का निर्धारण होता है। आदिशक्ति महिला ही है। बाद में पुरुष का जन्म होता है। ब्रह्मा, विष्णु, महेश हिन्दू मिथकों में पुरुष शक्ति हैं लेकिन 'दुर्गा', 'चण्डी' का मिथ ट्रांसजेंडर का है। उनका क्रोमोसोम पुरुष मिथकों से आया है और वह महिषासुर का संहार करती है। एक स्त्री में इतना बल नहीं हो सकता है। ये हमारी सत्ता है। असल में, मैं भावना से, आत्मा से, विचार से मानोबी ही थी, हूँ, और रहूँगी। सोमनाथ तो सिर्फ़ एक शारीरिक भ्रम है। मैं नारी शक्ति हूँ।

आपकी सोच सेक्स और प्यार को लेकर क्या रही है?

सेक्स और प्यार दोनों एक साथ हैं। कभी प्यार के बाद सेक्स है कभी सेक्स के बाद प्यार है। दोनों एक–दूसरे के पूरक हैं। मैं पहले प्यार में विश्वास करती हूँ। मैं कभी प्लेटोनिक प्रेम में विश्वास नहीं करती। हाँ उसके बाद सेक्स आता है क्योंकि हम मानव शरीर हैं। कभी बारिश हो तो रोमांस आता है लेकिन सेक्स के बिना रोमांस भी अधूरा है। कभी ख़ुशी कभी ग़म दोनों साथ–साथ चलता है।

ट्रांसजेंडर की अधिकांश ऑटोबायोग्राफ़ी चाहे वह लक्ष्मीनारायण त्रिपाठी की रही हो या कुछ अन्य लोगों की, सेक्स को बहुत महत्त्व दिया जाता है, ऐसा क्यों?

ऐसा इसलिए है क्योंकि हमारा समाज इससे अलग नहीं है। हमारे समाज में सेक्स खुलकर सामने न आये लेकिन इससे बहुत ऊपर की मानसिकता भी नहीं है हमारे समाज की। महाकाव्यों में देखें, शूर्पनखा के आकर्षण को लें, मत्स्यगन्धा की कहानी या सती प्रथा के पीछे के कारणों पर गौर करें। शादी क्या है–सेक्स का एक प्रकार ही तो है। बनॉर्ड शॉ ने कहा कि "विवाह क़ानूनन वेश्यावृत्ति है" लेकिन 'कानूनन'।

लेकिन कभी–कभी चर्चा चलती है कि जिस प्रकार कुछ लोगों ने 'फ़ेमिनिज़्म' के लिए लगन से काम किया लेकिन एक बड़ी संख्या ने उसका राजनीतिक इस्तेमाल किया तो क्या आपके यहाँ 'सेक्स' को राजनीतिक रूप से इस्तेमाल किया जा रहा है? क्या 'सेक्स' के द्वारा ही आप अपनी जगह बनाना चाह रहे हैं, अपने को केन्द्र में रखना चाह रहे हैं? वास्तविकता क्या है?

देखिए कोई बोल रहा है 'सेक्स पॉलिटिक्स', कोई बोल रहा है 'जेंडर पॉलिटिक्स'। जिन्हें 'सेक्स' बोलने में हिचक है वो 'जेंडर पॉलिटिक्स' बोलकर निकल लेते हैं। लेकिन मेरा मानना है दोनों एक ही है। आपके बनारस में ही देखिए न, सुबह से गंगा स्नान करते हैं और हिन्दू विधवाओं को जगह देने के नाम पर क्या होता है? दीपा मेहता ने जब वाटर फ़िल्म बनायी तो हंगामा होने लगा लेकिन यह कितना क्रूर है। वहाँ वेश्यावृत्ति कराते हैं। अगर हम बोलेंगे तो कहेंगे अरे बाप रे! हिजड़ा लोग तो सेक्स भी देखते हैं। इस सब में पुरोहित और समाज के वे भद्र लोग हैं जो समाज में सफ़ेदपोश ज़िन्दगी जीते हैं। उन भद्र संयमित लोगों को कभी सेक्स की ज़रूरत नहीं होती लेकिन बच्चा पैदा हो जाता है। उनके अनुसार ये तो भगवान ने दिया है लेकिन ये भगवान ने नहीं दिया न, ये तो रात ने दिया। रात बाक़ी बात बाक़ी...ऐसा ही है। मेरा एक ट्रांसजेंडर दोस्त है जो बिहार में नाचता है वो हमेशा कहता है तुम क्या बनना चाहते हो...भद्रलोक बनना चाहते हो लेकिन जानते हो इनके बीच क्या चलता है...

दिन में भैया रात में सैंया। पॉलिटिक्स तो है ही। सब पॉलिटिक्स है लेकिन ये समाज का पॉलिटिक्स है, भद्र लोगों का, राजनेताओं का पॉलिटिक्स है। मैं इस पर क्या बोलूँ लेकिन मैं राजनीति नहीं बल्कि कार्यनीति में विश्वास करती हूँ।

सेक्स अपने आप में एक बेहतरीन अनुभव है और यह बायोलॉजिकली भी शरीर के लिए ज़रूरी है। भारत में कामसूत्र, खजुराहो में इसे जीवन की एक कला के रूप में दर्शाया गया है लेकिन हम अपने समाज में कभी भी इसे एक सामान्य 'शारीरिक प्रक्रिया' के रूप में नहीं स्वीकार कर पाते हैं और उसमें भी कोई लड़की या महिला इसके लिए बात करे तो यह शर्मनाक माना जाता है। आज बलात्कार की घटनाएँ बढ़ती जा रही हैं। आप क्या कहेंगी जबकि आपको खुद भी 'मेन स्टौकर' और 'सेक्स मैनिएक' कहा गया?

देखिए हिम्मत करनी पड़ेगी। तसलीमा नसरीन को देखिए। जिन वजहों से भी उन पर फ़तवा जारी किया गया, बांग्लादेश से निकाल दिया गया लेकिन वो फ्रांस जाकर रह रही हैं। लड़कियाँ ख़ुद बात नहीं कर पाती हैं। उन्हें हिम्मत जुटानी होगी। जब द्रौपदी महाकाव्यों में बोल रही है कि अर्जुन के साथ उसे कैसा लगता है, युधिष्ठिर के साथ कैसा लगता है, भीम कैसा लगता है...लेकिन जब महाकाव्यों में बोला जाता है तब वह संगम हो जाता है और सामान्य लोगों में आता है तब इसे गन्दगी के रूप में लेते हैं, कुछ 'सेक्स मैनिएक' हैं वो सही नहीं है, पतिता होना अलग है, लेकिन इसे गन्दगी मानना सही नहीं है। ट्रांसजेंडर के साथ तो इसे और ग़लत तरीक़े से लिया जाता है। सेक्स को वंश आगे बढ़ाने के लिए शुरू किया गया। हाँ, ट्रांसजेंडर के साथ वंश वाली बात में समस्या है, वो अलग बात है, लेकिन इसमें विकृति सही नहीं है। सेक्स का इस्तेमाल बिल्कुल ग़लत दृष्टि से होता है। वात्स्यायन के यहाँ यह दर्शन है। और समाज सिर्फ़ बायोलॉजिकल को लेता है, यह सही नहीं है, उसमें प्रेम और रोमांस होना ज़रूरी है। इन सबसे ऊपर जाने के लिए मस्तिष्क को विकसित करने वाली शिक्षा होनी चाहिए तभी हम

निश्चित कर पायेंगे सही क्या है ग़लत क्या है। मैं तो ख़ुद विवेकानन्द को मानती हूँ और उनके कर्मयोग और ज्ञानयोग में विश्वास करती हूँ लेकिन सेक्स को ग़लत नहीं मानती हूँ।

पश्चिम बंगाल में तो काफ़ी खुलापन है शायद देवी पूजन की परम्परा के कारण लेकिन जैसे–जैसे आप हिन्दी पट्टी की ओर बढ़ते हैं, ख़ासकर उत्तर प्रदेश, बिहार, मध्य प्रदेश, सेक्स को पुरुषों के द्वारा एक 'टूल' के रूप में इस्तेमाल किया जाता है। स्त्रियों को मानसिक और शारीरिक दोनों ही स्तर पर हैरेस करने की कोशिश की जाती है। अभी भी वहाँ स्त्रियाँ मानसिक और शारीरिक रूप से स्वतन्त्र नहीं है, आप क्या कहेंगी?

आप विदेशों में चले जाइए वहाँ स्वस्थ सम्बन्ध होता है। लेकिन ये प्रदेश पुरुष तन्त्रात्मक है। वे एक स्त्री से सन्तुष्ट नहीं होते। उनकी कुलीनता और पुरुष होने की परिभाषा ही यही है। अन्नपूर्णा का विग्रह देखिए वो अन्न डालती हैं। पुरुष ऐसे ही हैं। खाने के समय और भूख के समय ही स्त्री के पास आते हैं। लेकिन लड़कियों को ख़ुद ही हिम्मत करनी होगी, लड़ना होगा, आगे आना होगा। जब तक वो ख़ुद पारम्परिक शिक्षा से हटकर अपने अधिकारों को नहीं जानेंगी, कुछ नहीं होगा। लड़कियाँ भी आँचल में चाभी बाँधकर ख़ुश हो जाती हैं। उन्हें इस तरह की सोच से बाहर निकलना होगा। कह सकते हैं इस दिशा में महिला तन्त्र भी चल रहा है जो लड़कियों के पैर खींचता है, उन्हें भी सही से लड़कियों का सहयोग करना चाहिए। सब कुछ उनके अपनी ताक़त को विकसित करने और समझने पर है।

"A gift of goddess lakshmi" की लेखिका हमेशा समाज की ज़बर्दस्त आलोचना का शिकार होती है। हमेशा कोर्ट रूम में आना–जाना लगा रहता है और वो आपको कहते हैं–"झारग्राम की प्रसिद्ध हिजड़ा प्रोफ़ेसर जो साड़ी पहनने का नाटक करती है और जिसका पेनिस साये के अन्दर छुपा है और औरत बनी फिरती हैं।" आपको 'सेक्स मैनिएक' और 'मेन स्टौकर' तक कहा गया।

एक स्वतन्त्र देश में एक अच्छे–ख़ासे शिक्षित प्रोफ़ेसर को जेंडर के स्तर पर इस तरह की प्रताड़ना झेलनी पड़ी, ऐसे में आपके लिए 'स्वतन्त्रता' और 'लोकतन्त्र' के क्या मायने हैं?

देखिए 'स्वतन्त्रता' और 'लोकतन्त्र' ये सब एक मिथ है हमारे लिए। हम एक वृत्त में हैं सीता की तरह जैसे सीता घेरे से बाहर निकली और रावण लेकर चला गया वैसे ही हम निर्वासित हैं और अपने घेरे में रहने को मजबूर हैं। इससे बाहर हमारे लिए बहुत जगह नहीं है। हाँ अपने घेरे में हम राजा–रानी हैं। अगर लोकतन्त्र और आज़ादी की बात कर रहे हैं तो लड़कियाँ इतनी परेशान क्यों हैं? ट्रांसजेंडर इतने परेशान क्यों हैं? बलात्कार पर नियन्त्रण नहीं हो पा रहा है। आपकी इतनी बड़ी जनसंख्या प्रताड़ित है। असल में डेमोक्रेसी राजनेताओं का मुखौटा है। वो बतंगड़, बातेला है, रूपक है। 'सदा सत्य बोलो। माता–पिता की सेवा करो। सत्यमेव जयते।' सब लिखने–बोलने की बातें हैं। मानता कौन है?

यानी आपके लिए आज़ादी नहीं है?

रवीन्द्रनाथ का एक गाना है जिसमें कहा गया हम ख़ुद ही राजा हैं। ये हमारा आत्मविश्वास है। हाँ जिस दिन हमें स्वीकार कर लिया जायेगा तब हम मानेंगे कि हम स्वतन्त्र हैं, आज़ाद हैं।

यानी अभी आप आज़ाद नहीं मानतीं ख़ुद को?

नहीं।

जब आपके ऊपर अरिंदम (अभिजीत–यह नाम बायोग्राफ़ी में नहीं है) का केस चल रहा था और उस समय आपको यह जाँच करानी पड़ी कि सर्जरी के बाद आपका वेजीना पेनीट्रेशन और सेक्स के लायक है या नहीं और डॉक्टर्स और नर्स की भीड़, कैसा लग रहा था आपको? कितना अपमानजनक था यह सब जबकि एक भीड़ आपके जेनिटल का निर्णय ले रही थी?

हाँ, जब यह सब सामने आ रहा था कि 'पेनिट्रेट' होता है या नहीं, इंटरकोर्स होता है कि नहीं, मेरी हालत ख़राब हो गयी।

मैं दिन–रात रोती थी। मैं नींद की गोलियाँ लेने लगी। मुझे होमोसेक्सुअल कहा जाने लगा। लेकिन मैं बस पत्नी बनना चाहती थी और प्रेम चाहती थी। लेकिन सब मुझे धोखा देते रहे।

आप अरिंदम से बहुत प्यार करती थीं और कमिटेड होना चाहती थीं और यह आपके बचपने का प्रेम भी नहीं था, एक परिपक्व प्रेम था बावजूद ऐसा हुआ?

हाँ! बस मैं प्रेम और परिवार चाहती थी केवल सेक्स नहीं लेकिन बदले में मुझे कोर्ट रूम और तरह–तरह के डूब मरने वाले जाँच से गुज़रना पड़ा सिर्फ़ अपनी सेक्सुअलिटी को प्रूफ़ करने के लिए। मैं तो लड़कियों से बदतर रही। लगता था यह ज़िन्दगी क्यों मिली। मुझे होमोसेक्सुअल बोला गया, मुझे गाली लगता था। हालाँकि होमोसेक्सुअल की लड़ाई को मैं समर्थन देती हूँ लेकिन मैं ख़ुद होमोसेक्सुअल नहीं हूँ। मैं आत्मा से, दिल से लड़की हूँ, औरत हूँ।

इसके ठीक बाद आप लिखती हैं कि डॉक्टर्स की टीम अवाक् थी कि उन्होंने क्या देखा है? वे आपके ब्रेस्ट, निप्पल और वेजीना सब जाँच रहे थे और स्तब्ध थे, क्या लगा उस समय आपको जबकि उससे पहले एक मनोवैज्ञानिक ने आपका प्रेम सम्बन्ध ही बिखेर दिया था आपको बीमार घोषित करके?

हाँ, ओल्ड स्कूल के डॉक्टर बहुत अलग हैं। वे बहुत पुरानी सोच रखते हैं लेकिन नये डॉक्टर अब ऐसी सोच नहीं रखते। वे बहुत अलग हैं। आज उनकी वजह से ही मैं अपनी ज़िन्दगी जी रही हूँ। हालाँकि अभी भी पहले साइकी टेस्ट से गुज़रना पड़ता है उसके बाद हार्मोनल ट्रीटमेंट होता है। कुछ तो अभी भी पागल मानते हैं, लेकिन ऐसा नहीं है। असल में वो मुख्यधारा के हैं जल्दी नहीं समझते। वो भी सोचते हैं कि इतना अच्छा पुरुष जीवन और शरीर है तुम स्त्री क्यों बनाना चाहते हो?

जब भी आप इस तरह के अपमान से गुज़रती हैं आपकी एग्ज़ेक्ट फीलिंग क्या होती है?

अरे फीलिंग को मत पूछिए, दिन–रात रोती रही हूँ। बस लगता है आज ख़ुदकुशी कर लूँ। कहाँ जाऊँ कुछ समझ नहीं आता।

यहाँ तक कि लोग भी रास्ता देखते हैं कि मैं कब सुसाइड कर रही हूँ? मेरे डॉक्टर को भी फ़ोन करके कहते हैं कि मैं मर गयी हूँ। अफ़वाह उड़ाते हैं मुझे लेकर। डॉक्टर फ़ोन करके पूछते हैं कि तुम ठीक तो हो!! हर रोज़ वो मेरे साथ इतना ख़राब व्यवहार करते हैं कि मैं दिमाग़ी रूप से कमज़ोर पड़कर आत्महत्या कर लूँ। मेरे प्रिंसिपल बनने से भी वो ख़ुश नहीं हैं। कभी मुझ पर मारपीट का आरोप लगाते हैं कभी कुछ।

लक्ष्मीनारायण त्रिपाठी भी कुछ ऐसा ही कहती हैं?

हाँ, लेकिन वो मुख्यधारा का काम नहीं करतीं, सरकार का काम नहीं करतीं इसलिए उनकी समस्याएँ अलग हो सकती हैं, मेरी बहुत अलग। मुझे एक चपरासी से भी सुनना पड़ जाता है। मुझे सीधे मध्यवर्गीय जड़ताओं और मूल्यों से टकराना पड़ता है। इन्हें झेलना सामान्य लड़कियों के लिए मुश्किल है, मैं तो बहुत अलग हूँ आपके समाज में।

आप मंजूश्री चाकी (नृत्यांगना) के साथ भी थीं। वहाँ आप कई ट्रांसजेंडर से मिलती हैं लेकिन वे अपना 'जेंडर ओरिएंटेशन' सामने नहीं आने देना चाहते। अपने 'एक्सप्रेशन' को नृत्य में छुपा ले जाना चाहते हैं फिर वे किस तरह एक सामान्य ज़िन्दगी जीयेंगे? लेकिन ऐसे में उन्हें समाज में जगह कैसे मिलेगी। वे बाहर नहीं आयेंगे और अपनी लड़ाई नहीं लड़ेंगे, अपना जेंडर एक्सप्रेस नहीं करेंगे, तो हम उन तक पहुँच नहीं पायेंगे?

देखिए जब आन्दोलन होता है तब शुरुआत में अकेले होते हैं। राजा राममोहन राय, विद्यासागर, स्वामी विवेकानन्द, ...टैगोर कहते हैं न कि जब तुम्हारी कोई न सुने तो तुम एकला चलो। बस एकला चलो, फिर सब आ जायेंगे। लीडर अकेला ही लड़ता है फिर सब आ जाते हैं समय के साथ।

बटलर वर्ष 1990 में अपने प्रोजेक्ट 'जेंडर ट्रबल' में ट्रांसजेंडर को फ़ेमिनिस्ट थ्योरी के अन्तर्गत रखने की वकालत करते हैं। उनके अनुसार यह ज़्यादा आसान और स्वीकार्य होगा ट्रांसजेंडर को समाज में स्थान दिलाने में–आप क्या मानती हैं?

वो भारत में बहुत मुश्किल है। महिलाएँ ही ट्रांसजेंडर को स्वीकार नहीं कर पायेंगी। वो नहीं स्वीकार करेंगी।

आप क्या चाहती हैं?

नहीं हो पायेगा। लड़कियाँ हमें गन्दा समझती हैं। हम साड़ी पहनती हैं लड़कियों को हमें देखकर शर्म आती है। वो नहीं समझतीं कि हम भी उन्हीं की तरह हैं। अलग तो हमें पहले से ही कर दिया गया है ठीक है अब थर्ड जेंडर आ गया है तो हम ख़ुद ही अलग हो गये हैं। अब हम पर निर्भर करता है कि हम क्या हैं, क्या करेंगे, क्या पहनेंगे?

इन सबसे हटकर आप बेलूर मठ से दीक्षित हैं। स्वामी विवेकानन्द को आप आदर्श मानती हैं। भारतीय परम्परा और स्वामी विवेकानन्द से आपको क्या मिला?

मैं विवेकानन्द को बहुत मानती हूँ। उनके विचारों से मुझे लड़ने की ताक़त मिलती है। मेरे जीवन को दिशा मिली उनके भाव आन्दोलन से। जब भी जीवन में अँधेरा हुआ उनके विचारों से दिशा मिली। मैं ज़िन्दा ही आज उनकी वजह से हूँ। मेरे जीवन के झंझावातों में बस वही सहयोगी रहे। यह कह सकने की बात नहीं है।

और अन्त में एक हिजड़ा को हिजड़ा कहना कितना सही है?

बिल्कुल सही नहीं है। बहुत दुःख होता है। ट्रांसजेंडर, थर्ड जेंडर नया टर्म है। लेकिन हाँ हिजड़ा शब्द तो निष्पाप था लेकिन इसका इस्तेमाल कर–करके गाली बना दिया गया।

तो क्या फिर से इसका इस्तेमाल करके इसे पवित्र नहीं बना देना चाहिए?

देखिए बिहार में छठ पूजा होती है, हमें बहुत आदर के साथ बुलाकर नचवाया जाता है लेकिन जैसे ही पूजा समाप्त होती है हमें हटाओ–हटाओ कहकर हटा दिया जाता है। ऐसा ही सारे अवसरों पर होता है। शब्द में क्या है, यह तो पवित्र ही है, समाज ने इसे गाली बना दिया है फिर समाज ही इसे सुधार सकता है।

कुम्भ 2019, लक्ष्मीनारायण त्रिपाठी, पुष्पा गिडवानी एवं अन्य कार्यकर्ताओं से संक्षिप्त बातचीत

1. लक्ष्मीनारायण त्रिपाठी

कुम्भ के दौरान लगातार आ रहे दर्शनार्थियों के कारण लक्ष्मीनारायण त्रिपाठी से यूँ तो औपचारिक साक्षात्कार की कोई स्थिति नहीं बन पायी। हाँ, अनौपचारिक रूप से उनसे बातों–बातों में दो–तीन प्रश्नों के सन्दर्भ में बातचीत हुई। अगले दिन आने को वे कह गयीं लेकिन अगले दिन जाने पर फिर वे जूना अखाड़े और प्रधानमन्त्री जी के कार्यक्रम (22 फ़रवरी) में व्यस्त मिलीं। फलतः यह साक्षात्कार अधूरा ही रह गया या यूँ कहें कि लक्ष्मी के साथ साक्षात्कार न रहकर प्रति साक्षात्कार हो गया।

आमना–सामना होने के साथ ही लक्ष्मी प्रश्नवाचक चिह्न के साथ पहले सवाल उछाल देती हैं–आपसे पहले मुलाक़ात हो चुकी है?

मेरा जवाब–बात हुई है मोबाइल पर।

लक्ष्मी–नहीं! मुलाक़ात हुई है?

मेरा जवाब–संघर्षों में, वैयक्तिक रूप से नहीं। (अब लक्ष्मी मुस्कुरा देती हैं।)

लक्ष्मीनारायण के सामने जैसे ही किताब का नाम रखा जाता है 'हिजड़ा : सेक्स और सामाजिक स्वीकार्यता' उनकी तरफ़ से प्रतिप्रश्न होता है–"लोग मर्दों के बारे में पूछते हैं, उससे ज़्यादा स्त्रियों के बारे में लेकिन आप हिजड़ों के बारे में पूछ रही हैं ऐसा क्यों?"

जवाब में पहले तो मैं मुस्कुरा भर देती हूँ लेकिन वे दुबारा पूछती हैं—बताइए?

मेरा जवाब—क्योंकि यह सबसे ज़्यादा ज़रूरी है लेकिन इस पर अभी तक सबसे कम बात हुई है।

लक्ष्मी—'कैसे?'

मैं—इस पर बात करने के लिए समय चाहिए और यहाँ शायद ही सम्भव हो।

लक्ष्मी फिर से मुस्कुरा देती हैं—'आप पूछिए!'

मैं—किन्नर अखाड़ा संघ के साथ शामिल होना कैसा लग रहा है?

बहुत अच्छा अनुभव रहा। पहली बार हम इस तरह किसी स्वीकृत सांस्कृतिक समारोह में सामूहिक रुप से भाग ले रहे हैं। जहाँ पहले बहिष्कृत किया गया वहाँ आज स्वीकृत किया जा रहा है क्या यह कम बड़े सौभाग्य की बात है?

इसके बाद दर्शनार्थियों की भारी भीड़ एक बार फिर उनके तम्बू में पंक्तिबद्ध होकर आनी शुरू हो जाती है और गर्मी से परेशान लक्ष्मी दर्शनार्थियों से फिर बातचीत करने लगती हैं।

कल आने का समय उन्होंने दे दिया है लेकिन अगले दिन मोदी जी के कार्यक्रम में व्यस्त होने के कारण उनसे बातचीत नहीं हो पायी और इस तरह यह साक्षात्कार अधूरा रह गया।

2. पुष्पा गिडवानी

पुष्पा किन्नर अखाड़ा राजस्थान की महामण्डलेश्वर हैं 'नयी भोर संस्था' (ट्रांसजेंडर के लिए काम करने वाली संस्था) उनके लीगल प्रोटेक्शन के साथ उनके स्किल डेवलपमेंट के लिए काम करती है।

पुष्पा—बहुत सारे लोगों ने हमें नकारात्मक नज़रों से देखा। हमें उपेक्षित किया। कई सारे लोगों के बहुत–से कमेंट्स ऐसे थे कि हमें लगता था कि हम आगे कैसे बढ़ेंगे? व्यक्तिगत टिप्पणियाँ जो

सार्वजनिक स्थानों पर की जाती हैं, सामने वालों को तो ये पता तक नहीं होता कि उनकी इस तरह की टिप्पणियों का क्या असर होता है लेकिन यह भी है कि यही सब इन्सान को मज़बूत बनाता है। उस समय बहुत निराशा होती थी लेकिन जैसे सागर मन्थन से पहले विष निकलता है फिर अमृत, वैसे ही पहले तो लोगों ने हमारा बहुत अपमान किया है लेकिन आज हम पर अमृत की वर्षा हो रही है।

हम तो सपने में भी नहीं सोच सकते थे कि जूना अखाड़ा हमें अपने साथ शामिल करके शाही स्नान का मौक़ा देगा। हमें जिस तरह समाज में अछूत मानकर बहिष्कृत किया गया, उसके बाद इस तरह का सम्मान मिलना हमारे लिए बड़ी बात है। कभी–कभी लगता है जीवन के संघर्षों को एक दिशा मिल गयी है। लग रहा है जैसे बेटी कई सालों से अपने पीहर नहीं गयी हो और आज वापस आयी है, जैसे अहल्या का श्राप दूर हो गया हो। समाज के उद्धार के लिए जैसे राम आये वैसे हमारे लिए हरि गिरी महाराज और अवधेशानन्द गिरी आये।

क्या धर्म की स्वीकार्यता आपके लिए इतनी महत्त्वपूर्ण है?

समाज इससे अलग नहीं है। पहले हमें स्वीकार तो कर लिया जाये। हमें स्वीकारा ही किसने? क्या आपके इंटैलेक्चुअल्स ने हमें स्वीकारा था, या है? क्यों नहीं वो आज तक हमसे या हमारे लिए बात कर पाये?

आप शिक्षा के लिए क्या सोचती हैं?

देखिए, हमारे समाज ने बहुत भोगा है। वह आज भी डिसक्रिमिनेशन झेल रहा है। लेकिन आज, हमारे सामने एक सुनहरा अवसर है कि हम समाज में अपनी उपस्थिति दर्ज करा सकें। ख़ुद को स्थापित कर सकें। इसके लिए हम काम भी कर रहे हैं। नयी पीढ़ी के लिए तो हम यही चाहते हैं कि उनके माता–पिता उन्हें अपनायें। घर से बाहर नहीं फेंकें। उन्हें अच्छी शिक्षा दिलायें ताकि वो ढोलक

और काठ पीतल लेकर या देह बेचकर ज़िन्दगी न बितायें। वो भी आपके ही बीच के हैं, आपकी ही तरह हैं, फिर ऐसा क्यों? शिक्षित होकर कम–से–कम दो वक़्त की रोटी तो वो खा सकें और सम्मान की ज़िन्दगी जी सकें। शिक्षा ही वह हथियार है जो इन्हें अधिकार और सम्मान की ज़िन्दगी दिला सकती है।

हम इनके स्किल डेवलपमेंट के लिए काम कर रहे हैं। घर बनाने के लिए, राशन के लिए, मिट्टी का तेल आदि मूलभूत चीज़ों के लिए हम काम कर रहे हैं। हमारे सही आँकड़े सामने आयें। 2011 में राजस्थान में हमारे आँकड़े 16,500 थे लेकिन ऐसे जो गणना होती है उसमें माइग्रेंट पीपल नहीं गिने जाते हैं। जो डेरों में हैं या जो इधर–उधर भटक रहे हैं। हम चाहते हैं कि सबकी गणना हो, सभी सामने आयें ताकि हम उनके लिए काम कर सकें।

सुप्रीम कोर्ट की घोषणा के बाद आप कितना बदलाव महसूस कर रही हैं?

बदलाव तो कागज़ों में ज़्यादा है। 2015 से 2019 आ गया लेकिन क्या समाज ने हमें कलंकित दृष्टि से देखना छोड़ दिया है। सुप्रीम कोर्ट हर राज्य में एक वेलफेयर बोर्ड का निर्माण चाहती थी, हुआ भी है। 2016 के अन्दर ये बोर्ड बना भी है लेकिन क्या उस वेलफेयर बोर्ड की मीटिंग भी हुई है–एक बार के बाद कोई काम नहीं हुआ। सरकार ने कोई जागरूकता कार्यक्रम नहीं रखा है कि लोगों में संवेदना जगे और वो हमारी तरफ़ अपनी सोच को बदलें। जैसे ही ट्रांसजेंडर का नाम आता है उनके लिए नाच–गाने के अलावा कुछ और सुनने को नहीं मिलता है। मूलभूत सुविधाएँ भी उनके लिए नहीं हैं। हाँ, लोगों ने अब अख़बारों, पत्र–पत्रिकाओं को पढ़कर ख़ुद ही थोड़ी बहुत–जानकारियाँ इकट्ठी करनी शुरू कर दी हैं। लेकिन आप देखिए कि क्या कहीं सरकार कोई इस तरह का कैम्पेन हमारे लिए चला रही है। राजस्थान की 'गंगा' ने जब कॉन्स्टेबल की नौकरी पा ली तब उसे स्वीकार कराने के लिए, रिज़र्वेशन के लिए, हमें कोर्ट में जाना पड़ा।

लेकिन इतना ज़रूर कहूँगी कि सुप्रीम कोर्ट ने अधिकार तो दिये हैं जैसे सर्टिफ़िकेट की ही बात आयी तो सरकार यह कहती है कि अगर जो ख़ुद को ट्रांसजेंडर डिक्लेअर कर रहे हैं उन्हें ट्रांसजेंडर मान लिया जायेगा और फिर मूलभूत सुविधाएँ भी दी जायेंगी। तो बातें अभी शुरू हुई हैं, बदलाव धीमे–धीमे होगा।

युवाओं के लिए क्या सन्देश है?

यही कहना चाहूँगी कि हम भी आपकी ही तरह हैं, आपके बीच से ही हैं और आपके साथ क़दम से क़दम मिलाकर काम करना चाहते हैं।

सामूहिक बातचीत

कैसा लग रहा है आप लोगों को जबकि आप लम्बे समय बाद इस तरह समाज के बीच आ रही हैं?

कविता (उड़ीसा से, रहती मुम्बई में हैं)–अच्छा लग रहा है। हम भी दुआ दे रहे हैं। आशीर्वाद दे रहे हैं।

श्रीदेवी (भुवनेश्वर से)–बहुत अच्छा लग रहा है, लोगों के बीच आकर।

चन्दा (उड़ीसा से)–लोग हमें मान–सम्मान दे रहे हैं। स्वीकार कर पा रहे हैं।

तान्या (ब्रह्मपुर से)–अच्छा लग रहा है।

कुमकुम (उड़ीसा, निवास–मुम्बई)–अच्छा लग रहा है।

शैला (म.प्र.)–अखाड़े में सबको आशीर्वाद दे रहे हैं–सिक्का–चावल। लोग श्रद्धा से लेते हैं। हमें मान–सम्मान दे रहे हैं। कुम्भ में यह देखकर अच्छा लग रहा है।

आगे आने वाली पीढ़ी के लिए आप क्या सोचती हैं? ख़ासकर उनकी शिक्षा के लिए? क्या आप नहीं सोचतीं कि आपके समुदाय के लोग उच्च शिक्षा ग्रहण करें?

सभी–ज़रूर–ज़रूर।

कविता—देखिए, किन्नर समाज में जो चेला बनते हैं, वो बेटी के रूप में होते हैं और हम अपनी बेटियों को आने वाले समय में अपनी ही तरह नहीं देखना चाहेंगे।

चाँदनी—हाँ, मैं चाहूँगी कि वो शिक्षा ले। विश्वविद्यालयों में जाये। हममें से कोई भी नहीं चाहेगा कि वो शिक्षा के अभाव में कभी मजबूर हो।

कुमकुम—देखिए, हम भले ही आपकी तरह शिक्षित न हों लेकिन इतना तो है कि उच्च शिक्षा के महत्त्व और उससे मिलने वाले सामाजिक अधिकार और सम्मान से भली—भाँति परिचित हैं। फिर हम कैसे सोच सकते हैं कि हमारी बेटियाँ उस सम्मान को प्राप्त न करें।

क्या आने वाले समय में आप समाज में मिलना पसन्द करेंगी?

तान्या—क्यों नहीं? बिल्कुल।

कविता—अब तो धीरे—धीरे समाज भी हमारी तरफ़ देख रहा है। कोर्ट ने हमें हमारे अधिकार दिलाये हैं। सरकार भी सामने आ रही है। यहाँ तो लोग हमें सम्मान भी दे रहे हैं। लोग आशीर्वाद लेने आ रहे हैं। कुछ वर्ष पहले तक ये स्थितियाँ नहीं थीं।

लेकिन आपको नहीं लगता कि ये जो सम्मान आपको कुम्भ में मिल रहा है वो एक औपचारिक सम्मान है? मतलब इस अखाड़े के बाहर लोग आपसे वैसे ही पेश आयेंगे जैसे पेश आते हैं?

चाँदनी—नहीं, आपकी बात से मैं सहमत हूँ। यह ज़रूरी नहीं कि जो लोग हमें यहाँ सम्मान दे रहे हैं या देने की कोशिश कर रहे हैं वो बाहर मिलने पर हमसे इतनी ही सहजता से मिलें। मुँह फेर लेंगे ये तो तय बात है। हाँ, गालियाँ न दें इतना ही बहुत है कुछ तो बदलेंगे ही।

श्रीदेवी—देखिए, लोगों ने हमारे साथ बुरा तो किया है। इस तरह का व्यवहार नहीं हुआ होता तो कम—से—कम हम अपने घर से वंचित नहीं होते, लेकिन अब तो जो हो गया सो हो गया। आगे ऐसा न हो।

इस बार जब हम कुम्भ में शामिल हुए हैं तो भीड़ और लोगों के व्यवहार को देखकर अन्दर से एक उम्मीद बँध रही है कि अब शायद लोग भी सहज होंगे हमें लेकर।

कविता—हम सब कुछ भूल जाने को तैयार हैं लेकिन हमारी आने वाली बेटियों को जगह मिले बस।

तान्या—हाँ, यहाँ देखकर तो लग रहा है कि हम बहुत सम्मानित हैं लेकिन यह सच है कि बाहर यही स्थिति नहीं है।

यानी अगर कहें कि आप सब बदलाव महसूस कर रहे हैं, तो क्या यह सही होगा?

सभी—हाँ! बदलाव तो हम सब महसूस कर ही रहे हैं लेकिन यह बहुत धीमा है शायद आने वाली पीढ़ियाँ ख़ुश रह पायें।

कविता—हाँ, अभी तो सिर्फ़ नाम लेकर उत्सुकता दिखा रहे हैं। हमें समझने की कोशिश करते हैं। सच कहूँ तो अभी बहुत कुछ होना बचा है। शिक्षा, घर, परिवार, रोटी...सब कुछ।

‘किन्नर कथा’ एवं ‘मैं पायल’ के लेखक महेन्द्र भीष्म से साक्षातकार

बचपन में कथा–सूत्र थामा और 25 अक्टूबर 2004 से लेखन में उतरना शुरू हुआ। उस समय जबकि ट्रांसजेंडर जैसा कोई किस्सा सुनाई नहीं पड़ता था और था भी तो या तो एड्स के रोगियों या फिर मानसिक रूप से अस्वस्थ रोगियों की कहानी के रूप में। कैसे समझा आपने, कैसे जुड़े आप और क्या था आपके मन में?

दरअसल हमारा परिवार संयुक्त परिवार था। उस समय हमारे परिवार में चाचा थे जिनसे बात–बात में प्रेरणा मिली। उनके साथ हम दोस्ताना व्यवहार रखते थे। वो अक्सर हमें क़िस्से–कहानियाँ सुनाया करते थे। उन्हीं से एक बार यह कहानी सुनने को मिली जो किसी राज परिवार में घटी थी। कहने को यह कहानी बस दस मिनट की थी लेकिन यह मेरे कहीं अन्दर धँस गयी थी। फिर जब बड़े होकर लिखना शुरू किया तब मन में आया कि कभी लिखूँगा। यह बार–बार याद आता रहा। फिर मैं जहाँ का था वहाँ एक किन्नर आया करती थी–नगीना। वो हमेशा हमारे घर में आती थी। उसका सम्मान किया जाता था। कोई उसके साथ परिहास नहीं करता था तो हमने भी ये बातें यहीं से सीखीं...

सर, लेकिन कैसे?

जहाँ तक मुझे याद है जब हम बच्चे हुआ करते थे और हमारा भी संयुक्त परिवार है, तब जब कभी शादी–ब्याह या इस तरह के

मौक़ों पर किन्नर हमारे यहाँ आते थे तो लोग मुस्कुराते हुए अन्दर आते थे और कहते थे–"हिजड़े आये हुए हैं"...किन्नर भी नहीं 'हिजड़े'। ख़ैर! नाम में तो कुछ नहीं रखा है लेकिन जो व्यंग्यात्मक मुस्कान उसके साथ चिपकी हुई रहती थी उन सबके बीच में कभी हम सोच ही नहीं पाते थे कि ये भी इन्सान हैं लगता था कि कोई है, दूसरी दुनिया का है। मतलब कुछ आता ही नहीं था। एक कौतूहल और तमाशे की तरह हम उन्हें हँसते हुए देखने पहुँच जाते थे।

ऐसे में उतने छोटे बच्चे में, आपके अन्दर कैसे इतनी गम्भीर सोच उभरी?

उस समय यह नहीं आया कि लिखना है। वो तो सच में अलग लगता था। कुछ ऐसा ही अनुभव हमें भी होता था कि कौन हैं? क्या हैं? वो कभी गोद में भी ले लेते थे। असल में वो हमारे पिताजी के पास आते–जाते थे। उनकी तबीयत ख़राब होने पर पिताजी ने इलाज भी करवाया। पिताजी एक प्रतिष्ठित इन्सान थे और लिखते भी थे। असल में वो बचपन की छाप दिमाग़ पर रह गयी। फिर जैसे–जैसे बड़ा हुआ, रंग गहरे होते गये। उन्हें समझने की कोशिश करने लगा। फिर जब पहली बार लिखकर पिताजी को दिखाया तो उन्होंने बताया कि नगीना के पास जाओ। मैं नगीना के पास पहुँचा। अपने एक मित्र को लेकर उनके पास गया था। उनसे एक–एक बात पूछी। कहा कि आपकी मदद चाहिए। बहुत बार ऐसा हुआ कि जब मैंने पूछना शुरू किया तो मैं पूछता था कुछ, वो बताती थीं कुछ। मैं बहुचर माता के बारे में पूछता, अरावन के बारे में पूछता, परम्पराओं के बारे में पुछता वो बहुत कुछ बता नहीं पायी। जैसे कोई डॉक्टर मरीज़ से उसकी बीमारी के बारे में पूछता है तो मरीज़ बता सकता है कि उसे क्या दिक़्क़त है लेकिन आप उससे ये पूछेंगे कि आपकी किडनी कहाँ है, लीवर कहाँ है तो वो नहीं बता पायेगा। तो ऐसा ही था कि वो सैद्धान्तिक बातों को बहुत बार नहीं जानते, नहीं समझते वो हमारी–आपकी तरह हैं। उनके देवी–देवता भी वही थे जो हमारे–आपके हैं।

समुदाय के बृहद् स्तर पर मान्यताएँ होंगी लेकिन सामान्य स्तर पर ये सब नहीं था।

तो क्या जो परम्परा उनकी मानी जाती है, उसके बारे में उन्हें नहीं पता था?

नहीं। उन्होंने बताया कि मेरा नाम रामप्रसाद था लेकिन जब मैं इधर आयी तब मेरे गुरु मुसलमान थे। फिर मैंने नमाज पढ़नी सीखी। मानने के लिए तो सभी देवता हैं लेकिन आज के समय में अब मैं नमाज पढ़ती हूँ और हिन्दू देवताओं की भी पूजा कर लेती हूँ। इस तरह वे हिन्दू मिथ को भी पूजती थीं और मुसलमान को भी। असल में ये हमारे बीच के हैं। उन्हें घर से निकाल दिया गया था वो भटक रही थीं और इसी दौरान मुसलमान गुरु से टकरायीं। एक तरह से पूरी समरसता है। मुसलामन घरों में तो कई बार बधाई गाने से मना कर देते हैं तब ये हिन्दू घरों में जाकर गाते हैं और नेग लेते हैं, ऐसे में इनका जीवन कई धर्मों से जुड़ता है। और ये माता और अन्य परम्पराएँ संचार क्रान्ति की वजह से ज़्यादा सामने आयीं।

सर, लेकिन हिन्दू मिथ में भी अरावन या बहुचर माता की चर्चा उस तरह मुख्य मिथ के रूप में कहाँ रही है। अरावन की चर्चा तो महाभारत में मिलती भी है लेकिन बहुचर माता की तो उतनी भी चर्चा नहीं मिलती है?

हाँ! यह तो है लेकिन ये लोग इन्हें देवता के रूप में पूजते हैं। अब देखिए शबनम मौसी ब्राह्मण हैं लेकिन उनके भी गुरु मुस्लिम थे और उन्हें शबनम नाम दिया। इनके अपने–अपने मानने के ऊपर है। लेकिन भले ही ये देवता उतने चर्चा में नहीं हैं लेकिन इनके देवता तो वही मान्य हैं।

अगर कहूँ तो इसी प्रकार से धीरे–धीरे तथ्य जुटते चले गये और अन्त में 'किन्नर कथा' उपन्यास की रचना हुई। जब तक तथ्य इकट्ठे नहीं हुए मैंने नहीं लिखा, लेकिन देखिए हिन्दी में एक से एक रचनाकार हुए महावीर प्रसाद द्विवेदी, प्रेमचन्द, जयशंकर प्रसाद,

वृन्दावनलाल वर्मा, राहुल सांकृत्यायन, शिवानी एक से एक दिग्गज जो अपने आप में इंस्टीट्यूट रहे हैं, रचनाकार हुए हैं लेकिन किसी एक ने भी थर्ड जेंडर पर नहीं लिखा...

सर, लेकिन काशी हिन्दू विश्वविद्यालय से ही शिवप्रसाद सिंह ने बहुत पहले 'बिंदा महाराज' जैसी एक मार्मिक कहानी लिखी थी?

नहीं, मैं उपन्यास की बात कर रहा हूँ और किसी एक ने भी उपन्यास नहीं लिखा। कहानियाँ तो और भी आयी हैं। इस क्षेत्र में नीरजा माधव जी का 'यमदीप' थर्ड जेंडर पर हिन्दी में लिखा गया पहला उपन्यास है। 2004 में सामयिक प्रकाशन से जब यह उपन्यास आया तो किसी ने भी बहुत ग़ौर नहीं किया इस उपन्यास पर। फिर प्रदीप सौरभ की 'तीसरी ताली' आयी। 'किन्नर कथा' इस क्रम का तीसरा उपन्यास है।

पहले तो इस विषय पर कोई बात ही नहीं करता था। मानोबी जब आती हैं तो पहला शोध आता है।

मैं–हाँ वो भी एक किन्नर के द्वारा ही शुरू होता है नहीं तो शुरू भी नहीं हो पाता।

बुन्देलखण्ड की ऐतिहासिक ज़मीन, वर्षा ऋतु सन् 1965 से 1 जनवरी 1985, तब से अब तक गंगा में बहुत पानी बह चुका है, इस ऐतिहासिक ज़मीन में फैले गौरवशाली इतिहास, राजनीतिक मिथ और कल्पना को छोड़कर एकाएक इस तरफ़ क्यों? आज बाजीराव मस्तानी जैसी फ़िल्में भी इसी भूमि की चर्चा करती हैं। क्या गौरवशाली समाज का डर नहीं लगा आपको? वह आपके आड़े नहीं आया? क्या यह दबाव नहीं बना कि नहीं क्लासिकल की इस भूमि को आप नहीं छोड़ सकते। उन पाँच वर्षों के लेखन के दौरान क्या अनुभव थे आपके जबकि लोग आज भी इनसे बचना चाहते हैं?

देखिए 'किन्नर कथा' का जो प्लॉट है, वह भी रजवाड़ों के ख़ानदान का ही है। देश जब आज़ाद हो गया तब जितने भी रजवाड़े थे वे कहीं–न–कहीं संसदीय राजनीति में उतरते चले गये।

वहाँ की जनता तो आज भी उन्हें राजा की तरह ही स्वीकार करती है। आज भी उनके परिवार के लोग विजयदशमी के दिन जब निकलते हैं तो लोग उनका सम्मान करते हैं। चूँकि ये घटना भी राजपरिवार की ही थी और जितने भी पढ़े–लिखे लोग हैं वे सभी इन बातों को समझ रहे थे। एक तरह से परिवार की प्रतिष्ठा और मर्यादा के बीच लोगों ने उनकी समस्याओं को भी समझा। इसलिए जब मैं लिख रहा था तो मुझ पर किसी भी तरह का दबाव या किसी भी तरह की झुँझलाहट वाली स्थितियाँ नहीं बनीं। कभी–कभी मेरी पत्नी ने कहा कि लोग ऐसा सोचते हैं। कुछ साहित्यिक मित्रों ने कहा कि कुछ और क्यों नहीं लिख रहे हो लेकिन जब किताब आयी, और उन्होंने पढ़ी, तब कहा कि–नहीं, जो लिखा बहुत अच्छा है। ज़रूरी लिखा।

हाँ, जब लखनऊ में ये मेरे सामने आते और मैं इन्हें कॉलोनी में बैठाता तो लोगों को अजीब लगता था लेकिन फिर किन्नर लोगों ने ही मेरी प्रशंसा की कि वो साहब हमें सम्मान देते हैं।

यानी कुल मिलाकर आपके लिए सकारात्मक रहा?

जी।

"सन्तान कैसी भी हो, उसमें कैसी भी शारीरिक–मानसिक कमी क्यों न हो, माता–पिता को अपनी सन्तान हर हाल में भली लगती है, प्यारी होती है, फिर भले ही वह सन्तान हिजड़ा ही क्यों न हो। फिर भी सामाजिक परिस्थितियों, खानदान की इज़्ज़त–मर्यादा, झूठी शान के सामने अपने हिजड़े बच्चे से उसके जन्मदाता हर हाल में छुटकारा पा लेना चाहते हैं" समाज की इस क्रूर सच्चाई को आप किस रूप में देखते हैं और इसका समाधान क्या है?

जब कोई भी सन्तान पैदा होती है तो वो चाहे किन्नर बच्चा ही क्यों न हो, माँ को तो अपना बच्चा हर हाल में प्यारा होता है। उसे बच्चे के आगे कोई प्यारा नहीं होता है। पिता को भी प्यारा होता है लेकिन जैसे–जैसे बच्चा बड़ा होता है और समाज को पता चलता है कि इनके यहाँ किन्नर बच्चा है तब वह ताने देना शुरू करता है।

कई बार यह होता है कि उसे जातीय गौरव से जोड़ दिया जाता है। जैसे क्षत्रिय परिवार है तो लोग कहना शुरू करते हैं कि 'अरे! तुम्हारे ख़ानदान में भी हिजड़ा बच्चा पैदा हुआ है? वाह, तुम तो हिजड़े के बाप हो।' इस तरह की बातें परिवार को तोड़ने लगती हैं। कोई विवाद हुआ तो गालियाँ हिजड़े के नाम पर दी जाने लगती हैं। ऐसे में बाहर जो गालियाँ पड़नी शुरू होती हैं, वो धीरे–धीरे परिवार के पुरुष सदस्यों पर असर डालती हैं। फिर उसका गुस्सा कहीं–न–कहीं बच्चे पर उतरना शुरू हो जाता है। अन्त में बच्चा भी समझ जाता है कि मैं इस जगह के लायक नहीं हूँ। इस जगह को छोड़ देना ही मेरे लिए सही होगा। कभी–कभी बच्चे के मन में ग्रन्थियाँ पनपने लगती हैं कि मेरे कारण भाई–बाप को गाली सुननी पड़ रही है। ऐसे में ज़्यादातर बच्चे घर से भाग जाते हैं। उनकी उम्र मुश्किल से 10 से 14 साल के बीच में होती है।

एक रिया शर्मा दिल्ली की किन्नर है, उसने बताया कि मैं ख़ुद को लड़की ही समझती थी। लेकिन जब बड़ी होने लगी तो आवाज़ भारी होने लगी। माँ जानती थीं कि इसके अंग अविकसित हैं। लेकिन जब ये सब होने लगा तो औरों को भी शक हुआ। फिर जब डॉक्टर के पास गयी तो डॉक्टर ने चेकअप करते हुए कहा कि अरे आपका बच्चा तो किन्नर है फिर सबको बहुत अजीब लगने लगा। तब जो पिता बहुत प्यार करते थे उनका स्वभाव बदलने लगा। सब जगह प्रचार हो गया। लोग बेइज़्ज़त करने लगे तब जाकर 15 वर्ष का होते–होते मुझे घर छोड़ देना पड़ा।

तो जब समाज का दबाव पड़ने लगता है तो परिवार भी मजबूर हो जाता है और कई बार परिवार ख़ुद भी पसन्द नहीं करता। भुवनेश्वर में एक मेघना है वह भी ऐसी ही है जो कैब चलाती है। मीरा परेरा हैं। अब सब धीरे–धीरे अपनी बदौलत आगे आ रहे हैं।

तो फिर इसका समाधान क्या है?

इसका समाधान भी अब आ रहा है और वह भी सकारात्मक।

अब देखिए आप जैसे युवा सामने आ रहे हैं। आज ये स्थिति बन रही है कि प्रियंका नारायण के आसपास जो लोग हैं या मेरे आसपास या वैसे लोग जो काम कर रहे हैं उनके आसपास का कोई शायद ही इस तरह का क़दम उठा पायेगा कि बच्चा किन्नर है तो उसे घर से निकाल दिया जाये। आपके साथ या हमारे साथ जो भी जुड़े हुए हैं वे अब इन बातों को समझेंगे। हाँ संख्या कम है, गति धीमी है लेकिन बदलाव आयेगा। लोग धीरे–धीरे आगे आयेंगे, इस उम्मीद पर हम काम कर सकते हैं। अब देखिए, अंग्रेज़ों के समय तो इन्हें अपराधी ही घोषित कर दिया गया था। लेकिन अब कुछ तो बदलाव आ रहा है। शिक्षा और पूरी जानकारी ऐसी चीज़ है जिसके माध्यम से हम इन्हें समाज में जगह दिला सकते हैं।

आपने इस उपन्यास में कल्पना के रंग भरे हैं? लेकिन क्या वास्तविकता को आज हमारे सामने रख सकते हैं कि वाक़ई में यह किसकी घटना है ? और क्या इसका सुखान्त समस्या का हल देने की कोशिश भर है या वास्तव में ऐसा हुआ था?

ये कहानी काल्पनिक और यथार्थ का मिश्रण है और ये तो लेखक की सफलता है कि उसके यथार्थ को कल्पना और कल्पना को यथार्थ मान लिया जाये।

लेकिन अभी तो आपने स्वीकार किया है कि ये एक रजवाड़े घराने की कहानी है ...

प्रियंका, ये एक गोपनीय पक्ष है कि कौन क्या है? अगर किसी ने मुझ पर यह विश्वास करके अपने जीवन के गोपनीय पक्ष को सामने रखा है तो उसे समाज में इस तरह से लाना अच्छा नहीं होगा। इससे लेखकीय पक्ष कमज़ोर होगा। बस यही समझ लीजिए कि पाठकों पर रहने दें और जहाँ तक सुखान्त का प्रश्न है तो गदर सिनेमा आपको याद हो वह सिनेमा भी किसी सच्ची कहानी पर था लेकिन वास्तव में वह सुखान्त नहीं था। लेकिन फ़िल्म सुखान्त पर ख़त्म हुई। असल में सुखान्त देने का कारण कहीं–न–कहीं लोगों के बीच एक उम्दा सन्देश देना है। जो समस्या है उसके प्रति सकारात्मक रुझान लाना

ज़रूरी है समाज में। अब 'मैं पायल' लिखते वक़्त बहुत–से तथ्य ऐसे थे जो घिनौनी पाश्विकता और ब्लू फ़िल्म से भी ख़राब थे लेकिन मैं उन्हें सामने नहीं रख सकता था। समाज में अच्छा सन्देश जाना भी ज़रूरी है।

आप खजुराहो की ज़मीन से हैं और एना भी खजुराहो के एयरपोर्ट पर ही अपनी वास्तविक 'मुक्ति' की कहानी लिख रही हैं। जेंडर से इतर अर्थ में आप सेक्स को किस रूप में देखते हैं? समाज में जिस तरह से इसे कुण्ठित रूप में लिया जाता रहा है क्या आपको नहीं लगता अगर हम इसकी सही शिक्षा दें तो लड़कियों की ज़िन्दगी या ट्रांसजेंडर की ज़िन्दगी बहुत आसान हो जायेगी और वे आये दिन होने वाली हिंसात्मक बलात्कार सम्बन्धी घटनाओं से बहुत हद तक बच जायेंगी? एना 'मिथ्स ऑफ़ जेंडर' में लिखती हैं कि 'जेंडर और सेक्स में बहुत धुँधला अन्तर है।' आप इन सब बातों को कैसे लेते हैं?

हाँ, खजुराहो जब भी जाना होता तो एयरपोर्ट से आना–जाना होता। असल में इस कहानी के दौरान वहाँ कई बार आना–जाना हुआ।

यानी ये खजुराहो के आसपास की कहानी है...

हाँ...। कई बार वहाँ आना–जाना हुआ तो वो बिम्ब कल्पना में खिंच गया।

जी, प्राचीन भारत में तो इसकी शिक्षा दी ही जाती रही है। वात्स्यायन या पूरे प्राचीन भारत की संस्कृत परम्परा को देखिए। वहाँ बातें काफ़ी खुलकर हैं लेकिन ये सारी समस्याएँ बाद के भारत में ही मुख्य रूप से हैं। यह सौ प्रतिशत सही है कि अगर बलात्कार या जेंडर और सेक्स को लेकर इतनी कुण्ठा व विकृति है तो इन समस्याओं का ख़ात्मा भी बातचीत और स्त्रियों या थर्ड जेंडर के साथ–साथ पूरे समाज में यौन शिक्षा के सही सन्दर्भों से ही सम्भव है।

यह ऐसा नहीं है कि समाज में हमें यौन हिंसा को एकमात्र 'हिंसा के रूप में ही लेना चाहिए। शुचिता, पवित्रता और ग्लानि जैसी

परिभाषाओं को हटा देना चाहिए तब जबकि आज हमारे साथ 'थर्ड जेंडर' भी अपनी पूरी गरिमा के साथ जुड़ रहे हैं?

हाँ, सामान्य रूप में आप शोध के दौरान ही देखिए न लड़कियों के साथ क्या होता है? गाइड अगर महिला है तो बातें कुछ और होती हैं लेकिन वहीं गाइड अगर एक पुरुष होता है तो कई मामलों में उत्पीड़न, यौन शोषण की कहानियाँ सामने आती हैं। उसके बाद क्या कोई विश्वविद्यालय या समाज उस लड़की के साथ सही रह पाता है। अधिकांशतः इस तरह के किसी भी मामले में लड़की पर ही छींटाकशी होती है उसके बाद लड़की के लिए आगे का सफ़र बहुत मुश्किल हो जाता है। लेकिन कोर्ट ने इसके लिए भी क़ानून बना रखे हैं लेकिन समाज की दृष्टि कहाँ बदल पाती है। इस तरह के या यौन हिंसा के अन्य मामलों में लोग लड़की में ही कमियों को तलाशते हैं। कोर्ट ने तो क़ानून बनाये ही हैं लेकिन उनकी जानकारी के साथ लोगों को भी बदलना होगा।

पायल जी के साथ आप कैसे जुड़े? क्यों लगा कि इनके साथ जुड़ना चाहिए? पायल जी के साथ आप अक्सर देखे जाते हैं कार्यक्रमों में, क्या कभी कोई झेंप या टीका–टिप्पणी और विवादों का सामना आपको नहीं करना पड़ा क्योंकि एक सामान्य अनुभव यही कहता है कि जहाँ आप लीक से अलग हटे मतलब विवादों को जन्म लेना है और ख़ासकर जब मामला जेंडर का हो?

ट्रांसजेंडर और सेक्स को आप किस रूप में देखते हैं?

जिस तरह सामान्य स्त्री–पुरुष आवेग में अपनी पूर्णता प्राप्त करते हैं वैसे ही किन्नरों में भी होता है, यह प्राकृतिक है, हमारे पास एक समाज है, एक कला सिखाई जाती है मतलब पेश आने की एक सभ्यता सिखाई जाती है लेकिन थर्ड जेंडर के पास कोई ऐसा मानसिक प्रशिक्षण नहीं है। कई बार वे आपस में भी सम्बन्ध बनाते हैं। मीरा परेरा, मेघना जो भी हैं या तो वे ऑपरेशन के द्वारा अपने लिंग को परिवर्तित करते हैं या ओरल या गुदा मैथुन के द्वारा सेक्स करते हैं।

कई बार इनके ऊपरी अंग स्त्रियों की तरह विकसित होते हैं लेकिन योनि विकसित नहीं होती है। कई बार उनके शिश्न दो वर्ष के बच्चे की तरह विकसित होते हैं और अंडकोष ग़ायब होता है तो ये ओरल सेक्स और अन्य तरीक़े से ख़ुद को सन्तुष्ट करते हैं। लेकिन स्खलन सामान्य तरीक़े से ही होता है जैसे अन्य स्त्री–पुरुष के साथ।

I think what you are seeing is a profound recognition on the part of the american people that Gays and Lesbians and transgender person are our brothers, our sisters, our children, our cousins, our friends, our co-workers and that they have got to be treated like every others. And I think that principle will win out"–Barack Obama.

हालाँकि अमेरिका एक पूँजीपति देश है और वहाँ की पॉलिशी साम्यवादी देशों से काफ़ी अलग है, लेकिन उनके इस वक्तव्य का आप कैसे स्वागत करेंगे? और हालाँकि अब ट्रम्प सत्ता में हैं फिर भी ओबामा का यह वक्तव्य कितना मायने रखता है? कई बार ये तथ्य आते हैं कि चूँकि अमेरिका इन तथ्यों को उठा रहा है इसलिए क्या वामपन्थ के लोग इसे स्वीकारेंगे? मेरा भी ख़ुद का अनुभव रहा है कि कई वामपन्थी लोगों ने इस पर बात करने से ही मना कर दिया। मानोबी जी तो एक बड़े वामपन्थी नेता के विरोध में जाकर अपनी बात रखती हैं क्योंकि उन्होंने ट्रांसजेंडर पर आपत्तिजनक टिप्पणियाँ कीं। क्या यह मुद्दा वामपन्थ या दक्षिणपन्थ में अटकना चाहिए या ये मानवता का मुद्दा है? कम–से–कम जो लोग संघर्ष कर रहे हैं उनके लिए तो हमें धाराओं को तोड़ना होगा। आप क्या मानते हैं?

हाँ, इस बात पर तो मैं पूरा समर्थन दे रहा हूँ। अगर मैं कहूँ कि मैं दक्षिणपन्थ का हूँ तो इसका ये अर्थ नहीं है कि इस पर बात न करूँ लेकिन अक्सर ऐसा होता है कि लोग अपने व्यक्तिगत स्वार्थ और पहुँच को बनाने के लिए किसी विचारधारा विशेष से जुड़ जाते हैं। साहित्यिक धारा और मंच का इस्तेमाल दरअसल वे अपनी प्रसिद्धि पाने के लिए करते हैं। लेकिन मैं ऐसा मानता हूँ कि ऐसा

नहीं होना चाहिए और मानवता के नाते सबको विचारधाराओं से ऊपर उठकर आगे आना चाहिए। कम–से–कम यहाँ अपने स्वार्थ को किनारे कर देना चाहिए। अपने झूठे खोल से बाहर निकलकर उन्हें काम करना चाहिए। उथली बातों से बचना चाहिए।

ट्रांसजेंडर (किन्नरों) के लिए सामान्य ज़िन्दगी जी पाना बहुत कठिन है। मेडिकल सेक्स ट्रांसप्लांट इसमें एक महत्त्वपूर्ण भूमिका निभा सकता है लेकिन यह काफ़ी महँगी चिकित्सा है जबकि जनसंख्या के बारे में अलग–अलग एनजीओ अनुमानतः इनकी संख्या लाखों में बताते हैं, क्या सरकार को आगे आकर इनकी सर्जरी में सहायता नहीं देनी चाहिए। अभी हाल ही में केरल में इस तरह का फ़ैसला भी आया है कि ऐसी सर्जरी के लिए सरकार 2 लाख तक रुपये देगी। क्या इस तरह का फ़ैसला केन्द्र सरकार की तरफ़ से नहीं आना चाहिए?

बिल्कुल! सरकार को आगे आना चाहिए। सरकार की नीतियों से तो बहुत कुछ फ़ायदा पहुँचता है। सरकार का तो यह कर्तव्य ही है। जब माननीय न्यायालय ने अपना फ़ैसला दे दिया तो सरकार को इनके लिए गाइडलाइन बनानी चाहिए। इनके लिए विधानसभा में सीटें आरक्षित हों। संसद में कम–से–कम दो सीटें इनके लिए आरक्षित हों। जो क़ानून बन रहे हैं उन्हें लागू करने की हरसम्भव कोशिश होनी चाहिए।

लेकिन क्या पॉवर आने पर चीज़ें बदलने नहीं लगती हैं...लोग ख़ुद को काटने लगते हैं–प्रियंका! ये तो मानव मनोविज्ञान है। होता है लेकिन किन्नरों के साथ ये कम होगा क्योंकि इनके न घर होते हैं न परिवार। ये रोब–रुआब और धनसंग्रह करेंगे भी तो किसके लिए? इनका समुदाय ही इनका परिवार है ऐसे में जब उनको सत्ता मिलती है तो ये निःस्वार्थ भाव से सब कुछ करेंगे। इसलिए सरकार अगर इनके लिए भी यह सब लाती है तो अच्छा ही होगा इनका भी, और समाज का भी।

रिचर्ड एल्किन्स ने आयरलैंड की यूनिवर्सिटी ऑफ़ उलस्टर में सन् 1975 में 'ट्रांसजेंडर आर्काइव' की स्थापना की और सन् 1992 के अन्तरराष्ट्रीय कॉन्फ्रेंस में क़ानून और रोज़गार नीतियों के तहत ट्रांसजेंडर को अम्ब्रेला टर्म के रूप में इस्तेमाल किया गया। क्या आप इसे विस्तार से बतायेंगे और भारत में शिक्षा और विश्वविद्यालयों में इनकी भूमिका किस तरह से तय की जानी चाहिए? आपका अब तक का अनुभव क्या कहता है?

ऐसा है जो रिचर्ड ने किया ऐसी ही स्थितियाँ हर जगह होनी चाहिए। सेमिनार और कॉन्फ्रेंस हों। धीरे–धीरे होंगे ही। जैसे आपने और चन्द्रकला जी ने ही इतने रिजेक्शन के बाद काशी हिन्दू विश्वविद्यालय में 100 वर्षों के इतिहास में पहला सेमिनार कराया। आपसे पहले क्यों नहीं हो पाया? अब जब धीरे–धीरे स्थितियाँ बदल रही हैं। शोध हो रहे हैं, तो एक दिन वह भी आयेगा जब विश्वविद्यालयों में थर्ड जेंडर को जगह भी मिलेगी। लेकिन इसके पहले समाज और विश्वविद्यालयों को भी अपनी मानसिकता बदलनी होगी। हम लेखन, आन्दोलन के द्वारा ही कुछ कर सकते हैं लेकिन विद्यार्थी, शिक्षक और सरकारी नौकरशाह तो अपने तालमेल और अधिकारों के दायरे में ही कुछ कर सकते हैं। आन्दोलन और बड़े पैमाने पर जागरूकता तो एन.जी.ओ. के द्वारा और सामाजिक कार्यकर्ता ही फैला सकते हैं।

जैसा मानोबी जी ने भी कहा कि कई बार इन्हें मेंटल डिसऑर्डर का शिकार माना जाता है, लेकिन अब धीरे–धीरे कई शोध सामने आ रहे हैं जो इसे गर्भधारण के समय की समस्याओं से जुड़ा मान रहे हैं या क्रोमोसोमल, हार्मोनल और आनुवंशिकी के मिले–जुले असर के रूप में देख रहे हैं। आपको क्या लगता है?

देखिए ये सही नहीं है। ये मानसिक रोगी बिल्कुल भी नहीं होते हैं। उनके साथ इतनी प्रताड़ना और इतना अपमान जुड़ा होता है कि व्यावहारिक रूप से अनियन्त्रित हो जाना कोई बड़ी बात नहीं है

लेकिन ये सब कुछ सहन करते हैं। फिर जो पारम्परिक सोच है हम उस खाँचे से बाहर निकालकर इन्हें देखना ही नहीं चाहते हैं। ये सच है कि थर्ड जेंडर और उसमें भी किन्नर समुदाय तो गर्भधारण के समय उत्पन्न कुछ असामान्य परिस्थितियों का ही परिणाम है। आपकी बातों से मैं सहमत हूँ। यह रोग तो किसी भी क़ीमत पर नहीं है। यह दुर्भाग्य है कि मानोबी जी को भी इन परिस्थतियों से गुज़रना पड़ा।

कई बार ये अँधेरी या दूसरी दुनिया के लगते हैं। सामान्य लोग इनसे डरते हैं। बच्चों को ले भागने का डर तो अपनी जगह है। लेकिन सेक्स के अलावा अपराध की दुनिया से इनका सम्बन्ध है। ऐसे भी सन्देह लोगों के बीच हैं। आप क्या कहेंगे इस पर?

देखिए! सामान्यतः यह नक़ली किन्नरों का काम होता है। असली किन्नर शायद ही इन कामों में आयें। उन्हें तो कुछ मिल जायें, वे गुजर–बसर कर लें यही बहुत है लेकिन जो किन्नरों की आड़ लेकर धन कमाते हैं वो इस तरह के सारे कामों में लग जाते हैं असल में उन्हें तो सिर्फ़ पैसा चाहिए होता है। असली किन्नर इस तरह के नहीं होते वे ख़ुद अपनी समस्याओं से इतने दुःखी, बहिष्कृत और प्रताड़ित होते हैं अपराध क्या करेंगे?

कुल मिलाकर इनकी दुनिया अभी भी रहस्य की दुनिया बनी हुई है। इनकी परम्पराएँ, इनका अलग रहना, समाज से कटकर रहना ये अगर समाज पर सवाल उठाता है तो दूसरी तरफ़ इन पर भी कई प्रश्न खड़े कर देता है? क्या आपको नहीं लगता कि ऐसे में इनकी समाज में स्वीकृति और भी मुश्किल है?

मैं एक बार कहूँगा कि समाज एक बार बस एक बार इन्हें अपनाकर दिखाये। अपने क़दम इनकी तरफ़ बढ़ाये, इनका डर और अविश्वास दूर करे। फिर देखे कैसे दूरियाँ घटती हैं।

सन्दर्भ-ग्रन्थ

1. प्राचीन समाज लेविस हेनरी मॉर्गन, प्रकाशन संस्थान, संस्करण 2014, पृ. 35–36
2. सेपियस, युवाल नोआ हरारी, हिन्दी अनुवाद मदन सोनी, मंजुल प्रकाशन, संस्करण 2018 पृ. 11
3. वही, पृ. 9–14
4. वही, पृ. 14
5. वही, पृ. 15
6. वही, पृ. 16
7. वही, पृ. 16
8. वही, पृ. 35–36
9. वही, पृ. 63
10. वही, पृ. 63
11. श्लोक सं. 903, स्त्री संग्रहण प्रकरण व्यवहार अध्याय, याज्ञवलक्य स्मृति
12. श्लोक सं. 173, अध्याय–11, मनुस्मृति, व्याख्याकार–शिवराज आचार्य कौण्डिल्यायन, संस्करण 2013, चौखम्बा विद्याभवन
13. श्लोक सं. 201, अध्याय–2, वही
14. श्लोक सं. 203, अध्याय–9, वही
15. प्राचीन समाज, लेविस हेनरी मॉर्गन, अन. नरेश नदीम, प्रकाशन संस्थान, संस्करण 2014, पृ. 489

16. संक्षिप्त ब्रह्मपुराण, गीता प्रेस गोरखपुर, सं. 2005, पन्द्रहवाँ पुनर्मुद्रण, पृ. 11
17. वही, पृ. 19
18. वही, पृ. 20
19. शिव पुराण, गीता प्रेस गोरखपुर, पृ. 443
20. वही, पृ. 443
21. वही, पृ. 414
22. श्रीमद्भागवतपुराण, पृ. 966
23. मार्कण्डेय पुराण, गीता प्रेस गोरखपुर, पृ. 196
24. अग्नि पुराण, गीता प्रेस गोरखपुर, पृ. 813
25. वराह पुराण, गीता प्रेस गोरखपुर, पृ. 212
26. कर्म पुराण गीता प्रेस गोरखपुर, पृ. 212
27. वही, गीता प्रेस गोरखपुर, पृ. 212, 213
28. वही, गीता प्रेस गोरखपुर, पृ. 213
29. मत्स्य पुराण, गीता प्रेस गोरखपुर, पृ. 50
30. मत्स्य पुराण, गीता प्रेस गोरखपुर, पृ. 51
31. जड़वादी का प्रतिवाद, दिव्य जीवन, श्रीअरविन्द आश्रम, पांडिचेरी, पृ. 16
32. संस्कृति के चार अध्याय, रामधारी सिंह दिनकर, लोकभारती प्रकाशन, पृ. 54
33. वही, पृ. 55
34. वही, पृ. 55
35. वही, पृ. 48
36. सम्भोग से समाधि की ओर, ओशो, डायमंड बुक्स, संस्करण 2018, पृ. 117
37. वही, पृ. 116
38. वही, पृ. 125

❑❑